Diane Musho Hamilton · **Eine gute Lösung finden**

100%
RECYCLINGPAPIER

Diane Musho Hamilton

Eine gute Lösung finden

Neue Wege der Konfliktbewältigung durch Zen

Aus dem Amerikanischen
von Bernd Bender

THESEUS VERLAG

Die englische Originalausgabe *everything is workable –*
A Zen Approach to Conflict resolution ist erschienen bei
Shambhala Publications, Inc., Horticultural Hall, 300 Massachusetts Avenue,
Boston, Massachusetts 02115, USA.

Copyright der deutschen Ausgabe © 2015 Theseus in
J. Kamphausen Mediengruppe GmbH, Bielefeld

ISBN 978-3-89901-910-0
eBook ISBN 978-3-89901-921-6

Übersetzung ins Deutsche: Bernd Bender
Lektorat: Hendrik Bönisch
Satz: Ingeburg Zoschke, Berlin
Umschlaggestaltung: Morian & Bayer-Eynck, Coesfeld,
www.mbedesign.de
Umschlagabbildung: iStock by Getty Images, Grafik © Achim Prill
Druck & Verarbeitung: CPI – Clausen & Bosse, Leck

www.weltinnenraum.de

1. Auflage 2015

Bibliografische Information der Deutschen Nationalbibliothek:
Die Deutsche Nationalbibliothek verzeichnet diese Publikation in der
Deutschen Nationalbibliografie; detaillierte bibliografische Daten sind
im Internet über http://dnb.d-nb.de abrufbar.

Dieses Buch wurde auf 100 % Altpapier gedruckt und ist alterungsbeständig.
Weitere Informationen hierzu finden Sie unter www.weltinnenraum.de.

Für Michael,
der weit vorausschaut …

Inhalt

Danksagung

Ein großes Dankeschön an meine Freunde und Weggefährten, Simon Egan, Dori Them, Julia Sati, Rebecca Colwell und Rob McNamara, die diese Vorträge mit anderen teilen wollten und deren Enthusiasmus und Unterstützung dieses Buch haben entstehen lassen. Mein Dank gilt Marco Morelli, dessen frühe Bearbeitung des Textes das Projekt auf den Weg brachte und der dabei half, die Integralen Ideen auszugestalten; Jeri Schneider, einem unglaublich kreativen Freund und Lektor, der dafür sorgte, dass der Prozess des Schreibens lebendig blieb, und der sicherstellte, dass es immer auch etwas zu lachen gab; Jane Goetz für ihren genauen Blick und den Feinschliff am Text; Randee Levine für ihre kontinuierliche Unterstützung und Liebe sowie meinen Freunden und Kollegen am Integral Institute: Jeff Salzman, Terry Patten, Sofia Diaz, Cindy Lou Golin, Huy Lam, Clint Fuhs, Jason Diggs, Decker Cunov, Robert Mac Naughton, Robb Smith, David Riordan, Nicole Fegley und Kelly Bearer.

Auch meinen Lektoren bei Shambhala möchte ich nachdrücklich danken: David O'Neal für sein Interesse an diesem Buch, seine Ermutigung, seinen wachen Blick und die behutsamen Eingriffe; John Golebiewski für die unaufdringlichen Korrekturen. Genpo Roshi danke ich für seine Big-Mind- und Zen-Lehren und Ken Wilber dafür, dass er mir eine neue Perspektive geschenkt und damit mein Leben verändert hat. Schließlich möchte ich noch hervorheben, wie sehr ich meine Familie und meinen Mann für ihre leidenschaftliche und hingebungsvolle Liebe schätze. Sie ist das Beste.

Einführung

Ich wuchs im amerikanischen Westen auf, zwischen den Rocky Mountains und der Wüste des Great Basin. Es war ein ungebändigtes Land – weit, rau und offen. Die Menschen dort – Minenarbeiter, Rancher, Einwanderer, amerikanische Ureinwohner und meine eigene, weitverzweigte Familie – waren von der Schönheit und Härte dieser Landschaft geprägt.

Meine Mutter war eins von zehn Kindern und eine entfernte Kusine von Gene Fullmer, dem amerikanischen Mittelgewichtsboxer und ehemaligen Weltmeister; ihre Familie war als die »Fighting Fullmers« bekannt. Im Jahrbuch ihrer Highschool wurde sie wegen ihres ungezügelten Temperaments und der zwanghaften Neigung, für die Benachteiligten einzutreten, als »Sturm im Wasserglas« bezeichnet. Man warf sie aus dem Schulbus, nachdem sie den Fahrer zur Rede gestellt hatte, der ein Mädchen mitten in einer Schneewehe abgesetzt hatte; den Rest des Jahres nahm sie den Bus der Jungen.

Ihre Familie war ausdrucksstark, temperamentvoll – erfüllt von einer hohen Sensibilität und viel ungelöstem Schmerz. Es konnte jedoch auch ziemlich lustig bei ihnen zugehen. An Feiertagen versammelten sich meine neun Tanten und Onkel sowie einige Schwiegereltern im Haus meiner Großmutter, um den ganzen Tag über zu plaudern, zu scherzen und zu lachen. Um 9 Uhr abends waren die Gespräche, Neckereien und das Gelächter sehr lebendig; gegen 1 Uhr in der Früh wurden die Argumente hitziger und gegen drei stürmte meist eine Person aus der Tür und drohte, nie wiederzukommen. Das heißt, wenn sie nicht schon vorher hinausgeworfen worden war.

Diese Zusammenstöße führten jedoch selten zu einer Entfremdung. Meine Familie hielt zusammen, und wir schüttelten diese Streitereien ab, wie ein Bär sich der Rangelei mit einer Raubkatze entledigt. Wir schienen zu verstehen, dass wir uns in diesem Leben auf recht wenig verlassen konnten, außer aufeinander, und so gingen wir gemeinsam durch dick und dünn. Wir sind, wie Keith Richards mal über die Rolling Stones sagte, noch zusammen, »weil wir wussten, wie man was wieder zusammenflickt«.

Glauben Sie mir, es gab viele Anlässe, bei denen ich es persönlich vorgezogen hätte, wir könnten einfach nur miteinander ausgekommen – wie Rodney King es beschworen hatte. Dass wir uns vielleicht die Zeit genommen hätten, mit Respekt die Sichtweise des anderen anzuhören. Oder einen Moment emotionaler Intensität durch ein paar Minuten friedlichen Schweigens ersetzt hätten. Oder ein Argument oder eine Meinungsverschiedenheit einfach fallen gelassen hätten, weil sie nicht wirklich wichtig waren. Unsere Streitigkeiten waren sehr schmerzvoll; das strapazierte unser Nervensystem und belastete unser Herz, so wie Trennungen, ob lange oder kurze, das immer tun.

Nichtsdestotrotz steckte in all dem eine Lebensenergie und, auch wenn das merkwürdig klingt, eine große Anteilnahme. Meine Familienmitglieder brachten ihre Sicht der Dinge einfach zum Ausdruck, ließen ihren Gefühlen freien Lauf. Und selbst in Momenten, in denen etwas gesagt wurde, was man später bereute, wusste man doch immer, woran man war. Für mich war das alles eine Herausforderung; ich war gezwungen zu verstehen, wie meine Familie ihre Differenzen austrug, und musste damit umgehen. Ich erinnere mich daran, wie ich ergriffener Zeuge einiger intensiver Auseinandersetzungen wurde. Dabei spürte ich zwar immer eine enorme Vertrautheit, zugleich jedoch auch die Gefahr zu großer emotionaler Intensität – während ich zudem die widersprüchliche Wahrheit jeder Position wahrnahm. Selbstverständlich wollte ich keine Partei ergreifen, denn soweit ich die Situation beurteilen konnte, hatte jeder Recht, auch wenn jeder zugleich Unrecht hatte. Ich bemerkte, dass ich genauso eigensinnig und selbstgerecht wie alle anderen war, sobald es mich betraf. Ich beharrte blindwütig auf meiner Meinung, bestand darauf, dass ich im Recht war, und versuchte, mich mit Verbündeten zu umgeben, die meine Ansicht teilten, was mir meist nicht gelang. Aber die Widersprüche, die Gefühle und emotionalen Verstrickungen ließen mich auch weiterhin hinschauen, zuhören und beobachten. Diese frühen Erfahrungen führten dazu, dass ich später als Mediatorin arbeitete, da mich der Bereich des Konflikts interessierte. Ich wusste, was es bedeutet, wenn man sich in einer hitzigen Debatte verliert. Ich wusste, wie es sich anfühlt, wenn man sich missverstanden fühlt oder wütend ist, wie es ist, ein Verbündeter im Streit eines anderen zu sein oder die Position des neutralen, unvoreingenommenen Beobachters einzunehmen.

Sechs Monate nach meinem 17. Geburtstag veränderte sich meine ganze Sicht der Dinge über Nacht. Sieben meiner Freundinnen und Freunde starben: vier bei einem Flugzeugabsturz, eine in einem Wagen, der sich überschlagen hatte, einer bei einer Messerstecherei und ein weiterer durch Selbstmord. Im Angesicht des Todes verschob sich meine Neugierde von der Betrachtung der Wut und Leidenschaft in Beziehungen zu den großen existenziellen Fragen des Lebens. Was ist der Sinn unserer Existenz? Wer bin ich? Wer sind wir? Welche Bedeutung hat die Liebe, wenn der Tod uns doch gewiss ist?

Ich erkannte, dass nichts mich befriedigen würde, solange ich diese Fragen nicht löste, und fing deshalb an, mich mit Hingabe der Meditation zu widmen. Die Praxis, still zu sitzen und sich im gegenwärtigen Moment auf Körper und Geist zu konzentrieren, verschaffte mir auf seltsame Weise Linderung. Sie erlaubte mir, mit einem grundlegenden Frieden in Berührung zu kommen, »mit dem Ungelösten im Herzen«, wie Rilke es ausdrückt, und vermittelte mir einen tiefen Einklang mit den Dingen, so wie sie sind. Ich fing an zu begreifen, dass der erste und wichtigste Schritt in der realen Konfliktbewältigung darin besteht, diesen Raum des uns innewohnenden Friedens zu erkennen. Dennoch müssen wir an Beziehungen arbeiten. Es ist eine Aufgabe, die sich uns in unserer Entwicklung stellt, genau wie andere große Themen: ökonomische Gerechtigkeit zum Beispiel, grundlegende Menschenrechte und ökologische Nachhaltigkeit. Wir haben viel darüber zu lernen, wie die häufigen Ausbrüche von Gewalt und Krieg, die so verheerend für die Menschheitsgeschichte gewesen sind, eingedämmt werden können. Wir müssen begreifen, wie wir Konflikte überzeugend in Chancen und kreative Möglichkeiten verwandeln können, und sollten wirksame Methoden entwickeln, die es Menschen weltweit ermöglichen, miteinander auszukommen.

Die Praxis der persönlichen Konfliktbewältigung ist einer der besten Ansätze, um zu diesem kollektiven Ziel beizutragen. Wenn wir unserer eigenen tiefsitzenden Angst vor/in Beziehungen direkt ins Auge schauen und unsere untauglichen Versuche, Konflikte zu lösen, verändern, werden wir mutiger und zuversichtlicher sein. Wir erhalten dann eine Kostprobe davon, wie es sich anfühlt, authentische Beziehungen zu führen, die vertraut und lebendig sind. Wir verstehen dann, dass gute Beziehungen, wie alles andere auch, einer Praxis bedürfen. Wir erfahren so, wie einige einfache Techniken uns dabei unterstützen können, mit diesen Herausforderungen umzugehen, und wir werden ganz von selbst offener und mutiger, wenn es darum geht, mit uns nahestehenden Freunden und Familienmitgliedern bestimmte Fragen anzugehen.

Seien wir doch ehrlich! Wir Menschen sind schon eine unwiderstehliche Mischung. Wir sind äußerst kooperativ und konkurrieren gleichzeitig miteinander. Wir sind friedliebend und aufbrausend, kriegstreibend und empathisch, pragmatisch und verschroben. Wenn wir lieben, lieben wir. Wenn wir kämpfen, fordert das seinen Preis. Doch anstatt sich der schwachen und auch idealistischen Hoffnung hinzugeben, dass wir alle eines Tages einfach miteinander auskommen werden, können wir uns der Konfliktbewältigung wie einer Kunst nähern, die wir entwickeln und ausüben dürfen. Wir können die Herausforderung annehmen, können lernen, unsere persönlichen Konflikte zu transformieren, und zur Entwicklung neuer Seinsweisen für die Menschheit beitragen.

1
Konflikte
sind gute Nachrichten

Liebe greift zu und ringt mit uns,
um das Porzellan unserer feinen Gespräche
über Gott zu zerschlagen.

HAFIZ

Die meisten von uns mögen Konflikte nicht. Normalerweise erscheinen uns die Konflikte, die wir in unserem Leben erfahren, bedauerlich und unnötig, eine Störung unseres Friedens, eine Verschwendung unserer wertvollen Zeit und Energie. Dann gibt es auch noch Zeiten, in denen sie sich auf schmerzhafte Weise zerstörerisch auswirken. Wenn Sie sich jemals von einer Freundin oder einem Liebespartner entfremdet haben, einen Geschäftspartner wegen finanzieller Unstimmigkeiten verloren haben oder durch politische Wirren aus Ihrer Heimat vertrieben wurden, wissen Sie, wie qualvoll diese Umbrüche sind.

Die einfache Wahrheit, die auf der Hand liegt, ist jedoch: Wie schwierig sie auch sein mögen, Konflikte gehören zu unserer menschlichen Erfahrung – anders gesagt, sie werden nicht verschwinden. Sie sind Teil des prächtigen, groben und unersetzbaren Stoffes, der unser Leben ausmacht. Jeder große Roman, jeder Film, jede unvergessliche Geschichte kreist um Konflikte. Shakespeares große Tragödien hätten ohne Intrigen und Verrat nie geschrieben werden können; sie hätten uns andernfalls aber auch nichts über die tiefen Wahrheiten des menschlichen Lebens lehren können.

Buddha wird für seine Einsicht, seine Friedfertigkeit und sein Nichtanhaften gerühmt, aber seine Lebensgeschichte, genau wie die von Jesus Christus, war voll von zwischenmenschlichen Auseinandersetzungen und herausfordernden Konflikten. Nach seinem Erwachen wurde Buddha ein spiritueller Lehrer und leitete eine Gemeinschaft von Praktizierenden. Er beriet die politisch Mächtigen seiner Zeit, vermittelte in ihrem Namen in Konflikten und handelte Verträge aus. Der Buddha engagierte sich also in der Welt, handelte politisch und stellte sich den Herausforderungen seiner eigenen Gemeinschaft.

Eine eher unbekannte Episode gegen Ende seines Lebens handelt von einem Krieg, der zwischen seiner und einer benachbarten Sippe am gegenüberliegenden Flussufer ausgebrochen war. Es ging um Wasserrechte und im Verlauf dieses Konflikts wurde Buddhas gesamtes Dorf zerstört. Ich frage mich, wie jemand mit einer so tiefen Einsicht sich dabei gefühlt haben muss. Seine Schülerinnen und Schüler hatte er gelehrt, die Bedingungen des Lebens ganz und gar zu akzeptieren und die Vorstellungen davon, wie sie sich das Leben wünschten, weder festzuhalten noch sich ihnen zu widersetzen. Seine Praxis bestand darin, die Wirklichkeit, so wie sie ist, anzunehmen, direkt mit ihr zu arbeiten und Weisheit und Mitgefühl in den sich ständig verändernden Umständen des Lebens zu manifestieren. Er muss aber auch sehr traurig gewesen sein.

Seine Heiligkeit der Dalai Lama ist ein weiteres Beispiel für jemanden, der die Gelassenheit spiritueller Praxis verkörpert, während er sich um einen hartnäckigen, lange währenden Konflikt bemüht. Als spirituelles Oberhaupt der Tibeter unterliegt ihm auch die schwierige Aufgabe, sein Volk im Exil zu führen und in seinem Namen auf China und den Rest der Welt einzuwirken. Mahatma Gandhi und Martin Luther King sind weitere Vorbilder, in denen sich eine tiefe spirituelle Disziplin und politischen Fähigkeiten vereinen, wie auch Nelson Mandela, Desmond Tutu und Aung San Suu Kyi.

Unsere eigenen Probleme und Herausforderungen mögen im Vergleich dazu unbedeutend erscheinen, aber sie sind es nicht.

Wenn wir mit Menschen, denen wir uns verbunden fühlen, einen Konflikt austragen, bietet das immer auch eine Chance, diesen Konflikt in Geduld, gegenseitiges Verstehen und kreative Lösungsansätze zu verwandeln. Sobald wir diese Chance ergreifen, tragen wir zu dem kollektiven Bemühen bei, zu lernen, wie wir friedlich miteinander leben. Dies ist eine der größten Herausforderungen für die globale Gemeinschaft, und jeder einzelne Versuch trägt zu dieser Entwicklung bei.

Von der Krise zur Chance

Um Konflikte transformieren zu lernen, müssen wir zunächst die Vorstellung loslassen, dass an ihnen etwas falsch oder schlecht ist. Dieser Glaube verursacht einen grundlegenden Widerstand und bildet das erste Hindernis, wenn wir mit Konflikten umgehen wollen. Wir können jedoch unseren Blickwinkel verändern und erkennen dann vielleicht, dass Konflikten, genau wie Träumen, eine elegante Intelligenz innewohnt, in der sich Wahrheiten ausdrücken, die wir nicht ganz so direkt betrachten wollen. Vielleicht geht es darum, ein altes Muster loszulassen, oder eine Beziehung muss wachsen und sich verändern. Mit einer gewissen Praxis und Erfahrung können wir lernen, wie diese Intelligenz zum Ausdruck kommt, und ihr konstruktiv und kreativ begegnen. Der Konflikt ist nicht das Problem; unsere Reaktion darauf ist es.

Ein Konflikt, der in unsere Leben tritt, hat das Potenzial, uns lebendiger werden zu lassen, unsere bekannten Verhaltensmuster außer Kraft zu setzen und uns dazu zu zwingen, etwas Neues zu lernen. Konflikte unterbrechen unser alltägliches Lebens und katapultieren uns in das Unbekannte: in einen Raum offener Möglichkeiten, der mit elektrisierender Energie gefüllt ist.

Als ich das College besuchte, verliebte ich mich. Sechs Monate lang schwebten wir im siebten Himmel, waren nur damit beschäftigt, uns gegenseitig alles zu geben und uns glücklich zu machen. Doch plötzlich verwandelte sich das Glück in etwas Irritierendes. Die Intimität, die wir ausgekostet hatten, wendete sich gegen uns. Wir waren gereizt und fühlten uns schließlich eingeengt. In einem naiven Versuch, wieder Luft holen zu können, trennten wir uns.

Wenn ich jetzt zurückschaue, erkenne ich, wie viel Weisheit in unserem Konflikt lag. In ihm drückte sich die Wahrheit unserer allzu symbiotischen Verbindung aus, und er forderte uns auf, wieder in eine Balance zu kommen, in der noch Platz für andere war. Wir mussten dem Kokon unserer Liebe entwachsen, wussten damals aber nicht, wie wir das anstellen sollten. Und so trennten wir uns einfach.

Die Chance zur Veränderung kann individueller oder gesellschaftlicher Natur sein. Wenn wir uns an die Zeit unmittelbar nach den Angriffen auf das World Trade Center 2001 und vor der Invasion in Afghanistan erinnern, so gab es damals eine kurze Zeitspanne, in der die Menschen das Trauma und die Trauer direkt spüren konnten, ohne dass es bereits zu einer Vergeltung oder einem Gegenschlag durch die USA gekommen war.

In dieser Offenheit schien etwas Neues möglich zu sein. Die Leute hatten eine schreckliche Wahrheit erfahren – nämlich dass Menschen andere Menschen aufgrund unterschiedlicher Machtverhältnisse und Weltanschauungen attackieren. Wir waren aufgebracht, untröstlich und fassungslos, aber wir stellten auch Fragen: Was hatte die Angreifer motiviert? Wie hatte die Außenpolitik der Vereinigten Staaten dazu beigetragen? Wie sollte das Land am besten reagieren?

Viele von uns verloren in dieser Zeit ihr emotionales Gleichgewicht, während wir unsere Perspektiven veränderten und nach Gründen suchten. Wir identifizierten uns mit einem Land und einer Stadt, die gerade angegriffen worden war; wir stellten uns die letzten Momente der Opfer vor, die Versuche, ihre Familien anzurufen. Wir bemühten uns, einen Einblick in die Motive der Täter zu erhalten, die die Flugzeuge in die Gebäude gesteuert hatten, und die terroristischen Organisationen zu verstehen, in denen sie ausgebildet worden waren. Wir wägten die Handlungsoptionen der politisch und militärisch Verantwortlichen ab und empfanden Mitgefühl mit den schuldlos Betroffenen weltweit – sowohl Nationen als auch Individuen –, die sich entweder nach Rache oder nach einer friedlichen Lösung sehnten.

Dieses Infragestellen eröffnete die Möglichkeit, anders zu reagieren. Es kann darüber gestritten werden, ob wir als Volk und Kultur aus Notwendigkeit, Klarheit oder alten Mustern heraus reagierten, aber gleichwohl gab es anfangs eine gewisse Offenheit. Ähnliche Chancen und Gelegenheiten tun sich auch in unserem Leben auf, und die Konflikte, die diese Möglichkeiten eröffnen, treiben unsere Entwicklung voran. Wir lernen dadurch, zuzuhören, andere Sichtweisen und unsere eigenen Annahmen zu überdenken, tief verankerte Glaubenssysteme neu zu bewerten und so unsere Weltsicht zu erweitern.

Ich habe eine enge Freundin – eine spirituelle Weggefährtin, könnte man sagen –, die ich seit mehr als 20 Jahren kenne. Wir haben beide Söhne mit Down-Syndrom. Wir haben eine Menge gemeinsam durchgemacht, haben uns dem Schmerz, den Vorurteilen und der Isolation gestellt, die ein behindertes Kind mit sich bringt. Wir sind miteinander durch dick und dünn gegangen und haben uns in guten und in schlechten Zeiten unterstützt.

Als unsere Söhne langsam erwachsen wurden, bemerkte ich in unseren Gesprächen einen schärferen Ton und eine gewisse Reizbarkeit. Das wurde immer unangenehmer, bis wir schließlich einen Punkt erreichten, an dem wir miteinander reden mussten. Ich wollte das nicht unbedingt – solche Gespräche machen schließlich keinen Spaß. Aber irgendwann geschah es einfach spontan und intuitiv. Nachdem wir eine Welle von Verletzungen und eine angespannte Atmosphäre durchschifft hatten, erkannten wir, dass die Spannungen zwischen uns daher rührten, dass unsere Söhne erwachsen geworden waren und unsere Lebenswege sich in unterschiedliche Richtungen entwickelt hatten. Wir waren beide traurig und hatten Angst davor, der Zukunft nun nicht mehr gemeinsam entgegenzusehen. Aber unser Gespräch half uns dabei, den Veränderungen mit Verständnis und Mitgefühl zu begegnen und zu entdecken, wie wir einander auf andere Weise unterstützen konnten.

Wenn wir lernen wollen, unsere Konflikte zu bewältigen, sind wir gefordert, präsenter und furchtloser zu werden. Wir müssen dazu das idealistische Bild loslassen, dass wir unter allen Umständen ruhig und beherrscht sein sollten, etwa wie sitzende Buddhas, die aus Holz oder Stein gefertigt sind. Wir sollten erwarten, dass unser Gleichgewicht ins Wanken gerät, wenn wir etwas über die kreativen Lösungsmöglichkeiten lernen wollen, um mit den Konflikten in unseren Beziehungen direkt zu arbeiten. Selbst oder gerade wenn die Dinge nicht so laufen, wie wir uns das wünschen, entwickelt sich unser Umgang mit Unstimmigkeiten weiter und lehrt uns, dass sich dadurch manchmal sogar der Verlauf unseres Lebensweges ändert.

Ob die Ergebnisse uns beleben oder bedrücken, hängt davon ab, wie bewusst wir mit uns selbst und den Umständen unseres Lebens arbeiten. Wenn wir uns einfach nur zurückziehen, den Konflikt übergehen oder als Sieger aus ihm hervorgehen wollen, wird uns das nichts Neues erfahren lassen. Wenn wir unsere Fähigkeiten jedoch entwickeln, stellt sich ein Gefühl der Freiheit ein, ein Vertrauen in uns selbst, sodass wir letztendlich authentischer, vertrauter und liebevoller miteinander umgehen.

Halten Sie sich bitte vor Augen: Wenn wir mit der Welt nicht immer wieder uneins wären, gäbe es wenig Gründe zu wachsen und weniger Chancen, mitfühlendere und wachere menschliche Wesen zu werden. Genau wie der Buddha und der Dalai Lama können auch wir in dieser menschlichen Gemeinschaft die Fähigkeiten entwickeln, mit Konflikten zu arbeiten, und wirksame Methoden anwenden, um diese Konflikte zu transformieren.

Unsere Fähigkeiten, Konflikte auf einer persönlichen Ebene zu transformieren, versetzt uns schließlich kollektiv in die Lage, gemeinsam eine friedfertigere und harmonischere Welt hervorzubringen. Für uns alle stellt dies eine Herausforderung dar, ein Privileg und eine Bestimmung in einer sich entfaltenden Welt.

PRAXIS

Konfliktbetrachtung

Denken Sie über einen Konflikt nach, der in dieser Woche in Ihrem Leben aufgetaucht ist. Stellen Sie sich dazu ein paar Fragen und gestatten Sie sich, die Situation offen zu betrachten:

1. Was sind die Umstände und wie beurteilen Sie diesen Konflikt? Fühlt sich die Situation falsch oder schlecht an? Glauben Sie, dass die andere Person daran schuld ist?
2. Gibt es irgendetwas, was sich an diesem Konflikt richtig anfühlt? Anders gesagt, können Sie eine gewisse Logik oder Intelligenz in diesem Konflikt erkennen?
3. Welche Wahrheit oder welche Wahrheiten kommen in diesem Konflikt zum Ausdruck?
4. Wie können Sie wachsen, indem Sie mit diesem Konflikt arbeiten, anstatt sich ihm zu widersetzen oder ihn zu vermeiden?

2

Innerer Friede, äußerer Friede

Ohne inneren Frieden ist äußerer Frieden unmöglich.
Wir alle wünschen uns Frieden in der Welt,
aber wir werden ihn nicht verwirklichen,
bevor wir nicht zuerst unseren eigenen Geist
befriedet haben.

GESHE KELSANG GYATSO[1]

Geshe Kelsang Gyatso spricht hier eine fundamentale Wahrheit aus, etwas, das wir alle intuitiv spüren. Wenn wir an die zeitgenössischen Vertreter des Weltfriedens denken – den bereits verstorbenen Nelson Mandela, Desmond Tutu, Seine Heiligkeit den Dalai Lama, Thich Nhat Hanh, Aung San Suu Kyi –, erkennen wir, dass sie alle einen tiefen inneren Frieden ausstrahlen. Die Kraft ihrer Präsenz ist der überzeugendste Aspekt ihrer Botschaft von sozialer Harmonie und Gerechtigkeit. Sie sind lebendige Beispiele persönlicher Tiefe, Widerstandskraft und Harmonie, obwohl sie schreckliche soziale Spannungen und politische Konflikte am eigenen Leib erlebt haben, Bedingungen, die sie mutig ertragen und zu deren Veränderung sie sich mit großer Hingabe in diesem Leben verpflichtet haben. Wenn Seine Heiligkeit trotz eines 60-jährigen Exils außerhalb Tibets wahrhaften Frieden ausstrahlt, wenn Nelson Mandela selbst nach 25-jähriger Gefangenschaft in Südafrika breit und mit einer ungekünstelten Aufrichtigkeit lächeln konnte, wenn Aung San Suu Kyi in Burma auch nach 20 Jahren Hausarrest Anmut und Zuversicht verbreitet, so können uns diese Beispiele ermutigen, eine Quelle des Wohlergehens zu finden, die nicht von unseren Konflikten und alltäglichen Herausforderungen abhängt.

Intuitiv spüren wir bereits, dass die wahrhafte Quelle des Friedens genau dort zu finden ist, wo wir sind. Wie der Zen-Meister Dogen es ausdrückte: »Wenn ihr die Wahrheit nicht genau dort finden könnt, wo ihr seid, wo erwartet ihr sie dann zu finden?« Diese Einsicht führt uns instinktiv zur Praxis der Sitzmeditation. Aber jeder, der auch nur ein wenig Zeit auf einem Meditationskissen verbracht hat, weiß, dass uns unsere anfänglichen Erfahrungen nicht unbedingt den Frieden schenken, nach dem wir suchen.

Die erste Begegnung mit uns selbst besteht oft aus einer wilden Mischung körperlichen Unbehagens, emotionaler Unruhe und wahlloser Kommentare unseres abschweifenden Geistes, jener ängstlichen und verunsicherten Stimme in uns allen. Buddhistische Texte beschreiben diese Stimme häufig als »Affen-Geist«, ein Strom unkontrollierter Gedanken, der beständig durch das Bewusstsein zieht. Diese Gedanken sind laut, ablenkend und sogar bedrohlich, wenn sie unsere Ängste verkünden, unsere Gewissenbisse, Frustrationen, Begierden, Ressentiments und Sorgen. Unser Innerstes ist tatsächlich weit davon entfernt, friedlich zu sein; es ist ein Dschungel.

Ego

Im Zentrum all dieses Geplappers steht die Stimme des Ego oder des kleinen Selbst, wie Shunryu Suzuki es nannte. Das Wort *ego* bezeichnet im Griechischen einfach das »Ich«. Wenn wir in Meditation sitzen, beginnen wir, unsere konstante, verbissene Beschäftigung mit dem Selbst zu bemerken. Wir beurteilen jeden Moment und fragen uns, ob wir in Sicherheit sind, ob wir erfolgreich sind, ob die Welt uns fair behandelt. Aus einer bestimmten Sicht ergibt diese Selbstbezogenheit durchaus Sinn.

Wir sind verantwortlich dafür, uns um uns selbst zu kümmern und Wege zu finden, in diesem Leben engagiert und glücklich zu sein. Wenn wir jedoch genau hinschauen, können wir erkennen, dass unser diskursiver Geist wie eine Episode aus der Reality-Fernsehsendung *Survivor*[2] wirkt. Wir fühlen uns schutzlos, ausgeliefert und verunsichert in einer gefährlichen und miteinander konkurrierenden Welt. Unser Geist ist voll von Gedanken über Menschen und Situationen, die uns bedrohen. Wir blicken nach vorn und dann wieder über unsere Schulter zurück in dem Bestreben, uns selbst, unser Selbstbild und unsere Zukunft zu schützen.

Selbst unter den positivsten Umständen, wenn wir in einer vertrauten Umgebung mit Menschen zusammen sind, die wir lieben, dauert der Kampf des Ego an. Geht es in diesem Kampf nicht um unser grundlegendes Überleben, ist vielleicht der Kampf um permanente Selbstverbesserung das Thema – unser Streben, noch wohlhabender, erfolgreicher und angesehener zu sein. Von außen betrachtet mag unser Leben erfolgreich wirken, aber der Stress, den wir innerlich empfinden, dieses Ringen darum, es zu schaffen, scheint kein Ende zu nehmen. Und damit endet auch nicht die beständige Unzufriedenheit, die Teil unserer täglichen Existenz zu sein scheint.

Dieser Small Talk des Selbst, laut und unzufrieden, bewirkt eine permanente Anspannung in uns. Das Ego ist dualistisch und verwandelt alles in Gegensätze – du und ich, dies und das, richtig und falsch, gut und schlecht. So bewegt sich die Anspannung in unserem Geist zwischen zwei Polen: »Ich mag dieses und ich mag jenes nicht; ich will dieses, aber ich will jenes nicht. Ich hoffe auf dieses und ich fürchte jenes.« Unser Geist – manchmal banal alltäglich, dann wieder dramatisch – pendelt zwischen Eigenlob und der Kritik an anderen hin und her und geht im nächsten Atemzug dazu über, andere auf ein Podest zu heben und uns selbst schlechtzumachen. Unser Geist ist oft eine Litanei von Ja und Nein, Für und Wider. Wir sind meist dermaßen besessen von Vergleichen, Meinungen, Beurteilungen und Vorlieben, dass wir es uns nur selten erlauben, die Dinge so zu erfahren, wie sie sind. Indem wir uns diese innere Stimme und das, was sie sagt, bewusst machen, können wir lernen, unseren Geist konstruktiver zu gestalten. Eine Therapie oder ein Coaching kann uns darin unterstützen, unsere Selbstkritik zu mildern, die Intensität unserer Urteile zu verringern, Wunden aus der Vergangenheit zu heilen und unsere Zukunftsängste nach und nach loszulassen. Aber auch ein gesundes, funktionierendes Ego beruht immer noch auf der grundlegenden Aufspaltung in Ich und Welt. Solange wir uns von dieser Sicht einschränken lassen, werden wir die Spannungen erfahren, die sich aus diesem Dualismus ergeben. Wenn wir den Frieden finden wollen, von dem der Buddha sprach, müssen wir lernen, den Geist vollständig zur Ruhe zu bringen. Wahrhafter, dauerhafter Friede stellt sich ein, wenn wir die Wirklichkeit als ungeteilt erfahren.

Meditation

Meditation ist eine ganz einfache Praxis. Sie beinhaltet die vollkommene Konzentration von Körper und Geist in einer entspannten, aufrechten Sitzposition. Man benötigt dazu weder besondere Fertigkeiten noch Talent. Wir haben alles, was wir brauchen, um uns ein Kissen unterzulegen und uns hinzusetzen, die Beine zu kreuzen, einen vollen, tiefen Atemzug zu nehmen und unsere Aufmerksamkeit auf das Hier und Jetzt zu fokussieren. Üblicherweise beginnen wir mit einer Konzentrationspraxis, etwa indem wir unserem Atem folgen. Wir konzentrieren uns auf unsere Atemzüge, während wir den Gedanken, Empfindungen und Gefühlen erlauben, durch unser Gewahrsein zu wandern, als wären es Wolken, die über den Himmel ziehen. Sobald unsere Praxis eine gewisse Stabilität erreicht, identifizieren wir uns nicht mehr mit dieser üblichen Abfolge von Gedanken, Emotionen und Körperempfindungen, sondern mit dem offenen Raum des Gewahrseins selbst, in den all unsere Erfahrungen eingebettet sind.

Letztendlich geht es bei diesem Sitzen nicht wirklich darum, uns in Konzentration zu schulen, oder darum, uns irgendwie zu verbessern. Wie es der Zen-Meister Dogen ausdrückte: »Es ist das Tor zur Leichtigkeit und Freude.« Können Sie sich das vorstellen? Es scheint zu einfach, um wahr zu sein. Aber sobald der Geist zur Ruhe kommt und wir eins mit unserer unmittelbaren Erfahrung werden, fällt unser Ringen von uns ab. Wir sind dann vollkommen gegenwärtig im Hier und Jetzt; die Vergangenheit interessiert uns in diesem Moment nicht und die Zukunft existiert noch nicht. Alles, was dann Teil unserer Erfahrung ist, wird lebendiger, reicher an Details und – interessanterweise – flexibler und gestaltbarer. Das Festhaltende und Zielgerichtete in der Stimme des kleinen Selbst fällt von uns ab und wir erkennen die Wirklichkeit als ein vollständiges Sein: lebendig und voller Details, aber dennoch ein Ganzes. Vollkommen unbewegt und dennoch sich wandelnd. Ein tiefes Wohlempfinden stellt sich ein, ein Friede, der nicht davon abhängt, was wir erreicht oder getan haben. Wir kosten den Geschmack einer Erfüllung, die dem Sein selbst innewohnt. Dann machen wir vielleicht die Erfahrung, dass dieser Zustand des Wohlergehens ganz von selbst nach außen strebt. Unser Herz weitet sich, Mitgefühl stellt sich ganz natürlich ein wie Blüten, die sich im Frühling öffnen, und wir beziehen andere in unsere guten Wünsche mit ein. Wir erfreuen uns an einem weitreichenden Gefühl von Freiheit und werden ganz natürlich zu kreativem Handeln inspiriert.

In seinem Bestseller *Jetzt! Die Kraft der Gegenwart* definiert Eckhart Tolle Erleuchtung ganz einfach als »dein natürlicher Zustand *von empfundener* Einheit mit dem Sein. In diesem Zustand bist du mit etwas Unermesslichem und Unzerstörbarem verbunden, mit etwas, das paradoxerweise du selbst bist und das zugleich etwas viel Größeres ist als du. Es geht um das Entdecken deiner wahren Natur jenseits von Name und Form.«[3]

Sobald wir diese Wirklichkeit von Freiheit und Frieden erfahren haben, wundern wir uns vielleicht, worum es in unseren Kämpfen eigentlich ging. Mein Zen-Lehrer, Genpo Roshi, gab mir den Zen-Namen Musho, der »kein Konflikt, kein Kampf« bedeutet. Dieser Name erinnert mich daran, dass es ohne Aufspaltung des Geistes keine Kämpfe gibt. Ohne Spaltung ist alles, was wir brauchen, einfach da. Ohne diese Spaltung gibt es keine abgetrennte Identität, die sich sorgt und klagt. Ohne Spaltung gibt es kein Bemühen. Ohne Spaltung sind wir einfach nur. Wir sind frei, mitfühlend und kreativ.

Die Relevanz der Praxis und Willies Geburt

Der Wert einer regelmäßigen Meditationspraxis wurde mir in den ersten Monaten nach der Geburt meines Sohnes deutlich vor Augen geführt. Willie kam am Neujahrstag 1989 zur Welt. Er war mein erstes Kind. Ich hatte bereits sieben Jahre lang meditiert, aber erst nach seiner Geburt gewannen die Worte »hier und jetzt« immens an Bedeutung.

Die Wehen setzten am Silvesterabend ein, als ich mit meinem Mann in einem Restaurant beim Essen saß. Das leichte Ziehen am frühen Abend verwandelte sich später in der Nacht in heftige Geburtswehen. Sechs oder sieben Stunden, nachdem die Wehen eingesetzt hatten, ergriff eine rohe Lebenskraft Besitz von mir und überwältigte meinen Körper mit einer tiefen, evolutionären Zielgerichtetheit. Ich konzentrierte mich mit aller Kraft auf meinen Atem, um einfach nur präsent zu bleiben, aber jetzt hatte die Natur das Sagen. Jeder Gedanke daran, wie ich es gerne hätte, war überflüssig. Die Geburt lief, genau wie das Sterben, nach ihrem eigenen Zeitplan und ihren eigenen Gesetzmäßigkeiten ab.

Nach 14 Stunden Wehen half meine Hebamme dabei, das Baby zur Welt zu bringen. Meine Sinne waren so wach, dass jedes Bild, jedes Gefühl und jede Wahrnehmung dieses Moments in mein Gedächtnis eingebrannt ist. Ich erinnere mich an die Sanftheit in den blauen Augen meines Mannes, das blasse Licht des Nachmittags, das durch die Fenster fiel, die routinierten Aktionen der Frau, die mir half. Ich spürte die übliche, überwältigende Freude und die Erleichterung, die sich im Moment der Geburt einstellen. Ich nahm aber auch den kurzen, sorgenvollen Blick wahr, der sich, wie ein Schatten auf einen See, kurz über das Gesicht meiner Hebamme legte.

Ich sah mein Neugeborenes an; sein Gesicht war violett. Plötzlich fragte ich mich, ob es atmete. »Laurine«, sagte ich, »was bereitet dir Sorgen?« »Mich sorgt, wie er aussieht«, entgegnete sie. Ich schaute ihn noch einmal an. Er weinte nicht, wie es Neugeborene normalerweise tun, und diesmal bemerkte ich eine ungewöhnliche, fast nicht sichtbare Falte in seinen Augen. »Oh je«, sagte ich zu meinem Mann und der anwesenden Familie, »er ist ein Down-Baby.«

Eine tiefe Stille legte sich über den Raum. Niemand sprach ein Wort, nur mein jüngerer Bruder beugte sich über mich und flüsterte: »Ich liebe dich.« Als die Hebamme mir das Baby in die Arme legte, war mein Geist betäubt und mein Herz so roh, dass es in der Brust schmerzte. Man könnte sagen, dass es gerade gebrochen war. Mein Mann und meine Familie verließen schweigend das Zimmer; jeder suchte nach seiner eigenen Deutung für dieses Ereignis und fand Trost in der Gesellschaft der anderen. Für einen kurzen Moment war ich mit meinem Baby allein, bestürzt, aber auch verzaubert von diesem ganz neuen Leben. In meinem Geist hörte ich die Worte des Dritten Chinesischen Patriarchen des Zen: »Der Große Weg ist nicht schwierig für jene, die keine Vorlieben haben.«

In den nächsten Tagen und Wochen ging ich durch viele emotionale Höhen und Tiefen. Ich erinnere mich noch sehr genau an die enormen körperlichen Veränderungen, an die Herausforderung, sich um ein Neugeborenes zu kümmern, und die unvorhersehbaren Anfälle von Furcht und Trauer, die sich einstellen, wenn man ein behindertes Kind hat. Aber meine Meditationspraxis half mir zu erkennen, dass meine sorgenvollen Gedanken fast immer nur um die Zukunft kreisten – ob mein Sohn akzeptiert werden würde, ob er je selbstständig leben könnte. Und ich dachte sogar darüber nach, ob er eines Tages eine Freundin hätte. Diese Gedanken katapultierten mich auf der Stelle in eine Welt voller Unsicherheit, Angst und Sorge. Sehr schnell merkte ich, wie dieser Fokus auf die Zukunft mich beeinträchtigte, und so konzentrierte ich meinen Geist darauf, gegenwärtig im Hier und Jetzt zu sein.

Diese Verlagerung der Perspektive wird durch die Gegenwart eines Babys erleichtert. Babys sind so direkt und einfach da; auf eine bezaubernde Art und Weise verlangen sie nach unserer gesamten Aufmerksamkeit. Nichts hilft uns mehr, unsere Aufmerksamkeit zu konzentrieren, als das Charisma eines Babys. Sein Blick ist so offen und unverfälscht, und die einfachen Verrichtungen des Fütterns, Säuberns und Einkleidens, die kurzen Spaziergänge, die man mit ihm macht, sind natürliche Formen der Meditation. Wenn wir uns auf solch ein kleines Wesen einlassen, befreit uns das bereits ein wenig von den Anforderungen des Ego, und es wird ein klein wenig stiller in uns. Alles ist dann einfach so, wie es ist, ohne Bewertungen und Vorlieben, und das Leben gewinnt wieder seine ihm innewohnende Erfülltheit. Ich war überrascht über den großen Kontrast zwischen den Momenten, in denen ich in der Gegenwart blieb, und den Augenblicken, in denen ich mich in einer imaginierten Zukunft verlor.

Manchmal tauchte die Trauer ganz plötzlich auf. Einmal, als ich im Schwimmbad meine Bahnen zog, weinte ich 40 Minuten lang im Wasser. Wenn ich in Tränen ausbrach, verwirrte mich das, denn ich liebte mein neugeborenes Kind. Schließlich begriff ich, dass ich um ein anderes Baby trauerte, jenes, das ich mir

vorgestellt hatte zur Welt zu bringen. Schließlich erlaubte ich
den schmerzhaften Gefühlen, einfach aufzutauchen und wieder
zu verschwinden, was mich weichherziger werden ließ, offener
und – merkwürdigerweise – wertschätzender. Nach einer Weile
hatte ich mehr Mitgefühl mit meiner Angst und Verunsicherung,
und manchmal erstreckte sich dieses Mitgefühl in alle Richtungen, um alle, die litten, darin einzuschließen. Ich blicke auf diese
Zeit als eine der tiefsten Phasen der Praxis in meinem Leben zurück. Ich lernte damals so viel über die Freiheit und den Frieden
eines stillen Geistes, wenn wir einfach nur in den Dingen präsent sind. Der absolute Wert des Lebens, so wie es ist, wurde mir
bewusst, mit all seinen Enttäuschungen, Traumata und uner-
warteten Schwierigkeiten. Ich vermute, dies ist der Grund dafür,
dass Seine Heiligkeit so strahlt, Mandela so lächeln konnte und
Aung San Suu Kyi so viel Anmut zeigt – trotz all dessen, was sie
ertragen mussten.

Die meisten von uns können sich nicht vorstellen, wie es sich
anfühlt, die Besetzung des eigenen Landes zu erleben, unter der
Apartheid aufzuwachsen oder zu erleben, wie unsere Familie,
unsere Freunde und Nachbarn umgebracht werden. Doch wir
alle erfahren Ungerechtigkeiten. Wir werden unfair behandelt
und erleben Tragödien. Wenn diese Dinge passieren und unsere
Welt im Chaos versinkt, kann Meditation uns dabei helfen, mit
einem tieferen Gefühl des inneren Friedens und des Vertrauens
darauf, wie unser Leben sich entfaltet, in Berührung zu kommen – ungeachtet des Ringens und Kämpfens. Außerdem ist
Meditation eine altbewährte Methode, während wir uns zugleich andere Werkzeuge und Techniken aneignen, damit wir
den Herausforderungen in unserem Leben auf unterschiedliche
Weise begegnen können.

Viele Jahre später, Willie war damals etwa acht Jahre alt, saß
er in der Badewanne, während ich mich für den Arbeitstag fertig machte. Ich ging zu ihm und fragte ihn mit der Stimme einer
Mutter, die es eilig hatte, zur Arbeit zu kommen: »Willie, was

wirst du heute machen?« Er blickte mich heiter und gelassen an, goss Wasser spielerisch aus einem Becher zurück in die Wanne und sagte: »Jetzt!«

PRAXIS

Meditation

1. Suchen Sie sich einen stillen Platz, wo es keine Ablenkungen gibt.
2. Nehmen Sie auf einem weichen, runden Meditationskissen Platz und kreuzen Sie die Beine.
3. Sie können entweder in der Haltung des halben oder vollen Lotus sitzen – oder Sie platzieren Ihre Füße so auf dem Boden, dass sie aneinanderliegen. Um die volle Lotus-Haltung einzunehmen, legen Sie den rechten Fuß auf Ihren linken Oberschenkel und den linken Fuß auf den rechten Oberschenkel. In der halben Lotus-Haltung legen Sie den linken Fuß auf den rechten Oberschenkel.
4. Legen Sie Ihre rechte Hand auf den linken Fuß, und platzieren Sie die linke Hand auf der rechten Hand, sodass die Daumenspitzen sich leicht berühren. Legen Sie die Hände so am Körper an, dass sich die Daumen in Höhe des Nabels befinden.
5. Strecken Sie Ihren Körper und sitzen Sie aufrecht. Ihre Ohren sollten sich in einer Linie mit den Schultern und Ihre Nase sollte sich in einer Senkrechten mit dem Nabel befinden.
6. Legen Sie die Zunge am Gaumen an und atmen Sie durch die Nase ein und aus. Der Mund sollte geschlossen sein. Die Augen sollten geöffnet sein und Ihr Blick sanft etwa einen Meter vor Ihnen auf dem Boden ruhen.
7. Atmen Sie tief ein und dann vollständig aus. Entspannen Sie sich.

8. Sitzen Sie jetzt einfach, und erlauben Sie Ihren Gedanken zu kommen und zu gehen, ohne an ihnen festzuhalten. Beurteilen Sie sie nicht; versuchen Sie auch nicht, die Gedanken zu verscheuchen. Richten Sie Ihre Aufmerksamkeit auf den Atem, bleiben Sie präsent und verweilen Sie im Gewahrsein des Seins, im Jetzt.

3

Vorsätze:
Innere Stabilität finden

Vorsätze stehen im Zentrum
eines bewussten Lebens.
Bewusste Vorsätze prägen und
bewegen alles.

MEISTER HSING YUN[4]

Häufig wird heute auf die Relevanz positiver Vorsätze hingewiesen. Es heißt, wenn wir gute Vorsätze haben, können wir
großartige Dinge verwirklichen. Durch eine klare Motivation
und regelmäßige Praxis können wir unseren abschweifenden
Geist zur Ruhe bringen und die mentalen oder emotionalen
Muster, die unser Leiden verursachen, loslassen. Wir können
präsent und wach werden und schließlich mitfühlend auf uns
und unsere Mitmenschen reagieren. Letztendlich können wir
dadurch lernen, unser Leben so wertzuschätzen, wie es ist,
ohne das uns innewohnende Potenzial zum Glücklichsein durch
unzählige unerfüllte Erwartungen und unvermeidbare Enttäuschungen zu verdecken.

Vorsätze können als eine innere Wahl oder Verpflichtung beschrieben werden, die unser Handeln auf etwas Größeres ausrichten als das, was wir sind. Es war Buddhas ursprüngliche
Absicht, die verstörenden Wahrheiten von Alter, Krankheit und
Tod genau zu betrachten und das Leiden zu beenden. Nach
sechs Jahren hingebungsvoller Praxis wurde er erleuchtet. Das
heißt, er erfuhr sein eigenes Leben, sich selbst, in einem absolut
unkonditionierten Gewahrsein, ohne das Gefühl der Abtrennung von anderen Dingen und Menschen. Er erfuhr sich als

ganz und vollkommen, tief verbunden mit der Wirklichkeit. Als er kurz danach alten Freunden begegnete, fasste er das in folgenden Worten zusammen: »Ich bin erwacht.«

Ich kannte einmal einen Seemann, dessen Leben durch Vorsätze transformiert wurde. Er litt unter starken Schmerzen; die Situation war so schwierig, dass er sein Leben beenden wollte. In großer Verzweiflung segelte er eines Nachts auf die Nordsee hinaus. Doch anstatt in das eisige dunkle Wasser zu springen, schaute er zu den Sternen empor und bat sie um Hilfe. In diesem Moment gelobte er dem Sternbild Orion, einen Weg zu finden, sein Leben zu heilen. Mit der Zeit gelang ihm dies auch, wobei das Sternbild ihm ein stetiger und unterstützender Begleiter war.

Ich kannte einen anderen Mann, eine wahre Naturgewalt. Als Kind sah er sich die Reichen und die Armen an und entschied, dass es besser wäre, reich zu sein. Der damals zehnjährige Junge fasste daraufhin den Vorsatz, »einen Riesenberg Kokosnüsse anzuhäufen«. Heute besitzt er etwa eine Milliarde Dollar. Ich bin nicht sicher, ob er glücklich ist, aber sein Vorhaben bestand auch nicht darin, glücklich zu werden. Er wollte reich werden. Zweifellos gefällt es ihm, viel Geld zu besitzen. Aber es zu erwirtschaften und zu behalten, führt eben auch zu Stress und Konkurrenzkampf – sein Glück ist also nicht das bedingungslose Glück, das der Buddha entdeckte.

Gesetz der Anziehung

Es wird viel über die Wirkung von Vorsätzen und Intentionen gesprochen – von Wissenschaftlern der Feldtheorie über Vertreter der Neugeist-Bewegung bis hin zu Fans des Films *The Secret*. Die grundlegende Idee in all diesen Ansätzen und Lehren besagt, dass wir das anziehen, was wir beabsichtigen. Aus diesem Grund ist es unerlässlich, uns unserer Absichten und Vorsätze vollständig bewusst zu sein, denn uns wird das gegeben, was wir uns wünschen. Umgekehrt können wir, wenn uns das Leben nicht das gibt, was wir uns wünschen, fragen, welche tief sitzenden widersprüchlichen Motive, Ängste oder Glaubenssätze dafür verantwortlich sind, und diese zutage fördern.

Es geht hier um eine tiefe Wahrheit, und zugleich sind viele von uns irritiert, wenn wir uns *The Secret* anschauen. Der Film scheint für das Unglück und die Missstände in der Welt keine Erklärung zu liefern, sondern ergeht sich in Allmachtsfantasien, deren Wurzeln in unserer Kindheit liegen. Er erinnert uns daran, wie wir damals zu beten lernten und dachten, das werde uns auf jeden Fall ein Pony bescheren. Die Enttäuschung darüber, dass unsere Gebete keine konkreten Ergebnisse hervorbrachten, blieb natürlich nicht aus.

Worin besteht also der Unterschied zwischen kindlichen Wunschvorstellungen und einer kreativen Selbstbestimmung in einem empfänglichen und freigebigen Universum?

Die folgende inspirierende Geschichte mag uns dabei helfen, diesen Unterschied zu verstehen. Vor einiger Zeit begegnete ich einer außergewöhnlichen, hübschen persischen Frau. Im Iran hatte sie als Kind oft im Freien geschlafen. Als sie dabei den Sternenhimmel betrachtete, fasste sie den Vorsatz, einmal ins All zu reisen. Sie verließ den Iran, um in den USA zu studieren, und wurde schließlich Ingenieurin. Mit ihrem Mann gründete sie eine Technologiefirma, die ihnen Millionen einbrachte. Irgendwann verkauften sie diese und riefen mit einem Teil ihres Vermögens gemeinsam mit anderen Personen den X-PRIZE ins Leben, einen Wettbewerb, der zu neuen wissenschaftlichen und technischen Entwicklungen zur Erforschung des Weltraums anregen soll. Vielleicht haben Sie von ihr gehört. Sie heißt Anousheh Ansari.

Ihr Wunsch, ins All zu reisen, erfüllte sich. Während sie noch mit der Gründung des Wettbewerbs beschäftigt war, bewarb sie sich für das russische Raumfahrtprogramm und wurde dort

angenommen. Sie wurde zur Stellvertreterin eines russischen
Kosmonauten ausgebildet und erhielt schließlich ihre Chance,
als dieser krank wurde und nicht fliegen konnte. 2006 nahm
Anousheh seinen Platz ein und reiste als eine der ersten Frauen
in den Weltraum.

Als sie gefragt wurde, was sie mit ihrem Flug zu erreichen er-
hoffe, antwortete sie: »Ich wünsche mir, dadurch andere inspirieren zu können, ihre Träume nicht aufzugeben – insbesondere
junge Leute, Frauen und Mädchen auf der ganzen Welt, aber
vor allem auch im Nahen Osten, wo Frauen nicht die gleichen
Möglichkeiten haben wie Männer. Manchmal mag das unmöglich erscheinen. Ich glaube aber fest daran, dass sie ihre Träume
verwirklichen können, solange sie diese im Herzen tragen, sie
nähren und nach Möglichkeiten suchen, sie zu verwirklichen.«[5]

Aus einer ganzheitlichen Perspektive betrachtet, wurde der
Seemann in dem Moment geheilt, als er seinen Vorsatz fasste.
Das Versprechen, das er gegenüber dem Sternbild Orion abgab,
entsprang einem Bereich seiner Persönlichkeit, der immer gesund gewesen war und ist. Als Anousheh die Sterne betrachtete
und ihren Entschluss fasste, verband sie sich vertrauensvoll mit
dem Weltraum und den Sternen, was schließlich in ihrem Flug
kulminierte. Aber sie sagt auch, dass wir Gelegenheiten schaffen
und Dinge in die Tat umsetzen müssen. Mein Freund, der Unter-
nehmer, musste seinen Vorsatz aufrechterhalten und viele Geschäfte tätigen, bevor er so wohlhabend wurde, wie er es heute
ist. Ich bin mir auch sicher, dass der Seemann viele schwierige
Momente erleben musste, bevor er vollständig genesen war.

Einerseits ist ein Vorsatz eine einmalige Selbstverpflichtung,
andererseits beschreibt er einen Prozess, der unsere ganze Liebe
und Aufmerksamkeit verlangt. Anfangs drücken wir dadurch
nur eine Möglichkeit aus. In einer mittleren Phase müssen wir
unsere Vorsätze immer wieder klären, widersprüchliche Motivationen erkennen, sie an neue Gegebenheiten anpassen und in
den richtigen Momenten unsere Energie einbringen. Am Ende

liefern unsere Vorsätze wirksame Ergebnisse. Der alte Spruch »Sei vorsichtig, was du dir wünschst« erinnert uns daran, sicherzugehen, dass unsere Vorsätze uns auch zu dem führen, was wir uns wirklich ernsthaft wünschen. Schon der Buddha sagte: »Wünsche dir wenig, aber das, was du wünschst, sollte edel sein.«

Vorsätze und Absichten in der Kommunikation klären

Wenn wir den Vorsatz gefasst haben, so wach wie möglich zu sein, wird sich dies auch bald auf unsere Kommunikation mit anderen auswirken. Wir stellen fest, dass wir uns mehr auf die Menschen in unserem Leben einlassen wollen. Unser Bestreben ist es dann, in einem authentischen und verbundenen Sinne zu geben und zu nehmen.

Wenn ich mit Menschen an neuen Kommunikationsmustern arbeite, frage ich jedes Mal, welche Absichten sie hegen, bevor wir anfangen. Wollen sie ihre Sicht der Dinge zum Ausdruck bringen – oder jemanden von ihrer Sicht überzeugen? Sind sie daran interessiert zuzuhören, oder ist es wichtiger, dass ihre Meinung gehört wird? Sind sie einfach nur daran interessiert, unterschiedliche Anschauungen auszutauschen, oder geht es darum, eine Lösung zu finden? Es mag überraschend klingen, aber sehr oft entstehen Probleme, weil uns nicht klar oder noch nicht einmal bewusst ist, was wir in unseren Auseinandersetzungen mit anderen wirklich beabsichtigen.

Wenn wir unsere Absichten in der Kommunikation mit anderen nicht erkennen, ist das etwa so, als steuerten wir blind einen Wagen. Wir folgen dann eingefahrenen Mustern des Redens und Zuhörens, wissen aber nicht, wohin wir gehen oder wonach wir suchen. Wie oft haben Sie in einem Gespräch schon gehört: »Das ist nicht das, was ich meine.« Es ist dann so, als würde man auf ein Verkehrsschild treffen, auf dem »Sackgasse« steht.

Oft führen wir Gespräche so, als bestünde unsere einzige Absicht darin, unser Gegenüber von unseren Meinungen zu überzeugen. Nun, wenn dem so ist, ist das ja auch in Ordnung; aber ich wette mit Ihnen, wenn wir die Menschen fragten, würden sie meist antworten, dass sie gehört werden wollen, sich authentisch ausdrücken möchten oder die Herausforderung eines schwierigen Austausches von Ansichten vorziehen, anstatt andere einfach nur von ihrer Meinung zu überzeugen – es sei denn, sie sind Anwälte oder Moderatoren einer Talkshow.

Wenn es um Kommunikation geht, ist es äußerst wichtig, uns unserer Absichten bewusst zu sein. Dabei können wir mit einem übergeordneten Vorsatz beginnen, etwa: »Ich möchte wirksame Methoden der Konfliktbewältigung einsetzen« oder auch: »Ich möchte ein geschickter Kommunikator sein.« Danach können wir detailliertere Absichten formulieren, die uns unserem übergeordneten Ziel näherbringen. Überdenken Sie einmal die folgenden Möglichkeiten: Wie wäre es, wenn wir lernen könnten, in einem Konflikt präsent zu bleiben, anstatt den Raum zu verlassen? Wie würde es sich anfühlen, sich unangenehme Rückmeldungen wirklich anzuhören, ohne sich dabei emotional zurückzuziehen? Was würde passieren, wenn Sie einem Freund oder einer Freundin gestatteten, seine oder ihre Sicht der Dinge auszudrücken, während Sie einfach nur zuhören, anstatt Ihre eigene Meinung zu vertreten? Wie wäre es, wenn Sie sich ohne Selbstzweifel oder Gewissensbisse erlaubten, Nein zu sagen? Und wie wäre es, wenn Sie lachen könnten, wenn Ihr Ego sich in einem Gespräch bedroht fühlte? Jede dieser Reaktionen ist möglich; wir müssen sie nur begreifen können, um sie in die Tat umzusetzen.

Die in diesem Buch vorgestellten Techniken können uns helfen, präsenter zu sein in Bezug auf das, was ist, und unsere Lösungsstrategien aus dieser Haltung heraus zu gestalten. Wenn jemand uns beispielsweise kritisiert, können wir die Absicht verfolgen, präsent zu bleiben, anstatt sofort zu reagieren und uns zurückzuziehen. Wenn wir präsent bleiben, bringen wir uns mit den Dingen in Einklang, wie sie gerade sind. Vollkommen in Einklang mit dem Moment zu sein, egal ob er angenehm oder unangenehm ist, bildet den Wesenskern unserer Meditationspraxis. Um gut zu kommunizieren, Probleme zu bewältigen, mit Konflikten umzugehen und mit anderen zusammenzuarbeiten, müssen wir in der gegenwärtigen Situation präsent sein. Und wir müssen *wirklich die Absicht verfolgen*, die Fähigkeiten zu entwickeln, die es uns erlauben, mit altbekannten Situationen auf eine neue Art umzugehen.

Das Spiel der Gegensätze

Wenn wir unsere Absichten und Vorsätze in der Kommunikation klären wollen, erfordert das die Bereitschaft zu absoluter Ehrlichkeit mit uns selbst, denn immer wieder decken sich unsere grundlegenden Motive nicht mit unseren bewussten Absichten. Vielleicht sehne ich mich nach Gemeinschaft, kann aber meinem Drang zu dominieren nicht widerstehen. Oder ich wünsche mir, wirklich ehrlich zu kommunizieren, spüre aber das übermächtige Bedürfnis, es anderen immer recht zu machen. Möglicherweise wünsche ich mir intensive emotionale Begegnungen, sehe mich jedoch veranlasst, jegliche Intensität des Empfindens zu vermeiden. Ich will offen sein, aber ich vertraue anderen Menschen nicht wirklich. Die gute Nachricht besteht in all diesen Fällen darin, dass wir die Absicht, liebevoll, authentisch und direkt zu sein, durch eine gewisse Praxis entwickeln können. Und mit der Zeit kann uns diese Absicht darin unterstützen, selbst tiefste Muster neu zu vernetzen.

Jedes Mal, wenn wir eine positive Absicht formulieren, rufen wir uns damit auch ihr Gegenteil in Erinnerung. Wenn wir uns also vornehmen, mehr zuzuhören und empfänglicher zu sein, wird uns erst bewusst werden, wie häufig wir in einem Gespräch unsere Meinung einbringen und andere unterbrechen. Wenn unsere Absicht darin besteht, neugieriger zu sein und Fragen zu stellen, werden wir merken, wie oft wir uns zurücklehnen und kein Interesse zeigen. Sobald wir bemerken, dass das Gegenteil unserer Absicht in uns auftaucht, entweder als Widerstand oder als negative Haltung, können wir uns dies einfach bewusst machen und zu unserem Vorsatz zurückkehren.

Zum Vorsatz zurückkehren

Nachdem wir feste Vorsätze gefasst haben, müssen wir immer wieder zu ihnen zurückkehren. Vorsätze dienen nicht nur als Ausgangsbasis, sondern auch als ständige Fixpunkte, an denen wir uns orientieren können, wenn wir uns in der Kommunikation verwirrt fühlen oder die Richtung verlieren.

Ein kanadischer Student, der sich mit seinen Vorsätzen und Absichten beschäftigte, erzählte die folgende Geschichte. Er hatte sich sechs Monate von seiner Arbeit freistellen lassen, um sich einen Traum zu erfüllen und zur Zeit der Sommersonnenwende in die Arktis zu reisen und die Mitternachtssonne zu sehen:

Als ich den Dempster Highway entlangfuhr, eine lange, unbefestigte Piste, die bis zum Nordpolarmeer führt, begegnete ich an diesem Tag nur wenigen Fahrzeugen – etwa fünf oder zehn, meist Langholzlaster. Irgendwann tauchten gar keine Fahrzeuge mehr auf. Ich fühlte mich weit weg, am Ende der Welt.

Als ich in eine Talsenke hineinfuhr, füllte sich die Luft langsam mit Rauch von einem Waldbrand. Ich konnte nicht feststellen, wo das Feuer wütete, und plötzlich veränderte sich alles sehr schnell. Der Rauch wurde immer dichter, je weiter ich fuhr. Es wäre ein sehr langer Rückweg geworden, und ich konnte nirgendwo tanken oder übernachten. Ich wusste immer noch nicht, in welche Richtung sich das Feuer bewegte. Es konnte einige Täler weit weg brennen, vielleicht war es aber auch ganz nah. Ich war mir nicht sicher. Es gab kein Radio, keine Nachrichten. Ich fuhr fast blind. Ich überlegte mir umzukehren, aber das wäre wirklich enttäuschend gewesen. Ich wollte unbedingt den Polarkreis und die Mitternachtssonne sehen. Ich musste herausfinden, was ich tun sollte. Ich fühlte mich ganz und gar allein und verunsichert. Mein Verstand war keine Hilfe mehr, und so verließ ich mich auf mein Bauchgefühl – aber ganz anders, als ich das je zuvor getan hatte. Das Gefühl, das schließlich auftauchte, entsprang meiner Intention und nicht wirklich meinem Instinkt. Ich hatte die Absicht gefasst, den Polarkreis und die Mitternachtssonne zu sehen. Ich begriff, dass mich in diesem Moment nur meine Absicht wirklich leiten konnte. Und so setzte ich meine Fahrt fort.

In der nächsten Stunde ließ der Rauch nicht nach, und ich sah auch keine anderen Menschen. Schließlich spürte ich mehr und mehr Vertrauen in meine Absicht und entspannte mich. Ich drehte Radiohead in meiner Anlage auf und lachte, als die Textzeile »Go to sleep, little man being erased ...« aus den Lautsprechern erklang.

Dann legte sich der Rauch, und ich kam aus dem Tal auf eine sonnige Ebene. Ich fuhr geradewegs auf die Markierung zu, die den Polarkreis anzeigte. Dort kam ich um 23 Uhr an. Die Sonne küsste den Horizont, bevor sie wieder emporstieg.

Ein Feld der Absichten

Wenn wir den Umgang mit Absichten üben, ist es wichtig, das große Ganze im Blick zu behalten und zu bedenken, dass wir alle von einem Feld von Absichten umgeben sind. Alle um uns herum, ob bekannt oder unbekannt, verfolgen ihre eigenen Absichten, die mit unseren harmonieren oder zu ihnen in Widerspruch stehen. So verfolge ich vielleicht die Absicht, mit meinem Mann verheiratet zu bleiben, aber er entscheidet sich für eine neue Partnerin. Oder ich beabsichtige, meiner Tochter, die zu viel trinkt, den Rat zu geben, damit aufzuhören, aber sie will mir vielleicht gar nicht zuhören. Möglicherweise fasse ich den Vorsatz, offener für Feedback zu sein, aber mein Körper hat die tief verinnerlichte Absicht, sich gegen Bedrohungen zu schützen. Deshalb kann ich meine Verteidigungshaltung nicht ablegen.

Wir alle unterliegen kulturellen und evolutionären Impulsen sowie Dynamiken in Beziehungen, die den unseren entsprechen oder auch nicht. Die Menschen, die wir lieben, die Gruppen, denen wir angehören, die sozialen Systeme, in denen wir funktionieren, verfolgen unter Umständen andere Absichten und Ziele als wir. Viele Absichten weichen vom vernünftigen Denken ab; sie haben sich seit Urzeiten entwickelt und sind fest in unserem biologischen System verankert. Ja, letztendlich sind wir Teil einer großen evolutionären Intention, die der menschlichen Vernunft und unserer Fähigkeit, sie zu verstehen, nicht unbedingt zugänglich ist. Unsere Absichten stellen in jedem Moment eine Mischung persönlicher, biologischer, evolutionärer, kultureller, systemischer und kosmischer Kräfte dar.

Auch wenn wir sehr stark auf die Welt, die uns umgibt, einwirken können, entstehen unsere persönlichen Bedürfnisse und Wünsche nicht unabhängig von Ursachen und Bedingungen, und wir müssen, insbesondere in unseren Begegnungen mit anderen, Frieden mit der Begrenztheit unserer eigenen Einflussmöglichkeiten schließen. So empfinde ich zum Beispiel eine tiefe

Liebe zu dem Mann, mit dem ich in erster Ehe verheiratet war. Er ist ein künstlerisches Genie und der lustigste Mensch, den ich je getroffen habe. Nach unserer Scheidung hätte ich mir eine Freundschaft gewünscht, aber er zieht sich privat sehr zurück und pflegt nur wenige soziale Kontakte. So habe ich gelernt, meine Absicht, ihm gegenüber freundlich und offen zu sein, aufrechtzuerhalten, auch wenn er größtenteils sehr unpersönlich mit mir umgeht.

Manchmal kann es auch sehr befreiend sein, *nicht* das zu bekommen, was wir uns wünschen, da uns dies dazu zwingt, tiefer zu blicken und Absichtsebenen zu entdecken, die unsere egozentrischen Wünsche transzendieren und uns in größere Harmonie mit unserer wahren Natur jenseits aller relativen Zielsetzungen versetzen. Für mich ist es eine größere Herausforderung, meinen Exmann trotz der Art und Weise, wie er mir begegnet, bedingungslos lieben zu lernen, als einfach nur mit ihm befreundet zu sein.

In der Tat ist es von größter Bedeutung, den Vorsatz zu fassen, das zu entdecken, was wir in der Tiefe unseres Seins wirklich sind, denn mit der Zeit werden sich alle anderen Motive als irrelevant erweisen. Unser angehäufter Besitz wird verschwinden; unsere Freunde, unsere Familie und unser Körper werden ebenso sicher den Weg allen Fleisches gehen. Ob die Einsicht in diese grundlegende Absicht nun Erleuchtung oder Liebe genannt wird, Gott, das Dao oder das Sein selbst: Wir können jedenfalls sehen, dass diese Weisheit darauf abzielt, uns eine beständige Heimstatt in diesem wunderbaren Universum zu geben. Alle anderen Ziele, wie wertvoll sie auch immer sein mögen, sind dagegen zweitrangig.

PRAXIS

Vorsätze fassen

1. Verbringen Sie jeden Morgen, direkt nach der Meditation, einige Minuten damit, Ihre wichtigsten Intentionen klar und deutlich zu artikulieren.

2. Denken Sie über Vorsätze nach, die Sie durch das Leben leiten, etwa, ein liebevoller Mensch zu werden, zu erwachen oder anderen von Nutzen zu sein.

3. Formulieren Sie für diesen Tag eine Absicht, die Ihre Kommunikation betrifft und zur Erfüllung Ihrer lebenslangen Intentionen beiträgt, zum Beispiel: »Ich will ein guter Zuhörer werden.« Fragen Sie sich, worin die Qualitäten eines guten Zuhörers bestehen, zum Beispiel, »nicht gesprächsrelevante Vorstellungen loszulassen, während jemand spricht; für das, was jemand sagt, offen und empfänglich zu sein; klärende Fragen zu stellen« usw.

4. Visualisieren Sie nun Ihre Intention, indem Sie sich vor Ihrem geistigen Auge ein detailliertes Bild davon schaffen, wie sie in Erfüllung geht. Wie würde es aussehen und sich anfühlen, wenn Sie diese Absicht verwirklichen könnten? Genießen Sie dieses imaginierte Bild Ihres Erfolgs.

5. Bringen Sie jetzt Ihre Intention, die sich auf die Zukunft richtet – »Ich will ein guter Zuhörer werden« –, in die Gegenwartsform für den betreffenden Tag: »Ich bin heute ein guter Zuhörer.«

4

Aufmerksamkeit und Gewahrsein

*Jemand ging zu dem Zen-Meister und Dichter Ikkyu
und bat ihn, die höchste Lehre des Zen aufzuschreiben.
Ikkyu nahm einen Pinsel und schrieb
Aufmerksamkeit.*[6]

Aufmerksamkeit und Achtsamkeit stehen im Zentrum der Meditationspraxis und bilden zugleich die Grundlage für wirksame Techniken der Konfliktbewältigung. Indem wir Achtsamkeit praktizieren, lernen wir, aufmerksam zu sein und unser Gewahrsein für die Wirklichkeit der Dinge im gegenwärtigen Moment zu öffnen – oder, wie wir es gerne ausdrücken, »die Dinge, so wie sie sind«. Selbst wenn die Absicht, achtsam zu sein, noch nicht wirklich ausgeprägt ist, kann dies unsere Aufmerksamkeit schärfen und uns stärker mit unserer Umgebung verbinden. Durch Achtsamkeit können wir zudem mehr Klarheit und Einsicht in unsere Beziehungen bringen. Indem wir aufmerksam sind, lernen wir, anders auf Herausforderungen und Bedrohungen in Konfliktsituationen zu reagieren. Darüber hinaus bilden sich neue Kommunikationsmuster heraus, die eher auf Interesse und einem mutigen Herzen beruhen als auf Selbstschutz.

Meditation ermöglicht es uns, die Wirklichkeit direkt und deutlich wahrzunehmen und zu erfahren. Dadurch, dass wir einfach nur still sitzen und unseren Geist zur Ruhe bringen, lassen wir die Last vieler konzeptueller Barrieren von uns abfallen und fangen an, die sinnlichen Details jedes Moments viel intensiver wahrzunehmen: die Lebendigkeit der Farben, die Schwingungen der Klänge, die stoffliche Beschaffenheit der Dinge, die

Düfte und Gerüche, die vorüberziehen, und eine erstaunliche Vielfalt an Geschmäckern. Die Meditation befreit uns von unseren gewohnten Denkmustern, sodass wir jeden wunderbaren Moment des Lebens vollständig erfahren können, selbst jene Momente, die Herausforderungen und Schwierigkeiten bereithalten.

Gewahrsein ist seiner Natur nach absolut still und absolut leer. Es wird oft mit einem Spiegel verglichen, der einfach nur alles, was auftaucht, reflektiert, ohne Urteil, ohne Vorlieben oder irgendeine Art von Einmischung. Gewahrsein ist ein offener Raum, in dem innere Gedanken, Gefühle und Impulse sowie alle Eindrücke der äußeren Welt auftauchen können. Es unterscheidet nicht zwischen innen und außen, und genauso wenig bewegt es sich auf irgendetwas in seinem Feld zu oder davon weg. Es identifiziert sich nicht und lehnt auch nichts ab; es bezeichnet die Dinge weder als gut noch als schlecht. Gewahrsein betrachtet einfach nur das, was geschieht, und erlaubt allem, aus sich selbst heraus wieder zu verschwinden. Vorurteilslos und unbefangen erkennt es Verhaltensmuster sowie die Unbeständigkeit und wechselseitige Abhängigkeit aller Dinge.

Allerdings werden wir diese Art des Gewahrseins wohl niemals erfahren, wenn wir keine Meditation praktizieren. Denn meist ist unser Gewahrsein kein leerer Spiegel, sondern von allerlei Dingen verhangen, die unsere direkte Wahrnehmung filtern und verschleiern: unseren ständigen Vorlieben und Abneigungen, unseren unbewussten Ansichten, den ererbten Einstellungen sowie den lieb gewonnenen Vorstellungen, Urteilen und Meinungen über uns selbst, andere und die Welt. Wir blockieren unsere Sicht, indem wir die Realität entsprechend unseren eigenen Vorlieben, Wünschen und Bedürfnissen, Hoffnungen und Ängsten interpretieren und streng beurteilen.

Gewahrsein bezieht sozusagen keine Stellung. Es sagt einfach nur: »Hier sind die Dinge – einfach so.« Der koreanische Zen-Meister Seung Sahn bekräftigt dieses zentrale buddhistische

Prinzip mit folgenden Worten: »In jeder Lage oder Situation ist unser Geist weit und klar wie der Raum. Er ist klar wie ein Spiegel: Wenn Rot vor dem Spiegel auftaucht, dann gibt es Rot; wenn Weiß auftaucht, dann Weiß. Der klare Spiegel hält an nichts fest; er wird von nichts bewegt, was auf seiner unbegrenzten und leeren Oberfläche erscheint. Wenn wir also einfach nur sehen, hören, riechen, schmecken, wenn wir etwas berühren und wenn wir etwas denken, genau das, so wie es ist, ist die Wahrheit.«[7]

Aufmerksamkeit

Wenn Gewahrsein ein leerer Spiegel ist, der das reflektiert, was in unserem Wahrnehmungsfeld auftaucht, dann ist Aufmerksamkeit die Fähigkeit, sich auf bestimmte Aspekte unserer Erfahrung zu konzentrieren. Wir haben zumindest eine wirkliche Freiheit: Wir können entscheiden, worauf wir unsere Aufmerksamkeit lenken. In jedem Moment können wir unsere Willenskraft bewusst steuern und uns so unterschiedliche Alternativen eröffnen. Ohne bewusste Aufmerksamkeit tanzen wir einfach im Käfig unserer Verhaltensmuster herum und denken nur, dass wir frei sind.

Überlegen Sie sich bitte einmal, worauf Sie Ihre Aufmerksamkeit in diesem Moment richten können. Sie können sich entscheiden, bewusster den Stimmen der Vögel und den Verkehrsgeräuschen zuzuhören. Sie können sich aber auch das Gewicht und die Beschaffenheit des Buches, das Sie in Händen halten, bewusst machen oder dem Atem nachspüren, der die Innenseite Ihrer Nase wärmt und kühlt. Sie können Ihre Augen durch den Raum wandern lassen und Formen, Linien und Farben wahrnehmen oder die Temperatur der Luft auf Ihrer Haut spüren.

Sie können Ihre eigenen Emotionen oder Stimmungen identifizieren. Oder aber Sie können sich beim Lesen auf einen Satz konzentrieren, der Ihr Interesse weckt, und darauf achten, welche Gedanken er auslöst. Sie können Ihr Gewahrsein erweitern oder verengen, wie die unterschiedlichen Linsen einer Kamera, und ihm erlauben, weit und offen zu sein, eng und konzentriert – oder beides. Sie können sich auf die grobstofflichen Aspekte der Realität einstimmen, zum Beispiel die Dichte Ihres Körpers; Sie können aber auch den subtilen Aspekten der Energie und des Lichts nachspüren oder Ihre Aufmerksamkeit auf die Totalität des Seins ausrichten.

Die Sinnesfreuden können unsere Aufmerksamkeit in Anspruch nehmen – oft ohne unser Einverständnis. Der Schmerz besteht darauf, dass wir ihn fühlen, selbst wenn wir versuchen, es nicht zu tun. Wenn wir lernen wollen, in Konflikten präsent zu sein, ähnelt das dem Vorhaben, im Schmerz präsent zu sein. Beides fühlt sich nicht gut an (es sei denn, wir haben eine Vorliebe dafür entwickelt). Aber bei der Präsenz geht es auch nicht darum, ob sich etwas gut anfühlt oder nicht. Es geht darum, das wahrzunehmen, was Meister Seung Sahn die Wahrheit nennt. Wenn wir unser reines, offenes, konzentriertes Gewahrsein in jede Erfahrung einbringen, also auch in unsere Konflikte, lernen wir, mit einem vorurteilslosen Geist präsent zu sein, der das, was gerade geschieht, weder positiv noch negativ beurteilt.

Natürlich ist es nicht leicht, all unsere Urteile, vorgefassten Meinungen und emotionalen Reaktionen in unser vorurteilsloses Gewahrsein mit einzubeziehen. Deshalb sollten wir uns gegenüber unseren Vorlieben und Reaktionsmustern in Unvoreingenommenheit üben. Mit der Zeit wird uns diese Identifikation mit einer unbefangenen Haltung einen Raum eröffnen, in dem wir immer seltener sofort reagieren müssen. Wir fangen an, alles deutlicher wahrzunehmen. Schließlich entsteht in uns eine größere Gelassenheit und wir verfügen über geeignete Mittel, mit Konflikten umzugehen.

Mit klarer Sicht und einem ausgewogenen Herzen können wir uns auf die Weisheit verlassen, die jeder Situation innewohnt, und uns dem Mitgefühl öffnen, das unsere Existenz durchzieht. Uns wird dann auch überaus bewusst, wie schnell sich die Dinge verändern und wie wertvoll und flüchtig jede Situation gerade deshalb ist, selbst wenn sie beschwerlich sein sollte. Aufmerksamkeit bereichert jede Erfahrung, etwa so wie ein Garten gedeiht, der gut gepflegt wird, oder wie ein Kind sich gut entwickelt, das wahrgenommen wird. Wenn wir jeder Situation mit Aufmerksamkeit begegnen, dann hat, wie Suzuki Roshi sagt, »jedes der unzähligen Dinge seinen Wert, der seiner Funktion und seinem Ort entsprechend zum Ausdruck kommt. Die unzähligen Dinge umfassen Menschen, Berge und Flüsse, Sterne und Planeten. Alles hat seine eigene Funktion, seine Tugend und seinen Wert.«[8]

Wir Menschen und das Problem der Unvoreingenommenheit

Wenn wir meditieren, werden uns die Dinge bewusster. Gewöhnliche Dinge sehen wir dann deutlicher, etwa wenn ein Freund sich die Haare schneidet, sich einen Bart stehen lässt oder neue Jeans trägt. Wir können am Klang der Stimme unserer Schwester sofort feststellen, in welcher Stimmung sie ist, wenn sie ans Telefon geht. Wir nehmen die Erschöpfung unserer Partner wahr, wenn sie durch die Tür treten, noch bevor sie von ihrem Tag erzählen. Wir spüren sehr genau die Reizbarkeit unseres Chefs, wenn er in ungeduldiger Hast an unserem Schreibtisch vorbeistiefelt.

In meinem eigenen Leben habe ich herausgefunden, wie schwierig, ja fast unmöglich es ist, anderen Menschen unvoreingenommen zu begegnen. Ich kann einen Regenschauer oder einen Verkehrsstau unbefangen betrachten, aber geliebten Menschen, Freunden, Bekannten und Fremden begegne ich mit einer

Vielzahl von Vorurteilen und vorgefassten Meinungen. Ich beurteile die Gruppen, denen ich angehöre, und diejenigen, denen ich nicht angehöre. Ich habe sehr eindeutige Meinungen über Menschen, die anders sind als ich, aber merkwürdigerweise auch über Menschen, die so wie ich sind. Ich fälle Urteile über sie, weil ich sie einerseits gern habe und sie zu allen Zeiten glücklich sehen will, aber andererseits auch erwarte, dass sie eine Rolle in meinem Stück übernehmen – wenn Sie verstehen, was ich meine. Anders gesagt, wir alle haben Pläne und Drehbücher füreinander und wollen, dass die Menschen sich unseren Ideen entsprechend verhalten, anstatt sie so zu nehmen, wie sie sind.

Normalerweise reagieren wir einfach auf andere, anstatt ihnen gegenüber achtsam zu sein. Vielleicht erwähnen wir unserer Freundin gegenüber, dass wir ihren neuen Haarschnitt mögen, fügen dann aber noch hinzu: »Verdammt, wo hast du diese Jeans her?« Wir spüren die Erschöpfung unseres Partners oder unserer Partnerin und reagieren darauf mit Ratschlägen, guten Worten oder bieten einen Drink an, um seine oder ihre Lebensgeister wieder zu wecken. Und sobald unser Chef außer Sichtweite ist, wenden wir uns an eine nette Kollegin und vertrauen ihr 14 unterschiedliche Punkte an, in denen unser Chef sich ändern sollte.

Das alles ist nicht unser Fehler. Wir sind äußerst einfühlsame Wesen mit einem hoch entwickelten Nervensystem, das blitzschnell auf subtile Reize, Stimmungen und unausgesprochene Signale reagiert. In der Vergangenheit hing unser Überleben davon ab, wie wir uns auf andere und die Gruppe einstellen konnten. Zugleich stellten wir Menschen auch eine große Gefahr füreinander dar. Mein Mann berichtete mir einmal von einer Statistik, der zufolge es im Laufe der Geschichte dreimal wahrscheinlicher war, von einem anderen Menschen getötet zu werden als von irgendeiner anderen Bedrohung in der Natur. Es ist also kein Wunder, wenn wir reagieren. Wir reagieren, um unsere Sicherheit im Kreise vertrauter Menschen zu bewahren, und wir reagieren, um uns vor den Gefahren, die uns von Außenstehenden drohen, zu schützen. Wenn unser Chef grimmig und schlecht gelaunt an uns vorbeistiefelt, ist es nur natürlich und durchaus intelligent von uns, in Deckung zu gehen, denn wir wissen ja, wozu dieser Affe fähig ist.

Unsere Fähigkeit, gelassen zu sein, wird durch unsere Urteile und Reaktionsmuster eingeschränkt. Meist geht es uns darum zu entscheiden, ob etwas richtig oder falsch ist, gut oder schlecht, schön oder hässlich. Diese Beurteilungen errichten jedoch eine Barriere zwischen uns und unserer direkten Erfahrung. Wir verhalten uns dann so wie der Nachbar, der über den Zaun späht, um herauszufinden, was gerade im Haus gegenüber passiert, ohne dabei auf sein eigenes zu achten. In der Meditation geht es deshalb darum, unsere Angst vor dem anderen, unsere Abwehrhaltungen und schnelllebigen Meinungen genau zu betrachten. Meditation lehrt uns, all diese Urteile zurückzuhalten und uns der Realität selbst zu öffnen – ohne das mentale Geplapper, durch das sie zumeist verdeckt wird.

Wenn es für uns schon schwer genug ist, unsere Urteile und Meinungen im Alltag zurückzuhalten, wie viel schwieriger ist es dann, dies zu tun, wenn »die Dinge, so wie sie sind«, schwierige Begegnungen und Konflikte mit anderen Menschen für uns bereithalten? Wenn unsere Ego-Grenzen, unsere Vorlieben und Werte auf die der anderen prallen, ist das Erste, was wir tun – nachdem wir einen Schwall von Energie gespürt haben –, die Situation zu beurteilen und üblicherweise den anderen die Schuld zu geben. In meiner Zeit als Mediatorin machte ich oft einen Witz darüber, dass ich auf den Tag warte, an dem jemand in mein Büro käme, sich hinsetze und sage: »Ich bin Teil eines schwierigen Problems und frage mich, ob Sie mir da raushelfen können.« Stattdessen beschuldigten 100 Prozent der Menschen, die zu mir kamen, die jeweils andere Partei. Bevor wir den schwierigen Schritt wagen können, Mitverantwortung zu tragen, müssen wir zuerst die Praxis der unvoreingenommenen Beobachtung erlernen. Das bedeutet ganz einfach, neugierig auf das zu sein, was tatsächlich außerhalb von uns und in uns geschieht. Das ist in etwa so, als setzten wir uns in den ersten Rang des Theaters unseres Lebens und wohnten dem Konflikt bei, der sich auf der Bühne entfaltet. Während die Schauspieler ihre Rollen spielen, können wir uns darin üben, mit einem unvoreingenommenen Geist präsent zu sein und alles zu betrachten, einschließlich unserer emotionalen Reaktionen. Was für eine wunderbare, komplexe und energetische Mischung von Charakteren, Kulissen, Klangeffekten und Requisiten. Und wir müssen noch nicht einmal eingreifen.

Einfach nur aufmerksam sein – eine Erfahrung

Vor einigen Jahren nahm ich mit etwa zehn anderen Personen an wöchentlichen Treffen teil, bei denen es darum ging, die Schwitzhütten-Zeremonie zu erlernen. Die Leiterin war sehr geübt darin, diese Zeremonien zu vermitteln und uns darin anzuleiten, aber sie tat sich schwer damit, die Gruppenprozesse zu unterstützen – jedenfalls in meinen Augen.

Ich spürte große Spannungen in der Gruppe; einige Teilnehmerinnen und Teilnehmer schienen einander regelmäßig misszuverstehen, und die Kommunikation war nicht sehr klar. Anscheinend war ich unbewusst darum bemüht, uns alle wieder in Harmonie zu bringen. Jedenfalls schrieb die Leiterin mir schließlich eine private E-Mail, in der sie mich darauf hinwies, dass ich die Gruppe durcheinanderbrächte. Sie sagte, sie könne meine guten Absichten zwar erkennen, finde aber auch, dass ich mich in ihre Arbeit einmischte, und forderte mich auf, nicht mehr mit den anderen Teilnehmerinnen und Teilnehmern zu interagieren. Insgeheim hatte sie mich ins Exil geschickt. Sie sprach mit mir nie direkt oder vor der Gruppe darüber.

Es war eine merkwürdige Erfahrung, aber ich konnte sehen, dass sie mit ihrer Einschätzung Recht hatte. Mein Motiv dafür, auf die Situation Einfluss zu nehmen, hatte darin bestanden, mich wohlfühlen zu wollen. Aber da es mir vor allem darum ging, von ihr etwas über die Zeremonie zu lernen, entschloss ich mich, ihren Wünschen zu folgen und einfach nur aufmerksam zu betrachten, was in der Gruppe vor sich ging – einschließlich meiner eigenen inneren Reaktionen darauf, mich machtlos und mundtot gemacht zu fühlen.

Was für eine Erkenntnis! Im Laufe des nächsten Monats mischte ich mich bei unseren Treffen in nichts mehr ein und nahm einfach nur Anteil daran, mit Aufmerksamkeit und Neutralität, wie die Gruppe sich selbst dezimierte. Für mich war es ein äußerst klärender Prozess, einfach nur meinen Geist zur Ruhe zu bringen, anstatt eine Schwitzhütte zu retten, die keiner Rettung bedurfte. Ich erkannte dadurch, wie oft ich mich einmischte und anderen meine Werte und Ideen aufzwang.

Eine bewusste Wahl treffen

Konflikten mit Achtsamkeit zu begegnen, ist eine wirksame spirituelle Praxis, da wir uns dadurch in diesem Moment mit den selbsterhaltenden Mechanismen unseres Ego konfrontieren. In der gleichen Weise, wie wir gelernt haben, schwierige Empfindungen in der Meditation zu tolerieren; wir können dadurch präsent bleiben, trotz vielfältiger Impulse, die uns suggerieren, wir sollten etwas anderes tun. Wir entdecken, dass ein Impuls kein Imperativ sein muss, der uns zum Handeln auffordert. Wir müssen niemanden retten.

Dasselbe gilt für unsere Reaktionen auf vermeintliche oder reale Bedrohungen im alltäglichen Leben. Wir fühlen den

Drang, jemanden zu ohrfeigen, aber wir tun es nicht. Wir haben das Bedürfnis zu helfen, aber wir helfen nicht. Wir wollen flüchten, aber wir flüchten nicht. Wir können auf uns selbst vertrauen, dass wir die primitiven Empfindungen von Furcht, Hoffnung und Aggression zwar verspüren, ihnen aber nicht folgen und etwas Unbedachtes tun.

Indem wir uns in Aufmerksamkeit und Gewahrsein üben, programmieren wir die tiefsten reaktiven, gewohnheitsmäßigen Verhaltensmuster auf unserer evolutionären Festplatte neu. Sobald die Amygdala reagiert und das sympathische Nervensystem Gefahrensignale durch den ganzen Körper sendet, kann der präfrontale Kortex entschleunigen, loslassen und beobachten. Wie ein Fluglotse können wir einmal tief durchatmen und uns selbst sagen: »Langsam jetzt, ganz gemächlich.« Dieser Befehl aktiviert das parasympathische Nervensystem, verlangsamt den Herzschlag und senkt den Blutdruck.

Es ist unsere Bewusstheit, die uns so handeln lässt – die Fähigkeit, unsere gegenwärtige Situation aus einer neuen Perspektive zu betrachten. Dadurch werden wir anderen bald schon nicht nur mit mehr Neutralität begegnen, sondern mit einem größeren inneren Raum. Wir entdecken, dass wir eine bewusste Wahl treffen können. Das ist wirklich eine große Sache.

Von diesem Moment an ändert sich alles in unserem Leben. Wenn wir begreifen, dass wir uns bewusst dafür entscheiden können, neue Wege im Umgang mit uns selbst und anderen einzuschlagen, kommt es zu einem Welleneffekt. Ganze Familien beginnen, ein anderes Verhalten untereinander zu pflegen, die Regeln und Umgangsformen in Büros ändern sich, Kultur und Gesellschaft erhalten die Möglichkeit, diese Neuerungen aufzunehmen und zu fördern. Es betrifft nicht einfach nur unsere eigene Praxis; wir alle nehmen teil an der Evolution des menschlichen Bewusstseins. Allerdings vielleicht nicht unbedingt in der Schwitzhütte.

PRAXIS

Achtsamkeit und Gewahrsein

1. Bewegen Sie sich drei Minuten lang durch den Raum und registrieren Sie, was sich in Ihrem Bewusstsein zeigt: Welche Formen, Klänge, Gerüche, physischen Empfindungen und Emotionen tauchen in Ihrem Gewahrsein auf?
2. Achten Sie auf Ihre Vorlieben und Neigungen. Bringen Sie dem Inneren mehr Aufmerksamkeit entgegen als dem Äußeren? Oder ist es umgekehrt? Tendieren Sie dazu, eher auf eine bestimmte Sinneserfahrung zu achten und andere auszuschließen? Richten Sie Ihre Aufmerksamkeit eher auf das, was angenehm ist, als auf das, was unangenehm ist?
3. Öffnen Sie Ihr Gewahrsein, um alle Sinneswahrnehmungen gleichermaßen zu erfassen, sowohl in Ihrer äußeren als auch in Ihrer inneren Erfahrung.
4. Erleben Sie die höchste Offenheit und Unvoreingenommenheit des Gewahrseins.

PRAXIS

Fehlinterpretationen überdenken

1. Erinnern Sie sich an einen bestimmten Fall, bei dem Sie etwas auf Ihre Weise interpretiert haben, nur um später festzustellen, dass Ihre Interpretation falsch war.
2. Versuchen Sie sich die Gedanken in Erinnerung zu rufen, die zu der ursprünglichen Interpretation führten. Wie beeinflussten diese Gedanken Ihre Emotionen und Ihren Kontakt mit anderen in diesem Moment?
3. Lassen Sie die Erfahrung ohne diese Interpretation an sich vorüberziehen. Wie verändert das Ihre Erfahrung?

5

Beängstigend und aufregend zugleich

Was auch immer in
unserem verwirrten Geist auftaucht,
wird als Pfad betrachtet.
Alles kann gelöst werden.

CHÖGYAM TRUNGPA RINPOCHE[9]

Für die meisten von uns stellt es eine große Herausforderung dar, Konflikte nicht mehr als falsch oder schlecht zu betrachten. Wir erleben Konflikte als eine Gefahr, denn genau das sind sie auch. Jemand kann verletzt werden, vielleicht nicht körperlich, aber auf jeden Fall emotional, politisch oder monetär – suchen Sie sich etwas aus. Es steht außer Frage, dass die Menschheit auf eine lange Erfolgsgeschichte gegenseitiger Verletzungen blickt. Das Risiko ist uns immer bewusst. Und da wir keine Schwierigkeiten haben wollen, meiden wir für gewöhnlich Konflikte, ignorieren sie oder ziehen uns zurück. Manche von uns neigen dazu, anderen gefallen zu wollen, oder unterwerfen sich, wenn Meinungsverschiedenheiten auftauchen; andere tun so, als wäre nichts passiert. Einige unter uns besitzen ein wetteiferndes oder sogar aggressives Naturell, sodass wir vielleicht mit Wut auf sie reagieren oder sogar im Geheimen agitieren, um unsere Gegner auszuschalten.

Es ergibt durchaus Sinn, wenn wir mit diesen unterschiedlichen Strategien reagieren. In uns gibt es ein schlagkräftiges System der Selbstverteidigung; unser Körper reagiert unmittelbar und unzweideutig auf alles, was uns bedroht. Die Alarmglocke in der Tiefe unseres Gehirns, die Amygdala, stimuliert unser sympathisches Nervensystem und löst eine Flut physiologischer Reaktionen aus, die unserem Schutz dienen. Unser Puls wird schneller, die Verdauung wird eingestellt, der Atem wird flach und schnell und das logische Denken schaltet sich ab. All das bereitet uns darauf vor, in Sekundenbruchteilen entweder zu flüchten, zu kämpfen oder zu erstarren. Jede Faser unseres Seins sperrt sich intuitiv dagegen, sich auf den Konflikt zuzubewegen.

Als Menschen haben wir in der Vergangenheit unbarmherzige Überlebenskämpfe gegen wilde Tiere und feindliche Sippen durchlebt, um heutzutage eine scheinbar sichere physische Existenz zu genießen. Die Bedrohungen, die sich uns heute stellen, sind eher emotionaler, sozialer oder politischer Natur. Nichtsdestotrotz stellen sie Bedrohungen dar, denn sie gefährden unser Bedürfnis nach Sicherheit und zugleich das, woran wir glauben: unser Selbstbild und unsere Vorstellungen von dem, was richtig oder falsch ist. Konflikte erschüttern oft unsere Auffassungen davon, wie die Dinge sein sollten, mehr noch, wie Menschen sein sollten.

Auf einer emotionalen Ebene fühlen sich Konflikte nicht weniger bedrohlich an als wilde Tiere oder aggressive Menschen. Etwas so Alltägliches wie zum Beispiel eine Unstimmigkeit mit Ihrer Mutter darüber, wohin es in den Ferien gehen soll, oder mit dem Nachbarn, der sich über Ihren Hund beklagt, können die gleichen körperlichen Reaktionen freisetzen, auf die unsere Vorfahren angewiesen waren, um in der Savanne überleben zu können. Wenn Sie von Ihrem Chef kritisiert werden, mag das von außen gesehen ganz normal wirken, aber innen kann es sich so anfühlen, als wäre Ihr Leben in Gefahr. Dies wird umso mehr der Fall sein, wenn Ihre Geschichte von Konflikten und Traumata geprägt wurde, denn unsere Reaktionsmuster lagern sich in den Körper ein und verstärken sich mit der Zeit.

Aus der Sicht der Konfliktbewältigung stellt jedoch der Moment, in dem sich das Ego bedroht fühlt, eine große Chance dar. Es ist die perfekte Gelegenheit, unsere Strategien des Selbstschutzes zu erkennen und aufzulösen. Wir können damit beginnen, indem wir Interesse daran zeigen, wie alles funktioniert. Wir können die Funktion von negativen Gedankenmustern erkennen und verstehen, wie sie Konflikte schüren. Wir können unseren Emotionen wirklich nachspüren und dadurch lernen, wie wir Gefühle transformieren, ohne sie zu unterdrücken. Wir können Verantwortung für uns selbst übernehmen und auf die üblichen Schuldzuweisungen und das Fingerzeigen verzichten.

Die erste und beste Möglichkeit, all dies zu erforschen, liegt in der tiefsten der in uns angelegten emotionalen Reaktionen – der Angst.

Der Angst begegnen

Konflikte lösen primitive Überlebensmechanismen aus; sobald sich die Angst zeigt, nehmen diese Auslöser eine furchteinflößende Qualität an. Etwas, das wir wertschätzen, ist in Gefahr; jemand, den wir kennen, könnte verletzt werden. Unsere Ängste sind überwiegend instinktiv – eine Mischung aus rein physiologischen Reaktionen und 200.000 Jahre alten mentalen Mustern. Angst ist eine Form der Intelligenz. Sie teilt uns mit, dass wir uns schützen müssen.

Wenn wir lernen können, mit der Angst direkt in Beziehung zu treten – indem wir nicht versuchen, sie loszuwerden, sondern indem wir uns bewusst machen, wie sie aussieht, wie sie schmeckt und wie sie sich in Körper und Geist anfühlt –, dann können wir Furchtlosigkeit entwickeln. Wir benötigen Furchtlosigkeit, wenn wir Konflikte bewältigen wollen, aber wir finden sie nur, *wenn wir die Angst in unser Leben einbeziehen und uns ihr öffnen, und nicht, wenn wir versuchen, frei von ihr zu sein.* Der erste Schritt besteht darin, ganz genau das zu betrachten, was uns Angst macht, wenn ein Konflikt auftaucht. Dazu müssen wir uns unsere Angst eingestehen und ihr in unserem

Körper und Geist Raum geben. Im Folgenden sind einige Ängste angeführt, die wir uns vielleicht eingestehen müssen:

Bedrohungen unseres Körpers und unserer physischen Sicherheit: Wir können eine Urangst vor physischen Übergriffen empfinden. Dies gilt insbesondere für Männer, die mit der Vorstellung aufgewachsen sind, dass andere Männer sie angreifen könnten, wenn sie nicht vorsichtig sind. Frauen fürchten aufgrund ihrer häufig geringeren Körpergröße ebenfalls physische Angriffe. Selbst wenn faktisch keine Möglichkeit besteht, getreten oder geschlagen zu werden, schrecken wir dennoch aus einem instinktiven Impuls zu körperlicher Unversehrtheit vor möglichen Konflikten zurück.

Bedrohungen unserer Beziehungen: Häufig schrecken wir vor Konflikten zurück oder vermeiden sie, weil wir uns davor fürchten, die andere Person zu verletzen oder unsere Beziehung zu beeinträchtigen. Wir befürchten, etwas zu sagen oder zu tun, was nicht zurückgenommen werden kann. Unsere Beziehungen sind so wertvoll und, in gewisser Weise, zerbrechlich, dass wir uns selbst und einander schützen und in jeder erdenklichen Weise mit Konflikten umgehen – nur nicht direkt. Wir wollen nichts riskieren, denn die meisten von uns haben nur begrenzte Erfahrungen damit gemacht, dass Konflikte auch gut ausgehen können. Selbst diejenigen unter uns, die eine kämpferische Natur besitzen, finden Konflikte nicht wirklich produktiv. Also versuchen wir, keine schlafenden Hunde zu wecken – und das ist in einem gewissen Sinne auch berechtigt. Wir haben Angst davor, verletzt zu werden, wenn wir uns dem Konflikt direkt stellen.

Bedrohungen unseres Zugehörigkeitsgefühls: Immer wieder erfahren wir Konflikte in Gruppen, denen wir angehören, sei es die Familie, der Freundes- oder Kollegenkreis. Wenn wir unsere Individualität hervorheben oder unterschiedliche Meinungen vertreten, fürchten wir, beurteilt, abgelehnt oder ausgegrenzt zu werden. Als soziale Wesen hegen wir das tiefe Bedürfnis, uns zugehörig zu fühlen, und es gibt wenige Dinge, für die wir es auf uns nehmen würden, ausgestoßen zu werden. Instinktiv wissen wir: Der Stamm oder Klan sicherte durch die meiste Zeit unserer evolutionären Geschichte unser Überleben. Dementsprechend spüren wir eine tiefe Angst, wenn wir glauben, unseren Platz in der Gruppe zu verlieren.

Bedrohungen unserer Identität oder unseres Ego: Konflikte bringen unser Selbstbild ins Wanken. Sie zeigen uns Aspekte unseres Selbst, die uns nicht unbedingt gefallen. Niemand schätzt Verwirrung oder verunsichernde Gefühle. Wir mögen es nicht, beschuldigt oder widerlegt zu werden. Wir wollen uns nicht dumm vorkommen oder übervorteilt werden. Wir wollen uns nicht gedemütigt und beschämt fühlen. Und insbesondere wollen wir uns nicht verletzlich oder ungeschützt fühlen. Ist es also verwunderlich, dass wir in der Regel vor Konflikten zurückweichen? Konflikte schaffen es immer wieder, unser Ego, unser Selbstbild durcheinanderzubringen. Verständlicherweise haben wir davor Angst.

Bedrohungen unserer Werte: In vielen Konflikten versuchen wir, das zu beschützen, was wir wertschätzen – unseren materiellen Besitz, aber auch Ideen und Vorstellungen, die uns wichtig sind. Wir erleben immer wieder Konflikte, bei denen es um objektive Werte wie Geld, Grundbesitz oder territoriale Macht geht. Wir sind jedoch ebenso verängstigt, wenn unsere subjektiven Werte bedroht sind. Es wurden genauso viele Kriege um Ideologien und Religionen geführt wie um Gold und Wasser. Freunde entzweien sich gleichermaßen über Meinungsverschiedenheiten und gebrochene Verträge. Das sind oft genau die Fälle, in denen unsere Versuche, Konflikte zu vermeiden, scheitern und wir uns in schmerzhaften, langatmigen Disputen wie Rechtsstreitigkeiten und jahrelangen Grenzscharmützeln wiederfinden. Kein Wunder, dass wir davor Angst haben.

Unbekannte Ängste: Manchmal ist uns nicht so ganz klar, wovor wir eigentlich Angst haben. Wir fühlen uns vielleicht beklommen, kennen aber die Ursache nicht. Die eigentliche Quelle der Angst bleibt uns verborgen. Unsere Erfahrung davon ist diffus, allgemein und fühlt sich unangenehm an. Wenn wir diese Situation aber näher betrachten, entdecken wir vielleicht, dass wir Angst davor haben, die Angst wirklich zu fühlen.

Unsere übliche Reaktion auf die gefühlte Angst ist, sie zum Verschwinden zu bringen. Meist verdecken wir sie mit einem anderen bekannteren und vertrauteren Geisteszustand. Wir dämpfen sie ab, indem wir im Internet surfen, telefonieren oder einkaufen gehen. Wir ertränken unsere Gefühle in Alkohol, versuchen sie mit Drogen, Essen oder Sex auszulöschen. Oder wir finden vermeintlich positivere Strategien, die unbestimmte Angst zu bewältigen, und gehen ins Büro oder Fitnessstudio.

In unserer spirituellen Praxis hoffen wir, intensive emotionale Zustände wie Angst, Aggression, Stolz, Lust und Eifersucht überwinden zu können. Diese Gefühle sind jedoch wertvolle Informationsquellen; in ihnen drückt sich eben auch unsere Lebenskraft und Energie aus. Wenn wir mit ihnen arbeiten und sie transformieren, bringen sie Klarheit und Authentizität in unsere Erfahrung und bewirken eine tiefe Menschlichkeit in unserem Leben. Emotionen können uns ganz werden lassen, uns menschlicher machen und tragen letztendlich zu mehr Mitgefühl und einem wacheren Herzen bei.

Energie und Intensität

Wenn wir uns bedroht fühlen, sind unsere körperlichen Empfindungen sehr intensiv, aber auch *aufregend*. Unser Nervensystem und alle anderen Systeme des Körpers werden aktiviert und Energie fließt durch uns hindurch. Denken Sie nur einmal daran, wie viel Energie freigesetzt wird, wenn ein Kampf oder Streit ausbricht. Es ist ein Satori-Moment, ein Moment des Erwachens. Unsere Aufmerksamkeit ist erhöht, unsere Sinne sind geschärft und mit erstaunlicher Genauigkeit fokussieren wir uns auf das Hier und Jetzt. Unsere Augen und Ohren und unser Geist sind in Alarmbereitschaft und vollkommen präsent im aktuellen Geschehen. Wir betrachten es vielleicht nicht aus diesem Blickwinkel, aber Konflikte wecken uns auf, sogar wenn wir uns darauf vorbereiten wegzurennen.

Zu lernen, in der Intensität dieser Energien präsent zu bleiben, anstatt dichtzumachen oder zur Defensive überzugehen, ist nicht so einfach. Denn es ist so, als hörten wir ein schreiendes Baby. Alles in uns ist darauf ausgelegt, es zum Schweigen zu bringen. Die Herausforderung besteht in diesem Moment darin, zu entschleunigen, den Gefühlen Raum zu geben, präsent zu bleiben und der aufwallenden Energie in unserem Körper nachzuspüren. Vielleicht müssen wir uns auch eingestehen, dass wir uns unbehaglich fühlen, ein Zittern im Solarplexus verspüren oder die verwirrende Erfahrung machen, losheulen zu wollen. Unser Geist wird dann mit negativen Gedanken und Schuldzuweisungen in Bezug auf das Geschehene geflutet. Also ist es wichtig, die Geschichte, die in unserem Geist entstehen will, zu unterbrechen und einfach nur zu fühlen.

Trungpa Rinpoche weist darauf hin, dass es bei der »Transformation von Gefühlen nicht darum geht, ihre grundlegenden Eigenschaften zurückzuweisen ... Man erfährt den emotionalen Aufruhr ebenso.«[10] Wir können jedoch der Situation mit einem gleichmäßigen, sanften Atem begegnen, was uns darin unterstützt, mit den überwältigenden Empfindungen unserer Erfahrung zurechtzukommen. Sobald die Gefühle allerdings kontrollierbar geworden sind, werden unsere Gedanken in der Regel wieder unsere negative Geschichte in Gang setzen. Es ist wichtig, diese Tendenz schon im Keim zu ersticken und uns wieder auf unsere Gefühle, ihre Energie und ihre Weisheit zu konzentrieren.

Als ich 40 war, heiratete ich erneut. Mein Mann war Witwer und hatte drei Töchter im Alter von 9, 13 und 16 Jahren. Wie viele Menschen, die ihre Familien zusammenführen, fand ich heraus, dass das Zusammenleben weitaus anstrengender war als erwartet. Bevor ich diese neue Ehe einging, lebte ich allein mit meinem Sohn. Ich war an Stille und Ordnung gewöhnt und daran, dass alles so ablief, wie ich es mir vorstellte. Ein Haushalt mit drei Mädchen im Teenageralter war eine Herausforderung. Von dem Ansturm von Energie, Aktivität, Verantwortung und Chaos fühlte ich mich komplett überfordert. Ja, man kann sagen, es versetzte mich zeitweise sogar in Panik. Sozusagen über Nacht verwandelte ich mich von der glücklichen Braut in den Inbegriff einer Stiefmutter – wie wir sie alle aus Märchen kennen, die Hexe, die Nervensäge, die große, böse Stiefmutter. Und es sollte alles noch schlimmer kommen.

Innerhalb kürzester Zeit war ich vor die Entscheidung gestellt, meine neue Familie entweder zu verlassen oder mich auf sie einzulassen. Ich entschied mich für Letzteres. Um nicht den Verstand zu verlieren und in Sorge um das Wohlergehen meiner neuen Familie, musste ich anders an mir arbeiten. Nie zuvor hatte ich in meinem Körper eine so starke emotionale Intensität gespürt. Verzweifelt erinnerte ich mich schließlich an das, was ich mit Anfang 20 als Studentin am Naropa-Institut in Colorado gelernt hatte.

Über Monate ging ich, sobald ich mich emotional herausgefordert fühlte, in einen Raum im oberen Stockwerk und setzte mich auf einen bestimmten Stuhl. Ein paar Minuten lang unterbrach ich so den Ablauf der Geschehnisse in meiner Geschichte und spürte einfach nur zu 100 Prozent dem nach, was ich gerade fühlte: Terror, Platzangst, Chaos und Wut. Ich spürte intensive Energiewellen in meinem Körper und es war wichtig, mir das Unbehagen, das sie auslösten, bewusst zu machen. Indem ich mir erlaubte, diese Flut von Gefühlen einfach nur zu spüren, öffnete sich in mir ein Raum, in dem ich ihre Präsenz annehmen konnte. Nachdem ich meine Körperempfindungen einfach nur wahrgenommen hatte, konzentrierte ich mich darauf, die Weisheit in ihnen zu erkennen. Das war der Schlüssel dazu, das Muster schließlich zu durchbrechen.

Nachdem ich die Botschaft meiner Gefühle anerkannt hatte, konnte ich mit ihnen arbeiten. Solange ich sie einfach nur fühlte, war ich dazu nicht in der Lage. Es genügte auch nicht, ihnen einfach nur Raum zu geben. Erst als ich anfing, auf ihre Intelligenz zu hören, konnte ich damit beginnen, meinen Weg durch sie hindurch zu finden. Meine Emotionen brachten bestimmte Wahrheiten zum Ausdruck: Unser Familienleben war erdrückend; ich brauchte mehr Ordnung, mehr Verlässlichkeit. Nachdem ich durch die energetische Flut meiner Gefühle hindurchgegangen war und auf die Weisheit gehört hatte, die sich in ihnen ausdrückte, konnte ich das, was ich wahrnahm, meinem Mann und meinen Stiefkindern so mitteilen, dass sie mich hören konnten. So war es mir schließlich möglich, meine Wünsche, Einstellungen und Bedürfnisse zu kommunizieren. Zugleich hatte ich aber auch mehr innere Offenheit und Empathie, mir ihre Bedürfnisse anzuhören und zu realisieren, dass dies ebenfalls eine schwierige Übergangszeit für sie darstellte. So lernte ich, nicht mehr ständig die Fassung zu verlieren und durchzudrehen. Die Methoden, die ich am Naropa-Institut gelernt hatte, stellten sich als unbezahlbar heraus.

PRAXIS

Sich starken Gefühlen zuwenden

1. Nehmen Sie sich das nächste Mal, wenn Sie negative Gefühle empfinden, die Zeit, diese zu erforschen.
2. Unterbrechen Sie den Ablauf der Geschehnisse in Ihrer Geschichte und richten Sie Ihre Aufmerksamkeit direkt auf die Gefühle selbst.
3. Erforschen Sie diese Gefühle. Wo im Körper sind sie lokalisiert? Wie sind ihre Beschaffenheit und Intensität? Wie verändern sie sich?
4. Es ist wichtig, den Wellen der Energie nachzuspüren, während sie durch Sie hindurchziehen. Achten Sie auf chaotische oder unangenehme Zustände in Ihrem Körper.
5. Atmen Sie gleichmäßig und entspannt, um achtsam zu bleiben und Ihr Gehirn davon abzuhalten, sich abzuschalten.
6. Welche Informationen vermitteln Ihnen diese Gefühle? Ein Wutanfall kann Sie zum Beispiel auf eine Angelegenheit aufmerksam machen, um die Sie sich kümmern müssen, oder auf eine Grenze, die überschritten wurde.
7. Kehren Sie jetzt zu Ihrer Geschichte zurück, aber diesmal mit den Informationen und der Weisheit, die Sie erhalten haben, und lassen Sie alle Schuldzuweisungen los.
8. Versuchen Sie die Weisheit, die Sie wahrgenommen haben, in die Kommunikation mit anderen einfließen zu lassen.

6

Drei Konfliktstrategien

Ich missbillige Duelle ganz und gar.
Sollte ein Mann mich herausfordern,
nähme ich ihn freundlich und vergebend
bei der Hand,
führte ihn an einen stillen Ort und
brächte ihn dort um.

MARK TWAIN[11]

Als meine Mutter einmal sarkastisch gestimmt war, bemerkte sie, sie würde die folgenden Worte in den Grabstein meines Vaters einmeißeln lassen: »Er reagierte nie.« Sie hatte immer wieder die frustrierende Erfahrung gemacht, ihn in ihre Auseinandersetzungen einbeziehen zu wollen, um sich dann jedoch stets abgewiesen oder ignoriert zu fühlen, was sie dann erst richtig wütend auf ihn werden ließ. Es war ein vorhersehbares Muster, das sich ständig wiederholte. Mein Vater war ein Genie darin, sie zu ignorieren.

Er hingegen sah die Dinge anders. Ich bin mir nicht sicher, wie er sie sah, denn genial, wie er war, verspürte er auch nie die Notwendigkeit, sich zu erklären. Ich bin mir jedoch sicher, dass er die Wut meiner Mutter als unangenehm und unnötig empfand. Mein Vater gab uns das Gefühl, dass rein gar nichts die Aufregung lohne – worüber meine Mutter sich natürlich nur noch mehr aufregte. Manchmal hatte er damit Recht; aber manchmal wäre es für alle besser gewesen, wenn er sich den Problemen direkt gestellt hätte.

In der Meditationspraxis sprechen wir von drei Giften: von der Ignoranz, der Leidenschaft und der Aggression. Dies sind die drei grundlegenden Strategien, mit denen wir uns vor den Herausforderungen der Wirklichkeit zu schützen versuchen – die uns meist in Form anderer Menschen begegnen. Im ersten Fall entziehen wir uns und verschwinden (die Strategie meines Vaters); im zweiten Fall bewegen wir uns auf die Herausforderung zu und halten fest; und im dritten Fall gehen wir gegen sie an.

Ignoranz bedeutet, dass wir Störungen einfach ignorieren, etwa so wie eine Kuh, die so sehr damit beschäftigt ist, auf der Weide zu grasen, dass sie die auf der Straße vorbeifahrenden Autos nicht beachtet. Wenn dann aber mehr Druck auf uns ausgeübt wird, damit wir uns stellen und in Beziehung treten, werden wir störrisch oder phlegmatisch und weigern uns, uns zu bewegen. Schließlich verhalten wir uns wie ein Tier, das sich auf die Hinterbeine kauert, um nicht irgendwohin geführt zu werden.

Menschen, die im Gegensatz dazu eine Strategie der Leidenschaft verfolgen, wenden sich der Welt zu, wollen ständig nach etwas greifen, sich Dinge aneignen und sich verzweifelt daran festhalten. Das ist eine ganz spezielle menschliche Eigenschaft, bei der wir andere manipulieren und an ihnen anhaften, damit wir das bekommen, was wir wollen. Etwa so, als lebten wir in Hollywood und besuchten eine Party nach der anderen. Wir sehen großartig aus, sprechen Leute an und verführen sie, aber schon im selben Moment schauen wir uns nach einer anderen Person oder Situation um, die anders und besser ist. Es ist uns ganz wichtig, uns Dinge anzueignen und anzuhäufen, einschließlich unserer Beziehungen.

Die dritte Strategie, Aggression, ist dagegen sehr viel klaustrophobischer; sie ist äußerst irritierend und kriegerisch. Wir ziehen Grenzen um uns herum und stoßen alles weg, was uns zu beeinträchtigen scheint. Dieses Wegstoßen kann sich als eine verkrampfte Haltung äußern, mit der wir uns andere vom Leib halten, es kann aber auch zunehmend zornige und verbitterte Züge annehmen. Wir steigern uns in böse Tiraden über Gott und die Welt hinein, bis wir uns schließlich in einem Höllenreich voller Hass und Zorn wiederfinden. .

Wenn ich an diese drei Gifte denke, stelle ich mir eine Szene vor, in der die Wirklichkeit uns ein paar Steine in Form von Schwierigkeiten in den Weg legt. Doch bevor wir uns mit ihnen beschäftigen, halten wir unseren Wagen an der nächsten Bar an und gehen einen trinken. In der Bar stehen drei Cocktails zur Auswahl: »Ich weiß von nichts«, »Bedürftiges Festhalten« und »Verpiss dich«. Das sind die drei grundlegenden Haltungen, mit denen wir auf Konflikte reagieren. Da wir beständig auf unser Lieblingsgift vertrauen, um unser Ego gegen Angriffe zu verteidigen, werden einige von uns gefühlsduselige Trinker; andere werden zu tollpatschigen Trunkenbolden – und alle anderen sind einfach nur gemeine Säufer, die am Ende des Abends aus der Bar geworfen werden.

Hin und wieder gießen wir uns eines der Gifte hinter die Binde, um die Schärfe eines Konflikts nicht mehr zu spüren; manchmal mischen wir auch zwei von ihnen; und gelegentlich gönnen wir uns eine Mixtur aus allen dreien. Wenn wir uns schließlich wieder auf die Straße begeben, sind wir so betrunken, dass wir nicht mehr hinterm Steuer sitzen sollten. Anders gesagt: Unser Bild der Realität ist mittlerweile so verzerrt, dass wir uns selbst und anderen noch mehr Schwierigkeiten bereiten, noch mehr Verwirrung stiften und gefährliche Situationen heraufbeschwören. Schließlich kommen wir an den Punkt, an dem selbst wir einsehen, dass wir eine Entziehungskur brauchen. Genau das ist Meditation.

Vermeidung

Interessanterweise werden genau diese drei Strategien in der Literatur zur Konfliktbewältigung erwähnt. In den Beschreibungen des Thomas-Kilmann-Modells[12] ist *Vermeidung* ein anderes Wort für *Ignoranz*. Vermeidung beschreibt unseren Impuls, uns zurückzuziehen, wegzulaufen oder zu verschwinden, anstatt einem Konflikt direkt ins Auge zu sehen. Extreme Beispiele für diese Strategie sind der Freund, der sich entzieht, anstatt über ein Problem zu sprechen, die Ehefrau, die die chronische Untreue ihres Mannes auf Kosten ihrer Gesundheit ignoriert, und Eltern, die nicht hinschauen wollen, wenn ihre Kinder wieder Drogen nehmen.

Vielleicht haben Sie schon einmal mit jemandem zusammengearbeitet, der diese fast schon magische Fähigkeit besitzt, genau dann zu verschwinden, wenn es zu einem Konflikt kommt – selbst wenn diese Person in diesem Moment mit Ihnen am selben Tisch sitzt. Oder Sie kennen jemanden, der nie so ganz versteht, worum es Ihnen geht, wenn Sie ein Problem ansprechen. Mein Sohn verwendet manchmal die Vermeidungs- oder Ignoranz-Strategie. Doch anstatt zu verschwinden, nutzt er die Schwerkraft für seine Zwecke: Wenn er herausgefordert oder vor ein Problem gestellt wird, macht er sich schwerer und schwerer, wie das Tier, das nicht fortgeführt werden will. Manchmal ist seine Halsstarrigkeit so effektiv, dass man einen Sattelschlepper bräuchte, um ihn dazu zu bewegen, das zu tun, was er lieber vermeiden möchte.

Es liegt eine gewisse Weisheit in den Redewendungen »Man soll keine schlafenden Hunde wecken« oder »Stich in kein Wespennest«. Manche Probleme gehen uns nichts an, und wir sollten uns besser von ihnen fernhalten. Außerdem gibt es Konflikte, die sich von selbst auflösen, wenn wir ihnen die Chance dazu lassen. Oftmals ist es einfach geschickt, sich aus einem Konflikt herauszuhalten oder eine negative Begegnung zu vermeiden.

Manchmal kann es klug sein, das zu tun, aber gelegentlich kann es auch genau das Falsche sein. Die gewohnheitsmäßige Strategie der Vermeidung hat weitreichende Konsequenzen für uns. Sie kann uns einsam und unsichtbar machen. Genau in dem Moment, in dem eine Beziehung interessant wird, ziehen wir unsere Energie zurück und sagen uns, dass es sowieso nie funktioniert hätte. Wenn wir bei unserer Arbeit vor eine Herausforderung gestellt werden, halten wir unseren Beitrag zurück, weil wir fürchten, dass unsere Ideen abgelehnt werden, fragen uns aber zugleich, wieso wir nicht mehr geschätzt sind. Wir lassen Probleme, die einfach zu lösen gewesen wären, so groß werden, bis uns nichts anderes übrig bleibt, als uns zurückzuziehen. Was aber am wichtigsten ist: Wir verschwenden unsere wertvolle Energie, um die Wahrnehmung eines Konflikts zu unterdrücken, anstatt dieselbe Energie darauf zu verwenden, das Problem zu lösen. Vermeidung resultiert in Depression, Isolation und einem Gefühl der Hilflosigkeit.

Wir mögen gute Gründe für unseren Rückzug haben: Wir wollen andere nicht verletzen und selbst nicht verletzt werden. Wir haben Angst davor, wie eine Beziehung sich möglicherweise entwickelt, wenn wir wirklich sagen, was wir denken. Wir haben keine Lust, in Situationen stecken zu bleiben, für die wir keine kreativen Lösungen sehen, und wollen unsere wertvolle Zeit und Energie nicht verschwenden. Oft hören wir uns selbst sagen: »Das ist es einfach nicht wert.« Aber die Gewohnheit der Konfliktvermeidung strapaziert unser Selbstwertgefühl, unsere Handlungsfähigkeit und unsere Beziehungen. Das größte Problem bei dieser Strategie besteht allerdings darin, dass wir es sehr wahrscheinlich noch nicht einmal bemerken, wenn wir etwas vermeiden, und uns die negativen Konsequenzen nicht bewusst sind.

Entgegenkommen

Die Strategie der Leidenschaft wird in der Konfliktbewältigung als Entgegenkommen oder Strategie des Ausgleichs beschrieben. Diejenigen unter uns, bei denen dieser Stil vorherrscht, sind in der Regel kooperativ und aufmerksam. Aber wenn es hart auf hart kommt, fällt es uns schwer, unseren eigenen Standpunkt zu bewerten und für uns und unsere Ideen einzustehen. Wir zögern, uns von anderen abzugrenzen. Also bleiben wir im Zweifel in Verbindung, versuchen, die Wogen zu glätten, und bemühen uns sehr darum, dass andere sich gut fühlen. Da unsere Absicht meist darin besteht, Beziehungen zu erhalten, unterwerfen wir uns regelmäßig den Ansichten anderer. Wir verhalten uns demütig und fügen uns bereitwillig, was zu der vorhersehbaren Konsequenz führt, dass wir uns wie der sprichwörtliche Fußabtreter fühlen.

Der entgegenkommende Typ will eher geschätzt und nicht als schwierig angesehen werden. Er will eher attraktiv erscheinen, als verstört zu wirken, zieht es lieber vor, nachzugeben, als zu streiten. Wenn wir diesen Typus zum Freund haben, wirkt er meist ein bisschen zu nett, er ruft zu oft an und entschuldigt sich, wenn es gar nicht nötig ist. Auch wenn es vor allem Frauen sind, die mit dieser Strategie zu kämpfen haben, gibt es auch viele Männer, die sich in ihren Beziehungen, oftmals gegenüber ihren Partnerinnen, als unterwürfig empfinden.

Umgänglichkeit wird am Arbeitsplatz geschätzt. Auf die Anweisungen eines Vorgesetzten unverzüglich und freundlich zu reagieren, andere in ihrem Handeln zu unterstützen, Anordnungen auszuführen und auf die Meinungen anderer zu hören, sind effektive und notwendige Eigenschaften.

Im Privatleben schätzen wir die Gegenwart eines Menschen, der auf uns achtet, der flexibel ist und sich anpasst, für den das Wohlergehen anderer einen Wert darstellt und der eine positive, entspannte Atmosphäre schafft. Und was die spirituelle Praxis betrifft, sind dies natürlich die Juwelen der Freigebigkeit und Fürsorge. Wenn wir jedoch in diesem Muster feststecken, riskieren wir die gleichen Konsequenzen wie jemand, der Vermeidungsstrategien zeigt. Wir verlieren dann vielleicht unser Selbstwertgefühl und denken, unser Wert definiere sich darüber, dass wir uns um andere kümmern. Depression und ein Gefühl der Hilflosigkeit stellen sich leicht ein, wenn wir anderen zu sehr entgegenkommen, da wir unsere eigenen Gefühle nicht achten, um andere zu unterstützen. Wir reagieren gekränkt, wenn unsere Beiträge nicht wahrgenommen werden oder andere dafür Anerkennung erhalten. Auch wenn es angenehm ist, mit uns zu arbeiten, verlieren wir doch unter Umständen unsere Glaubwürdigkeit gegenüber Freunden und Kollegen, da wir es nicht riskieren, unsere Meinung zu sagen und für unsere Ansichten einzustehen.

Authentische Beziehungen erfordern hin und wieder Momente der Stärke, der Autonomie und den Mut, unterschiedlicher Meinung zu sein. Andere Menschen haben ein Gespür für innere Stärke und respektieren diese. Wenn Menschen nicht wirklich sagen können, was sie denken oder glauben, kann ihnen nur schwer vertraut werden, denn irgendwann zeigen sich ihre unterdrückten Gefühle als Feinseligkeiten, Sabotageakte oder Vergeltungsmaßnahmen.

Im Gegensatz zu Menschen, die vermeiden und ausweichen, lässt uns der Drang, festzuhalten, viel länger in dysfunktionalen Beziehungen verharren, als gut für uns ist, da wir es schwierig finden, auf eine unter Umständen notwendige Distanz zu gehen. Ein anderes Dilemma für diejenigen, die zu sehr auf Ausgleich bedacht sind, stellt sich ein, wenn sie es zu vielen Menschen auf einmal recht machen wollen. Wir kommen ins Schwimmen, weil wir nicht wissen, wen von den verschiedenen Akteuren mit ihren unterschiedlichen Vorhaben wir unterstützen wollen. Und umgekehrt: Wenn sich die Gelegenheit bietet, eine Führungsrolle einzunehmen, fühlen wir uns der Verantwortung vielleicht nicht gewachsen, da wir uns an die unterstützende Nebenrolle gewöhnt haben.

In einem Kurs zur Konfliktbewältigung, den ich gab, beschrieb sich mehr als die Hälfte der Teilnehmerinnen und Teilnehmer als zu sehr auf Ausgleich bedacht. Sie empfanden sich in ihren Begegnungen vielfach als nicht authentisch, ja sogar als feige. Sie litten an ihrer Unfähigkeit, ihre eigene Wahrheit auszusprechen, und wünschten sich, sie besäßen die Fähigkeit, sich vollständiger und authentischer auszudrücken.

Wenn man bedenkt, wie viel Wert heutzutage auf Individualität gelegt wird und wie sehr es darum geht, »einfach nur man selbst zu sein«, so fällt es schwer, sich vorzustellen, dass diese Studenten sich nicht in der Lage fühlten, ihren eigenen Standpunkt zu vertreten. Als wir uns daraufhin die Frage stellten, was sie davor zurückschrecken ließ, direkter und wahrhaftiger zu sein, gaben sie immer wieder an, dass es ihnen an den Fähigkeiten mangele, ein positives Ergebnis zu erzielen. »Das ist es einfach nicht wert«, war das übliche Lamento.

Konkurrenz

Die konkurrierende oder aggressive Strategie machen sich diejenigen zu eigen, die auf eine Herausforderung instinktiv mit einem Gegenschlag reagieren. Der konkurrierende Typ entzieht sich nicht, wenn das Ego herausgefordert wird, und er versucht auch nicht, es jedem recht zu machen. Er reagiert, indem er sich behauptet. Jemand mit dieser Strategie ist allzeit zu einem Kampf bereit, selbst wenn es ein freundschaftlicher ist, und entschuldigt sich auch nicht für seinen Willen zur Dominanz.

Konflikte bieten bei dieser Strategie einfach die Gelegenheit, sich durchzusetzen. Auch wenn wir kurzfristig einmal nachgeben, geht es uns doch immer darum, später den Sieg davonzutragen. Falls Aggression unser vorherrschender Charakterzug ist, fühlen wir uns von Konflikten angezogen, denn durch sie können wir unsere grundsätzlich feindselige Haltung gegenüber der Welt zum Ausdruck bringen.

Natürlich gibt es so etwas wie ein gesundes Durchsetzungsvermögen, sinnvolle Aggressivität und Wettbewerbsfähigkeit. Durchsetzungsvermögen kann eine positive Wirkung haben, kann Leben und Energie spenden. Es verleiht uns den Antrieb, uns selbst auszudrücken, und den Mut, neue Ideen auszuprobieren und Risiken einzugehen. Es stellt eine Voraussetzung dar, um Führungsrollen einzunehmen, und ist absolut notwendig, um in Beziehungen und unserem eigenen Leben Grenzen zu ziehen sowie unsere eigene Integrität zu spüren. Wir müssen in der Lage sein, Nein zu sagen, und es auch so meinen; wir dürfen die wichtigen Entscheidungen des Lebens nicht allein davon abhängig machen, ob andere ihnen zustimmen oder nicht. In gewisser Hinsicht bildet die Fähigkeit, uns durchzusetzen, die Grundlage unserer Integrität und Lebenskraft.

Aggressionen sind in ihrer reinsten Form einfach nur rohe Lebensenergie, die vorwärtsdrängt, um zu schützen und sich zu behaupten. Viele Menschen, Männer wie Frauen, leben regelrecht auf, wenn sie emotionale Intensität erfahren und den Druck großer Herausforderungen in Sport, Wirtschaft, Rechtswesen oder den Medien spüren. Wettbewerbsdenken ist auf dieser Ebene eine Chance, uns vollkommener auszudrücken. Es erlaubt uns, über innere und äußere Grenzen hinauszugehen und die Energie zu spüren, wenn wir mit Menschen in einem stark zielorientierten Kontext zusammenarbeiten, Menschen, die sich durch strategisches Denken, hohe Konzentrationsfähigkeit und starkes Durchsetzungsvermögen auszeichnen. Vieles kann so auf die Beine gestellt werden, und wir spüren eine außergewöhnliche kreative Lust. Wenn wir bewusst mit dieser Energie arbeiten, bringt sie das Beste in uns hervor.

In hohem Maße konkurrenzfähige Menschen scheinen selten depressiv zu werden, allerdings werden sie von anderen häufig nicht sonderlich gemocht. Es ist allgemein bekannt, dass sich die Zusammenarbeit mit Steve Jobs sehr schwierig gestaltete, da er so ehrgeizig und kritisch war. Doch gerade weil er so ein Perfektionist war, erzielte er Leistungen und entwickelte Produkte, die seinen Ansprüchen genügten. Er baute eines der erfolgreichsten Unternehmen der Welt auf, das Tausenden von Menschen Arbeit gibt und das Dinge herstellt, die vielen von uns Freude bereiten.

Aggressivität als ein tief sitzendes Muster ist jedoch die destruktivste Strategie, um unser Ego zu schützen und unseren Platz in der Welt zu behaupten. Wenn wir Konflikte vermeiden, werden wir von anderen Menschen nicht wahrgenommen. Wenn wir es gewohnheitsmäßig anderen immer recht machen, werden wir immerhin als netter Mensch angesehen. Aber offene Aggression als Konfliktstrategie zermürbt mit der Zeit alle.

Wenn wir eine aggressive Strategie verfolgen, vermittelt das allen in unserer Umgebung ein Gefühl der Unsicherheit. Die Menschen, mit denen wir zu tun haben, sehen den Ärger bereits kommen und sind auf der Hut. Sie gehen auf leisen Sohlen und reden mit gedämpfter Stimme hinter unserem Rücken. Wir sind von einer authentischen Kommunikation abgeschnitten, denn unsere Kollegen, Familienmitglieder und Freunde wollen Streitereien aus dem Weg gehen. Letztendlich denken wir, dass wir mehr Unterstützung haben, als es tatsächlich der Fall ist. Sobald wir scheitern, freuen sich insgeheim alle.

Aggression schafft im Grunde immer ein Gefühl der Spaltung; wir selbst leiden an unseren Wutanfällen und unserem Mangel an Freundlichkeit. Man könnte sagen, wir leiden an einer posttraumatischen Belastungsstörung der Seele. Unser unnachgiebiges Konkurrenzdenken führt zu nichts; wir können uns nicht mehr entspannen und uns an Dingen erfreuen – und wenn der Wettbewerb schließlich ausgetragen ist, fühlen wir uns allein, verhärtet und isoliert.

Immer eine Kombination

Auch wenn eine bestimmte Strategie der Konfliktbewältigung in uns dominiert, verfügen wir alle meist über sehr persönliche Kombinationen von Reaktionen, die komplex und unterschiedlich sind und von vielen Faktoren abhängen. In einer Situation sind wir vielleicht auf Ausgleich bedacht, in einer anderen jedoch reagieren wir konkurrierend und fordern heraus. In einer Beziehung sprechen wir vielleicht über alle Aspekte eines Problems; in einer anderen hingegen erwähnen wir Probleme nie. Wir sind nachsichtig, wenn unsere Kinder sich mit einem Problem herumschlagen, bleiben jedoch hart, wenn dies bei Kollegen der Fall ist. Nach einem langen Arbeitstag, an dem wir uns häufiger durchsetzen mussten, reagieren wir zu Hause äußerst empfindlich und bringen nur wenig Geduld in Konflikten mit unserem Partner auf.

Die Umgebung lässt uns unterschiedlich reagieren, aber auch die Rollen, die wir einnehmen. Wenn ich Rechtsanwältin bin, gehen alle davon aus, dass ich gewinnen will; bin ich jedoch Krankenschwester, steht wohl eher wohlwollende Unterstützung auf der Tagesordnung. Eine aggressive Flugbegleiterin wird ihren Job verlieren, und ein ängstlicher und verunsicherter Börsenhändler wird nicht lange durchhalten. Bürokraten erlernen Strategien der Vermeidung, Verkäufer entwickeln Verführungskünste. Das Durchsetzen und Vollstrecken von Gesetzen wiederum erfordert Aggression. In gewissen Situationen entwickeln wir einen passiv-aggressiven Umgang miteinander – eine Mischung aus Vermeidung und Aggression. Unter Umständen haben wir diese Strategie bereits in unserer Familie erlernt. Wenn mit Konflikten auf der Arbeit oder zu Hause nicht geschickt umgegangen wurde, werden wir als Erwachsene dieses Muster unbewusst wiederholen. Wir üben dann indirekt Macht aus, setzen uns mit hinterhältigen Methoden durch – während es die ganze Zeit so aussieht, als täten wir dies nicht.

Konfliktstrategien unterscheiden sich stark von Kultur zu Kultur. In einigen Kulturen herrscht eine sehr direkte Art der Kommunikation, während das direkte Ansprechen eines Problems in anderen Kulturen als unschicklich gilt und als Mangel an Subtilität betrachtet wird. In manchen Kulturen werden Probleme schweigend umschifft, hinter den Kulissen von Freunden, Partnern oder älteren Respektspersonen abgewickelt, damit das Gesicht gewahrt werden kann. In anderen wird explizit und offen mit Konflikten umgegangen. Bestimmte Kulturen sind sprachlich äußerst ausdrucksstark; das Wettstreiten und Argumentieren im Beisein anderer ist eine Quelle der Energie und Lebenskraft; andere zu unterbrechen, ist akzeptabel, und die Stimme zu erheben, drückt Zugehörigkeit aus. Anderswo ist der verbale Ausdruck emotionaler Intensität ein Anzeichen auseinanderbrechender Beziehungen.

Wenn Gift sich in Medizin verwandelt

Temperament, Konditionierung, Rollen, Umfeld, Beziehungen und kulturelle Werte – all das prägt unsere Reaktionen auf Konflikte. Wieso setzen wir dann meist eine vorhersehbare Strategie ein? Alle Menschen sind Gewohnheitstiere. Wir reagieren gemäß unseren eingefahrenen Mustern, weil wir die Wirksamkeit unserer Konfliktstrategien nie infrage gestellt haben und auch nicht darüber nachdenken, ob unser Ego all diese Schutzmaßnahmen wirklich braucht.

Einerseits sind die drei Gifte – Leidenschaft, Aggressionen und Ignoranz – eine instinktive Reaktion auf Angst, Bedrohungen und Unsicherheit, andererseits vertiefen diese nicht untersuchten Muster paradoxerweise unser Leiden, da sie ein immer stärkeres Gefühl der Abtrennung und Isolation bewirken. Selbst die Strategie des Ausgleichs beruht auf einem Mangel an Selbstsicherheit; wir fühlen uns unzulänglich, solange wir nicht beschwichtigend auf andere einwirken. Genau deshalb ist Meditation die Grundlage einer wirksamen Konfliktbewältigung. Wir müssen unsere tatsächlich unzerstörbare Natur entdecken, bevor wir unsere Schutzmechanismen loslassen, uns in unserer Verwundbarkeit zeigen und uns in eine neue Art des Seins begeben. Nichts Geringeres als die Einsicht in unsere wirkliche Natur genügt, denn das kleine, abgetrennte Selbst wird sich beständig schützen müssen.

Es geht nicht darum, unsere grundlegende Konfliktstrategie zu verändern – wir müssen sie uns einfach nur bewusst machen. Wenn wir unsere Reaktionsmuster klar und deutlich sehen, erkennen wir zugleich die Muster unserer Freunde, Kollegen und Gruppen. Dann taucht in uns ein Interesse dafür auf, was noch möglich sein könnte; unser Ego zu verteidigen, ist dann weitaus weniger interessant, als kreativ mit den sich stellenden Herausforderungen umzugehen.

Jedes Gift in der richtigen Dosierung ist eine Medizin und jede Medizin in der falschen Dosierung ein Gift. Auch wenn jede Konfliktstrategie eine negative Seite besitzt, findet sich in ihr doch auch ein positives Potenzial, wenn unsere Reaktion auf einer klaren und direkten Beziehung zur gegebenen Situation beruht. Es braucht dazu ein Vertrauen in uns selbst jenseits unseres Ego und die Bereitschaft, Fehler zu machen, anstatt einer Kurzschlussreaktion, die nur dazu dient, das Ego zu schützen und Verletzlichkeiten zu vermeiden.

Alchimie

Sobald die Energie der Ignoranz von einem Ego, das sich beständig zu schützen sucht, befreit wird, können wir vieles loslassen, fühlen uns weit und offen und akzeptieren, was ist und wie die Dinge sich gestalten. Wir zerbrechen uns dann nicht mehr über alle möglichen Kleinigkeiten den Kopf und fechten auch keine Kämpfe mehr aus, die von vornherein ohnehin schon verloren sind. Wenn wir nicht mehr ausschließlich mit unserem Selbstschutz beschäftigt sind, können wir präsent sein, anstatt uns zurückzuziehen. Diese tiefe Gegenwärtigkeit für das, was ist, befreit uns von unserem ständigen Drang, alles zu verändern oder zu manipulieren. Nichts muss behoben oder in Ordnung gebracht werden.

Die Weisheit der Leidenschaft manifestiert sich als Engagement ohne egoistisches Festhalten. Sobald wir uns von der Angst befreien, unser Glück absichern zu müssen, indem wir uns Menschen und Dinge aneignen, lassen wir los und sind in einer authentischen Weise großherzig und freigebig, ohne eine Gegenleistung zu erwarten. Wir sind anderen gegenüber offen, selbst wenn wir unterschiedlicher Meinung sind, und führen dann Beziehungen, die sich durch Schönheit und Vertrautheit auszeichnen.

Die Weisheit der Aggression besitzt eine durchdringende Klarheit und Kraft. Wir sind selbstbeherrscht und glaubwürdig; wir kennen unsere Gedanken und Gefühle und kommunizieren diese klar und deutlich. Wir können unsere Vorstellungen durchsetzen, ohne dabei dominieren oder siegen zu müssen. Indem wir die Energie der Aggression transformieren, bringen wir Integrität, Sorgfalt und Disziplin in unsere Auseinandersetzungen.

Mit einer gewissen Übung bleiben wir dann in allen konfliktgeladenen Situationen entspannt, selbst wenn die geschickte Reaktion in diesem Moment darin besteht, sich zurückzuziehen. Wir nähern uns Konflikten dann mit Neugierde, Geduld und einem Vertrauen in kreative Lösungsmöglichkeiten. Je nach Umständen entscheiden wird dann, wann wir uns zurückziehen, wann wir keine schlafenden Hunde wecken, erregte Gemüter besänftigen oder einem daniederliegenden System einen heftigen Schlag versetzen.

Wir schätzen Frieden und Gelassenheit in unserem Leben. Das sind wunderbare Eigenschaften. Meditation sowie andere Übungen und Praktiken helfen uns dabei, diese Tugenden zu kultivieren. Aber der Friede, den wir dann erfahren, resultiert aus unserer Fähigkeit, in den Dingen, so wie sie sind, präsent zu sein. Wir arbeiten damit, indem wir versuchen, unserer direkten Erfahrung eine gewisse Abgeklärtheit aufzuerlegen.

PRAXIS

Mit Konfliktstrategien arbeiten

1. Denken Sie an einen Konflikt, der sich in Ihrem Leben wiederholt. Welche Strategie dominiert im Umgang mit diesem Konflikt? Erforschen Sie die Weisheit, die dieser Strategie entspricht. Wie könnten Sie die gewonnenen Informationen einsetzen, um anders zu reagieren?
2. Nehmen wir einmal an, es handelt sich um einen Konflikt zwischen Ihnen und Ihrem Chef. Wie würden Sie Ihre Gefühle respektvoll und klar kommunizieren? Unter welchen Umständen wäre es die weiseste Entscheidung, sich aus der Situation zurückzuziehen und vielleicht sogar zu kündigen? Wie könnten Sie letztendlich eine Vereinbarung mit Ihrem Chef darüber treffen, dass die Arbeit, die er von Ihnen erwartet, geleistet wird, während Sie zugleich die freie Zeit und Anerkennung erhalten, die Sie brauchen?
3. Überlegen Sie sich, um diese Übung abzuschließen, wie *alle drei* Energien in die Situation einfließen und eine wichtige Rolle dabei spielen könnten, eine tiefere Weisheit offenzulegen. Wie könnte diese Weisheit die ganze Situation zur Entfaltung bringen? Wie könnte sich die Beziehung dadurch verbessern? Wie könnten Sie diese Energie in den Konflikt einbringen, um notwendige Veränderungen herbeizuführen?

4. Sie können sich auch der Praxis widmen, die Dinge wieder ins Gleichgewicht zu bringen. Falls Sie eher ein aggressiver Typ sind, könnten Sie sich im Zuhören üben. Wenn Sie jedoch eher zur Vermeidung neigen, könnten Sie versuchen, präsent zu bleiben. Und falls Sie vor allem auf Ausgleich bedacht sind, überlegen Sie sich doch einmal, das Risiko einzugehen, Ihre Meinung zum Ausdruck zu bringen, bis Sie es beherrschen.

7

Das Wunder unterschiedlicher Perspektiven

Lerne zu sehen – dann wirst du verstehen,
dass der Blick auf die neuen Welten unbegrenzt ist.

Carlos Castaneda[13]

Haben Sie je darüber nachgedacht, was für ein Wunder es ist, dass wir unsere Perspektive bewusst verändern können? Es ist doch erstaunlich, dass wir eine Galerie besuchen und das Gemälde einer Landschaft betrachten können. Zuerst genießen wir die realistische Abbildung der natürlichen Szenerie. Wenn wir jedoch näher hinschauen, erkennen wir die einzelnen Pinselstriche, das Arrangement der Farben und die ästhetischen Entscheidungen des Malers. Treten wir dann wieder zurück und betrachten dasselbe Gemälde erneut, stellen wir vielleicht eine Entwicklung in der Geschichte der Kunst fest, nehmen wahr, wie die Landschaftsmalerei sich als eine Kunstform entwickelt und verändert hat. Oder aber wir sehen ein wertvolles Objekt, das auf dem Markt für große Summen gehandelt wird. All diese unterschiedlichen Perspektiven können sich ergeben, wenn wir nur ein einziges Kunstwerk anschauen.

In unseren Beziehungen zu anderen Menschen und der Welt als Ganzes besitzen wir die gleiche Fähigkeit, unterschiedliche Perspektiven einzunehmen. Uns ist es möglich, zuzuhören, empathisch auf Menschen, denen wir begegnen, zu reagieren und von ihnen zu lernen. Einem Freund oder einer Freundin zuzunicken und zu sagen: »Ich verstehe, wie du dich fühlst«, ist so außergewöhnlich, dass wir dieses Wunder meist nicht bemerken. Wir haben die verblüffende Fähigkeit, unsere Aufmerksamkeit so zu verlagern, dass wir die Perspektiven anderer verstehen und dadurch an unterschiedlichen Realitäten teilhaben können.

Manchmal verändert sich unsere Perspektive in einem einzigen Moment. Für einen Astronauten, der die Erde aus dem Weltraum betrachtet, wird es nie wieder dieselbe Erde sein. Für jemanden, der fast gestorben wäre, ist das Leben danach wertvoller, als es zuvor je gewesen ist. Manchmal begegnen wir einem Menschen, der so stark auf uns wirkt, dass wir die Dinge danach anders wahrnehmen. Im Jahr 2004 begegnete ich Ken Wilber. Ken ist einer der großen Denker unserer Zeit, hat *Wege zum Selbst* und mehr als 30 weitere Büchern zu Spiritualität, Philosophie und Integraler Theorie geschrieben. Die Begegnung mit ihm veränderte meine Perspektive und mein Leben. Während meiner spirituellen Suche hatte ich einige seiner Bücher gelesen, sie waren jedoch zu intellektuell und von zu großer philosophischer Dichte, als dass ich mich durch sie hätte hindurcharbeiten können, auch wenn ich verstand, wie wichtig sie für unsere Zeit waren.

Als ich ihm begegnete, war mein erster Gedanke nicht »Er ist tiefsinnig«, ich dachte: »Er sieht gut aus.« Mir gefiel, wie er sich kleidete, vor allem seine Schuhe und die extravaganten Jacketts. Außerdem genoss er es zu sprechen: In seinen Augen erkannte ich die Lust und Freude, die er an der Sprache hatte. Er konnte über seine eigenen Witze lachen, gestikulierte mit seinem Füllfederhalter und rückte seinen Notizblock auf den Knien zurecht – die kreativen Werkzeuge des Philosophen. Wenn er sprach, erwachte seine Theorie zum Leben, und ich hörte ihm gern zu. Sobald es um Spiritualität und Meditation ging, spürte ich die Offenheit und Weite seines Geistes jenseits der Konzepte, die er beschrieb, da er gleichzeitig in der Lage war, auch den offenen Raum der meditativen Realisierung hervorzurufen.

Ken forderte uns auf, immer daran zu denken, dass jede Geschichte in eine spezielle Perspektive eingebettet ist. Er erinnerte uns beständig daran, dass keine Perspektive zu 100 Prozent wahr und keine Sichtweise, wie fremd sie uns auch erscheinen mag, komplett falsch ist. Er sagte: »Jede Perspektive ist wahr *und* unvollständig. Jeder besitzt einen Teil der Wahrheit.« »Doch zugleich«, fügte er hinzu, »erhalten einige Perspektiven ganz sicher mehr Wahrheit als andere, auch wenn es eine abschließende und ultimative Wahrheit nicht gibt.« Vielmehr gibt es unterschiedliche Perspektiven, die unterschiedliche Wahrheiten verkörpern, die alle Legitimität und Geltung beanspruchen. Wenn wir unsere Geschichten erzählen, sprechen wir immer aus einer dieser Perspektiven, und je nachdem, welche Perspektive wir wählen, kann die Wirkung eine andere sein. Sobald unser Bewusstsein sich entwickelt, können wir immer mehr Perspektiven einnehmen.

Unterschiedliche Perspektiven in der Konfliktbewältigung einnehmen

In der Zeit, in der ich als Mediatorin arbeitete, hatte ich naive Vorstellungen von der Bereitschaft der Menschen, unterschiedliche Perspektiven einzunehmen. Ich nahm damals an, dass jeder, der einen Konflikt durch Mediation lösen wollte, in der Lage sei, eine Situation auch aus einem anderen Blickwinkel als nur dem eigenen zu betrachten. Sehr schnell musste ich feststellen, dass dies nicht unbedingt der Fall war. Ich lernte, dass ein kleiner Prozentsatz von Menschen im wahrsten Sinne des Wortes nicht mal seine eigene Perspektive einnehmen konnte. Diese Leute waren nicht in der Lage, ihre Vorstellungen, Wünsche und Bedürfnisse auszudrücken. Vielleicht waren sie nie dazu aufgefordert worden, sich auszudrücken, und wussten nicht, wie sie dies tun sollten. Manche wussten einfach nicht, welche Wünsche und Bedürfnisse sie hatten. Andere waren in funktionsgestörten Umfeldern aufgewachsen, in denen Missbrauch vorkam, und fühlten sich zu bedroht, um sich auszudrücken. Und wieder andere gehörten einer Kultur an, in der nur die Meinung einer Autorität zählte.

In einer Mediation, die ich mit einer Organisation für Latinos[14], durchführte, arbeitete ich mit einem jungen Mann und den respektierten älteren Mitgliedern der Gruppe. Er machte einen nachdenklichen und aufmerksamen Eindruck auf mich, und ich spürte, dass er etwas Wichtiges zu sagen hatte, doch er sprach nie. Selbst wenn ich ihn aufforderte, seine Version der Geschichte zu erzählen, überließ er immer den Älteren das Wort. Sein Schweigen zeugte von einem tiefen Respekt vor den Ältesten, und selbst im Kontext der Mediation besaß dies für ihn eine höhere Priorität, als seine Ansichten zu vertreten.

Häufig arbeitete ich mit Menschen, die eine Missbrauchsgeschichte hatten und die mit den gleichen Einschränkungen konfrontiert worden waren – wenn auch aus ganz unterschiedlichen Gründen. Da sie emotional und/oder körperlich so sehr dominiert worden waren, verspürten sie eine große Unsicherheit, ihre Meinung auszudrücken. In Fällen häuslicher Gewalt sprachen viele der Opfer nicht, da sie fürchteten, den Zorn des Ehegatten heraufzubeschwören.

Die meisten Menschen, mit denen ich arbeitete, konnten gut ihre eigenen Interessen vertreten, waren aber nicht in der Lage, die Berechtigung oder Gültigkeit der anderen Seite zu erkennen. Ich denke, das kennen wir alle. Selbst wenn die einzelnen Parteien sich auf eine Lösung verständigten, taten sie das oft nur zähneknirschend und fühlten sich am Ende so, als hätte jemand sie gezwungen, den Konflikt beizulegen, weil sie immer noch glaubten, sie hätten in allem Recht. Andere waren flexibler. Sie konnten ihre eigene Sichtweise, aber auch die Perspektive der anderen Seite erkennen, zeigten sich aber verschlossen gegenüber der dritten Perspektive: der des Gesetzes in Person eines Richters oder eines Vormundschaftsbeauftragten. Wieder andere gingen offen mit Fakten oder objektive Tatsachen um, neigten jedoch dazu, darin stecken zu bleiben, und ignorierten die Bedeutung von Gefühlen, Intuition, kulturellen Bedingungen und anderen subjektiven Faktoren.

Eher selten begegnete mir aber auch eine Person, die so flexibel im Einnehmen anderer Perspektiven war, dass sie ihren eigenen Standpunkt ausdrücken konnte, zugleich aber auch den der anderen Seite wirklich hörte und die Interessen des Gesetzes sowie Dritter in die Verhandlungen mit einbezog. Solche Menschen waren offen dafür, Emotionen zu spüren und subjektive Interessen zu berücksichtigen, wie etwa Stolz und den Wunsch, das Gesicht zu wahren, selbst wenn es um Geld und andere materielle Werte ging. Sie waren in der Lage, die gegenwärtige Situation aus Sicht der gemeinsamen Geschichte zu bewerten und darüber nachzudenken, welche Veränderungen in der Zukunft vorstellbar waren. Sie standen dem Prozess der Mediation aufgeschlossen gegenüber, selbst wenn sie nicht wussten, wie er ausgehen würde.

Die Arbeit mit diesen Menschen war sehr befriedigend, denn gemeinsam mit ihnen verwandelte sich das Ringen um eine Konfliktlösung in die kreative Herausforderung, unterschiedliche Lösungsansätze zu finden. Sie konnten über den Tellerrand hinausschauen, träumten davon, neue Werte zu schaffen, und stellten sich Lösungen vor, die für alle hilfreich waren. Wie alle Menschen beharrten sie hin und wieder auf ihrer Position, waren aber meist wohlwollend in Bezug auf das, was sie in Verhandlungen anboten – im Gegensatz zu jenen, die sich an Geld, Besitz und selbst ihre Kinder klammerten, als wäre ihr Leben bedroht.

Diese flexiblen, kreativen Menschen waren nicht zwangsläufig intelligenter, wohlhabender oder hatten eine bessere Ausbildung genossen. Vielmehr ruhten sie in sich selbst und hatten weniger Angst vor Konflikten als andere. Sie schienen dem kreativen Prozess zutiefst zu vertrauen und waren von der Idee beseelt, an einer Lösung teilzuhaben, die für alle Parteien zufriedenstellend sein konnte.

Während meiner Zeit als Mediatorin gab es eine weitere Situation, die mir die Wichtigkeit, unterschiedliche Perspektiven einnehmen zu können, vor Augen führte: Ich war damals Direktorin der Dienststelle für die außergerichtliche Schlichtung von Rechtsstreitigkeiten innerhalb der Justizbehörden des Staates Utah. Ich moderierte eine Reihe schwieriger, emotional aufgeladener Diskussionen über ethnische Zugehörigkeit, Religion sowie Fragen des Umweltschutzes. Es war eine Zeit, in der es den Menschen darum ging, unparteiische Institutionen in Utah zu etablieren wie etwa die Arbeitsgruppe für ethnische Gerechtigkeit im Justizsystem.

An unterschiedlichen Orten in der ganzen Stadt stellten wir uns, meist in großen Konferenzräumen, harten Auseinandersetzungen zu Fragen ethnischer Beziehungen und von Vorurteilen sowie institutionellem Rassismus. Manchmal fanden sich mehrere Hundert interessierte und besorgte Menschen ein, die eine schwindelerregende Vielfalt von Perspektiven vertraten. Einige arbeiteten für die Justiz, andere waren im Strafvollzug oder bei der Polizei tätig. Außerdem kamen Politiker, Regierungsbeamte und Vertreter sozialer Organisationen. Und es kamen auch jene Bürgerinnen und Bürger, die durch ein soziales Gewissen motiviert waren.

In all diesen Gruppen gab es Menschen, die sich selbst als »farbenblind« bezeichneten. Sie glaubten, dass es keine Rassenvorurteile mehr gebe. Sie wollten andere dazu bewegen, damit aufzuhören, die Situation anzuheizen, da ethnische Probleme ihrer Ansicht nach nicht mehr existierten. Andere waren wütend und entsetzt und drückten das auch mit einer entsprechenden emotionalen Intensität aus. Häufig griffen sie andere an und verlangten nach Veränderungen eines Systems, das sie als äußerst ungerecht empfanden. Dann gab es auch noch die Gruppe, die diesen Ungerechtigkeiten ausgesetzt war oder sie miterlebt hatte; diese Leute hatten jedoch einen Weg gefunden, sich mit diesen Dingen innerlich zu arrangieren, und wünschten sich, andere wären dazu ebenfalls bereit. Außerdem gab es jene traurigen, depressiven und hoffnungslosen Menschen, die nicht mehr an die Möglichkeit einer gerechteren Gesellschaft glaubten. Sie waren anwesend, weil es von ihnen verlangt wurde, hatten aber wenig zur Diskussion beizutragen.

Zu guter Letzt gab es auch noch jene seltenen und unschätzbaren Menschen, die sich in all diese unterschiedlichen Standpunkte hineinversetzen konnten. Sie fanden einen Zugang zu Ablehnung, Wut, Traurigkeit und Frustration und waren offen für diese ganz unterschiedlichen Sichtweisen, ohne sich in sie zu verstricken oder durch sie ausgebrannt zu werden. Sie wirkten erfahren, empathisch, hatten Geduld und wollten einen positiven Beitrag leisten. Außerdem waren sie zumeist sehr praktisch veranlagt, wenn es darum ging, Vorschläge für eine Veränderung des Systems zu machen.

Ich bewunderte diese Menschen, die, wie einige Klienten in meiner Mediationspraxis, unterschiedlichen Perspektiven mit Flexibilität begegneten. Sie waren es, die Gefühle und Intuition genauso schätzten wie Tatsachen und empirische Beweise; sie waren einfühlsam und kreativ, aber auch praxisnah. Sie schätzten den Wert des Geldes, waren zugleich aber nicht von ihm abhängig oder gierig danach. Ihnen ging es in den Auseinandersetzungen um ein positives Klima; sie hatten verstanden, dass die Begegnungen im Mediationsraum Teil ihrer wertvollen Lebenszeit waren und es wichtig war, wie sie sich dabei verhielten.

Ich schätzte die Menschen, die so bewusst waren, so flexibel und fürsorglich und so selbstbeherrscht, selbst wenn sie sich anpassten. Sie standen Lösungsansätzen aufgeschlossen gegenüber und klammerten sich nicht an einem bestimmten Ausgang oder ein bestimmtes Ergebnis. Diese Menschen hatten ihre Lektion gelernt: Durch Erfahrung, Bildung, Erziehung oder meinetwegen Karma konnten sie einen Sachverhalt aus unterschiedlichen Blickwinkeln betrachten, selbst wenn sie persönlich vielleicht an einem bestimmten Ausgang interessiert waren.

Nachdem ich einige heftige Schlachten in den Schützengräben der Mediation geschlagen hatte, begriff ich, dass es keinesfalls selbstverständlich ist, wenn jemand unterschiedliche Perspektiven einnehmen kann. Vielmehr ist es eine Fähigkeit, die man entwickeln und bewusst pflegen muss. Anders gesagt: Durch die ständige Praxis wachsen wir langsam in sie hinein. Es erfordert Entschlusskraft, Bewusstheit, emotionale Reife sowie Furchtlosigkeit, um sich zwischen unterschiedlichen Standpunkten zu bewegen.

Einer der schwierigen Aspekte dieser Praxis besteht darin, dass es am Anfang sehr stressig ist, unterschiedliche Perspektiven einzunehmen. Jedes Mal, wenn wir uns einer neuen Sichtweise öffnen, fügen wir der Situation Komplexität, Unklarheit und Raum für Zweifel hinzu. Es dauert dann erst einmal etwas länger, bis wir Entscheidungen treffen und erkennen, dass selbst eine befriedigende Lösung ihre Schattenseiten hat. Vielleicht wollen wir dann die Wirklichkeit erst mal wieder auf einen eindimensionalen Standpunkt herunterbrechen, anstatt uns Angst und Zweifeln auszusetzen.

Die gute Nachricht ist jedoch, dass Meditation uns einen Raum eröffnet, der ganz unterschiedliche Perspektiven aushalten und tragen kann. Diesen offenen Raum können wir schließlich ebenfalls in andere Bereiche unseres Lebens einbringen. Wenn wir dann auch noch an unserer Kommunikationsfähigkeit feilen, können diese vielfältigen Perspektiven mehr und mehr zum Leben erwachen.

Drei archaische Perspektiven

Durch Ken Wilber lernte ich, was die Integrale Theorie über Perspektiven zu sagen hat. Es kann von unschätzbarem Wert sein, drei der vielfältigen Perspektiven, die wir einnehmen können, genauer zu betrachten.

Es sind diese drei unterschiedlichen, aber grundlegenden Perspektiven, die wir uns immer zu eigen machen, wenn wir denken, sprechen und schreiben. Sie entsprechen den Personalpronomen in unserem alltäglichen Sprachgebrauch.[15]

Die Perspektive der ersten Person, oder »Ich«-Perspektive, bringt meine persönlichen Sichtweisen, meine subjektive Realität zum Ausdruck. Sie beinhaltet meine Gefühle, Überzeugungen, Wahrnehmungen, Werturteile, meine Lebensgeschichte, Erinnerungen und andere Aspekte von Geschehnissen, die allein mich betreffen.

Die Perspektive der zweiten Person, oder »Du«-Perspektive, umfasst Sichtweisen, die wir miteinander teilen, also eine intersubjektive Realität. Sie setzt sich zusammen aus gemeinsamen Geschichten, kulturellen Werten, sozialen Übereinkünften, einer gemeinsamen Sprache und den unterschiedlichen Arten, in denen wir auf einer subtilen oder emotionalen Ebene miteinander in Einklang sind.

Eine »Wir«-Perspektive enthält unter Umständen die gemeinsame Geschichte einer Beziehung zwischen zwei Menschen, könnte aber auch die unbewussten kulturellen Glaubenssätze verkörpern, die Millionen miteinander teilen.

Die Perspektive der dritten Person, oder »Es«-Perspektive, verweist auf den empirischen Standpunkt, die objektive Realität. Sie umfasst Fakten, Befunde, Beweise, Daten, wissenschaftliche Erkenntnisse, juristische Ermittlungsergebnisse, ja sogar die Einsichten außenstehender Betrachter – d.h., wie »er«, »sie« oder »die Gruppe« die Situation einschätzen (oder von ihr betroffen sind).

Diese drei Perspektiven spielen immer eine Rolle, wenn wir an Unterhaltungen teilnehmen, über unsere Unterschiede sprechen oder Verhandlungen führen. Es ist wichtig, dass wir lernen, sie bewusst einzusetzen, denn, wie wir noch sehen werden, jede enthüllt eine andere Dimension der Wirklichkeit und gibt somit verschiedene Wahrheiten preis.

PRAXIS

Perspektiven einnehmen

1. Erinnern Sie sich an einen Zeitpunkt in Ihrem Leben, als Ihre Perspektive sich veränderte. Das kann eine kleine Veränderung gewesen sein, etwa als Sie sich auf einem Foto sahen und sich vornahmen, abzunehmen. Vielleicht war es aber auch ein großer Umbruch, wie der Moment, als Sie plötzlich erkannten, dass die Welt ein gütiger Ort ist.
2. Wie betrachteten Sie anfangs die Situation?
3. Was veränderte Ihre Sichtweise?
4. Wie sehen Sie die Situation jetzt?
5. Können Sie eine Sichtweise einnehmen, die beide Perspektiven umfasst?

8

Drei Perspektiven, drei Wahrheiten

Jede Geschichte hat drei Seiten:
deine, meine
und die Wahrheit.

<small>Unbekannt</small>

Konflikte können unser Interesse an der Wahrheit wecken. Immer wenn mein Sohn Willie einen Konflikt mit jemandem austrägt – meist mit meiner 20-jährigen Nichte Rachel, die sich zweimal die Woche um ihn kümmert –, ruft er mich an. Meist fängt er dann an, die Situation zu beschreiben.

»Diane«, sagt er dann, »Rachel macht mir wieder das Leben schwer. Sie sagt, ich komme nicht schnell genug raus zum Auto, Diane. Aber ich bin das nicht, Diane; es liegt an Rachel. Sie macht's mir immer schwer, Diane. Das ist die Waharheit. Das ist die Waharheit, Diane. Okay, mach's gut.« Seine Anrufe enden immer mit der gleichen Behauptung: »Das ist die Waharheit.« Instinktiv versteht er, dass er mich davon überzeugen kann, ihn nicht für den Konflikt verantwortlich zu machen, indem er sich auf das beruft, was »die Waharheit« ist. Rachels Erfahrung ist nie »die Waharheit«.

Natürlich suchen wir alle nach dem, was »die Waharheit« ist, wenn wir entlastet oder bestätigt werden wollen oder wenn jemand unsere Sichtweise einfach nur unterstützen soll. Lassen wir die Vorstellung einer »absoluten Wahrheit« erst einmal beiseite (und überlassen diese einstweilen getrost den Philosophen, Wissenschaftlern und Zen-Meistern), fragen wir uns: Wonach suchen wir eigentlich, wenn wir nach »der Wahrheit« greifen?

Vielleicht etwas, worauf wir uns verlassen können, etwas, das wirklich real ist. Ist Willie eine lahme Ente – oder hat Rachel einfach keine Geduld? Was ist wahr?

Wahrheit deckt das auf, was ist. Wir sind abhängig von ihr als einer Quelle unserer Stärke und Klarheit und als Basis unserer Integrität. Wahrheit ist etwas, bei dem wir leicht übereinstimmen sollten. Aber so wie Willie verwechseln wir »die Wahrheit« gerne mit »unserer Wahrheit«. Und wenn wir andere dann von »der Wahrheit« überzeugen wollen, versuchen wir sie meist dafür zu gewinnen, unsere Sicht der Dinge zu teilen.

Eine der vielen Erkenntnisse der Integralen Theorie, die ich im Zusammenhang der Konfliktbewältigung als äußerst hilfreich empfinde, ist die Unterscheidung nach Perspektiven der ersten, zweiten und dritten Person und den Wahrheiten, die sie widerspiegeln. Diese Perspektiven nehmen wir jeden Tag beim Sprechen und Schreiben ein; sie entsprechen den Personalpronomen »ich«, »du« und »es«.

Diese Perspektiven sind uns so vertraut, dass wir sie meist nicht bemerken. Wenn wir sie jedoch genauer betrachten, können wir erkennen, dass jede eine unterschiedliche Facette der Wahrheit ausdrückt. Die Dimension der ersten Person (»ich«) ist die persönliche, subjektive Wahrheit. Das »Du« der zweiten Person wird zu einem »Wir«, wenn es die Wahrheit zwischen uns beleuchtet – unsere gemeinsamen Werte und Glaubenssätze. Das »Es« der dritten Person vermittelt die konkreten Wahrheiten der objektiven Welt.

Wir können ein umfassenderes Bild von dem erhalten, was ist – und idealerweise auch von dem, was sein könnte –, wenn wir lernen, jede dieser Perspektiven zu unterscheiden und anzuerkennen. Unterschiedliche Wahrheiten auf diese Weise in Auseinandersetzungen einzusetzen, wird als »Einnehmen einer Integralen Perspektive« bezeichnet.

Die Perspektive der ersten Person

Die Perspektive der ersten Person, oder die »Ich«-Perspektive, drückt meine Gefühle, Überzeugungen, Wahrnehmungen und Werte aus – anders gesagt: jede Sichtweise auf die Dinge, wie ich sie wahrnehme oder erfahre. Diese Perspektive ist unverwechselbar mit mir verbunden und natürlich subjektiv. In Gesprächen bezeichnen wir sie als »meine« Wahrheit. Es ist das, was Willie in den Konflikten mit Rachel wahrnimmt und worüber er sich beschwert. Zugleich ist es auch das, was Rachel erlebt, wenn sie eintrifft, um Willie abzuholen, er jedoch nicht zum Wagen kommt.

Jeder Mensch agiert aus der Einzigartigkeit und Begrenztheit dieser Sichtweise der ersten Person heraus. Es ist unser existenzielles Dilemma, die Realität durch unsere subjektive Linse zu interpretieren; diese Linse setzt sich aus Überzeugungen, Prägungen und sozialen Kontexten zusammen. Auch wenn wir uns manchmal hinüberlehnen können, um die Welt einen Moment lang aus den Augen eines anderen zu betrachten oder ein paar Kilometer in den Nikes einer Freundin zu laufen, ist es doch letzten Endes so, wie es in einem Song der Rockband B-52s heißt: Wir alle leben in unserem »eigenen privaten Idaho«.

Die Perspektive der ersten Person ist in etwa so wie die Blockhütte des Naturphilosophen Thoreau, die uns innerlich Schutz bietet und frei ist vom Druck sozialer Anerkennung oder empirischer Überprüfungen. Uns selbst müssen wir nichts beweisen. Hier, an unserem privaten Rückzugsort, können wir unsere Beobachtungen anstellen und unsere eigenen Schlüsse ziehen; wir können denken, was wir wollen, können alles allein mit uns ausmachen, wenn wir in der Klemme stecken, und Frieden mit uns selbst schließen. Oder auch nicht. Dieser private Raum kann eine Quelle großer Freiheit sein, aber auch ein Gefängnis, das wir uns erschaffen. Ersteres zeugt von unserer Selbstverwirklichung, Letzteres lässt uns zum Griesgram werden.

Egal ob sie groß oder klein ist, offen oder begrenzt, die Perspektive der ersten Person ist wahr. Selbst wenn sie begrenzt, verzerrt, dement, verkorkst, pervers ist oder in keinem Punkt der Wirklichkeitserfahrung eines anderen entspricht: Die erste Person gibt es einfach. Genau in diesem Maße ist sie auch wahr. Vielleicht wenden wir ein: »Manchmal irren sich Menschen einfach«, und meinen damit, dass ihre Perspektive aus diesem Grund ignoriert werden sollte. Aber das darf sie nicht. Eine Perspektive der ersten Person, die nicht als gesellschaftskonform gilt, ist eine Perspektive der ersten Person, die nicht mit dem »Wir« korrespondiert. Eine Perspektive der ersten Person, die von objektiven Fakten abweicht, ist eine Perspektive der ersten Person, die sich irrt. Aber dennoch ist sie für sich selbst gültig.

Als Studentin der Psychologie lernte ich, wie wichtig es ist, die Perspektive der ersten Person zu respektieren. Oft arbeiteten wir mit psychotischen Klienten, die aus der Gesellschaft ausgeschlossen waren, da sie die allgemeine Auffassung von Realität nicht teilten. Wenn ich mit ihnen arbeiten wollte, das lernte ich sehr schnell, musste ich ihnen ihre Erfahrung zugestehen, wie verblendet sie auch sein mochte. Zumindest diente dies als Einstiegspunkt. Wenn ein Klient erklärte, dass Stimmen aus dem Fernseher kämen, gehörte es nicht zu meinem Job, ihm das auszureden. Ich konnte jedoch einfach zuhören und ihn dann einladen, Abendbrot zu essen, den Schrank aufzuräumen oder draußen spazieren zu gehen, um die elektronischen Angriffe abzumildern.

Diese Zeit lehrte mich, tiefen Respekt gegenüber meinen Klienten zu haben und mich darum zu bemühen, den vernünftigen Kern in ihren äußerst exklusiven Sichtweisen zu erkennen. Indem ich die Perspektive der ersten Person anerkannte, konnte ich mit allen Menschen arbeiten, denn dadurch drückte sich genügend Würde und Respekt aus, um eine Beziehung aufzubauen. Diese Zeit hinterließ einen tiefen und dauerhaften

Eindruck – tatsächlich veränderte sie meinen Blick auf alle Beziehungen, die ich hatte.

Eine meiner Freundinnen, sie arbeitet als Pflichtverteidigerin, teilt diese Haltung mit mir. Der Staat setzt sie ein, um jene zu verteidigen, die sich keinen Anwalt leisten können; sie arbeitet nur an Berufungsfällen, die sie in die nächste Instanz trägt, wenn ihre Klienten aufgrund verfahrenstechnischer Fehler oder anderer Ungerechtigkeiten verurteilt werden.

Sie gewinnt diese Berufungsverfahren nur selten. Außerdem sind viele der Klienten, die sie verteidigt, sehr schwierig; meist haben sie viele Vorstrafen oder sind psychisch krank. Sie lügen sie an; sie weigern sich, mitzuarbeiten oder die Verantwortung für ihre Situation zu übernehmen.

Dennoch hat sie vor ihnen einen unerschütterlichen Respekt. Wieder und wieder betritt sie, ihren Aktenkoffer in der Hand, im Namen dieser Menschen den Obersten Gerichtshof von Utah. Dabei ist sie ganz und gar nicht sentimental und gefühlsduselig; sie ist eine hartgesottene, erfahrene Verteidigerin, die es trotz der verschwindend geringen Chancen schafft, sich einen offenen Geist und ein offenes Herz zu bewahren. Ich bewundere ihre Gewissenhaftigkeit, ihr Engagement für eine faire Vertretung, aber auch ihre Fähigkeit, die Würde in ihren Klienten zu erkennen, trotz der kaputten Charaktere, mit denen sie zu tun hat.

Die Bereitschaft, die Perspektive der ersten Person vollständig einzunehmen, ist für Künstler und Dichter sowie für gute Psychologen und (wie im Falle meiner Freundin) Anwälte eine unabdingbare Notwendigkeit. Ob wir uns nun in unserem tiefsten Inneren dazu berufen fühlen oder bestrebt sind, der Perspektive einer anderen Person wirklich aufmerksam zuzuhören: Der Sinn der Perspektive der ersten Person besteht nicht darin, irgendeine absolute Wahrheit zu vermitteln. Sie dient vielmehr dazu, uns Zugang zu einem einzigartigen Blick auf die Welt zu verschaffen.

Normalerweise akzeptieren wir unsere eigene subjektive Perspektive sowie die der Menschen, die wir lieben und schätzen. Es kann jedoch eine große Herausforderung darstellen, die Legitimität *aller* Perspektiven der ersten Person anzuerkennen. Schon der Gedanke selbst kann beunruhigend wirken. Wie können wir eine Sichtweise billigen, der zufolge Homosexuelle aus der Gesellschaft ausgeschlossen oder junge Frauen aufgrund bestimmter sexueller Erfahrungen gesteinigt werden sollen? Die Antwort besteht darin, dass wir lernen müssen, klar und direkt zu unterscheiden, ob wir die Existenz einer Sichtweise anerkennen oder ob wir mit ihr übereinstimmen bzw. sie stillschweigend dulden. Oft weigern wir uns, eine bestimmte Perspektive auch nur zu hören, da wir befürchten, dies könne als Zustimmung ausgelegt werden.

Wenn zum Beispiel mein Partner oder Ehemann sich sorgt, dass wir nicht genügend Geld auf dem Konto haben, um im nächsten Monat alle Rechnungen zu bezahlen, kann ich mir diese Sorge anhören, ohne notwendigerweise mit ihm übereinzustimmen. Ich habe vielleicht eine andere Sichtweise in Bezug darauf, wie fatal unsere finanzielle Situation wirklich ist. Ich kann seine Perspektive anerkennen oder mit ihr übereinstimmen. Bitte machen Sie sich das bewusst: *Anerkennung ist nicht gleich Zustimmung.* Wenn wir diese Unterscheidung treffen können, fällt es uns viel leichter, anderen aufrichtig zuzuhören.

Eine weitere Verunsicherung entsteht, wenn wir die Wahrheiten der dritten Person mit den Meinungen der ersten Person zusammenwerfen. Wenn mein Partner mit einer Rechnung in der Hand in der Küche rumschreit: »Ich mache mir total Sorgen wegen des Geldes«, so unterscheidet sich dieses Äußerung sehr deutlich von Aussagen wie »Unser Geld reicht nicht« oder »Es ist nicht genug Geld auf dem Konto«.

Achten Sie auf die Verwendung des Pronomens: »Ich mach mir total Sorgen« beginnt mit »Ich«. Das zeigt an, dass dies eine relative Aussage über ein persönliches Empfinden ist, während

»Unser Geld reicht nicht« impliziert, dass ich zustimme oder zustimmen sollte. »Es ist nicht genug Geld auf dem Konto« richtet die Perspektive noch stärker auf einen objektiven Tatbestand – also sollten wir uns vielleicht einmal die Expertenmeinung eines Finanzberaters einholen. Indem wir einfach nur das Pronomen »ich« benutzen, befreit uns das vom Wahrheitsgehalt der Aussage, sodass wir frei unsere jeweiligen Perspektiven austauschen können.

Die Gültigkeit der Perspektive der ersten Person eines anderen anzuerkennen ist im Kontext der Konfliktbewältigung von ausschlaggebender Bedeutung. Es ist der magische Schlüssel, der das Tor zur Problemlösung öffnet, da alle Menschen – auch Sie und ich – umgänglicher und entspannter sind, wenn unsere Sicht der Dinge zumindest anerkannt wird. Respekt ist ein Akt des guten Glaubens, der direkt gefühlt werden kann. Sofort entspannt sich etwas, so wie wenn man an einem heißen Sommerabend ein Bier miteinander teilt.

Wenn wir im Dickicht unserer Zwistigkeiten festsitzen, kann es erleichternd sein, uns daran zu erinnern, dass jeder von uns auf die Perspektive der ersten Person angewiesen ist, um durch das Terrain der Realität zu navigieren. Manchmal funktioniert das besser, manchmal schlechter. So oder so, wir haben immer Anspruch darauf, dass der Perspektive der ersten Person mit Würde begegnet wird.

Die Perspektive der dritten Person

Die Wahrheit der Perspektive der dritten Person, oder »Es«-Perspektive, verweist auf die Wirklichkeit, wie sie aus einer objektiven Distanz wahrgenommen wird. Manchmal ist diese Distanz unvorstellbar groß, so wie die Entfernung zwischen einem Teleskop und einem Planeten, dann wieder ist sie unfassbar klein, so wie der Abstand zwischen einem Mikroskop und einem Zellkern. Die Perspektive der dritten Person erfordert es, die Distanz zwischen dem betrachtenden Subjekt und dem betrachteten Objekt aufrechtzuerhalten. Diese Distanz ist wesentlich für einen wissenschaftlichen Ansatz und von zentraler Bedeutung für die Position der Neutralität; sie ist das, was wir als *Objektivität* bezeichnen.

Die dritte Person ist der Bereich von »es« oder »man«, von »diesem« oder »jenem«. Diese Pronomen bezeichnen objektivere Tatbestände und sind weiter entfernt von der Erfahrungsrealität als »ich« oder »du«. In der Konfliktbewältigung steht die Perspektive der dritten Person für das, was wir herkömmlich als objektive Wahrheit bezeichnen. Sie umfasst Fakten, Indizien, Beweise, Daten, wissenschaftliche und juristische Erkenntnisse sowie Instrumente wie Videokameras und Aufzeichnungsgeräte. Sie schließt auch die Perspektive außenstehender Beobachter ein, die idealerweise neutral sind, wie etwa Richter, Zeugen oder Schiedsrichter.

Die Perspektive der dritten Person ist die Domäne von Wissenschaft und Empirie. Kürzlich diskutierte ich mit einer Freundin darüber, ob es die Perspektive der dritten Person überhaupt gibt oder ob alles immer nur eine Interpretation ist. Bevor ich mich versah, suchte sie nach der Definition von »Empirie« auf Wikipedia. Unbeabsichtigt lieferte sie also den »Beweis« für das, was ich aufzuzeigen versuchte: Wir halten beständig Ausschau nach objektiven Bezugspunkten, um unsere Wahrnehmung der Welt zu bestätigen.

Im Forschungslabor lassen wir eine Hypothese wiederholt von anderen Wissenschaftlern bestätigen, bevor wir unsere Ergebnisse eines Experiments für wahr halten. Im Justizwesen bemühen wir uns um Objektivität, indem wir versuchen, alle subjektiven Einflüsse auszuschließen, die voreingenommen, unzweckmäßig oder unkalkulierbar sind. Wir suchen nach Indizien, nach Gesetzen und Präzedenzfällen und nach Fakten. Der Haken dabei ist aber, dass auch in der Justiz und selbst in den

Forschungslabors Informationen immer durch menschliche Subjektivität interpretiert und kontextualisiert werden. Nichtsdestotrotz geht es bei der Perspektive der dritten Person um Verlässlichkeit und Vorhersagbarkeit. Führen Sie sich doch nur einmal vor Augen, wie verlässlich das Ingenieurwesen als große Kunstform der dritten Person ist. Die Wahrheiten der dritten Person, die sich in der Mathematik, der Physik und der Chemie herausgebildet haben, trugen dazu bei, eine atemberaubende Welt mit Wolkenkratzern (u. a. möglich durch die von Elisha Otis erfundenen Sicherheitsbremsen für Fahrstühle), Raumschiffen und Satelliten zu erschaffen. Durch Erfindungen wie Automobile, Brücken, Autobahnen, Schienennetze, Flugzeuge, Flughäfen und elektronische Kommunikationssysteme verfügen wir über eine unglaubliche Mobilität. Abgesehen von Konstruktionsfehlern und Materialermüdung sind all diese Erfindungen unglaublich zuverlässig.

In weniger als acht Stunden können wir über den Ozean zu einem anderen Kontinent fliegen. Können Sie sich das vorstellen? Ein Komiker meinte einmal, wir sollten uns jedes Mal, wenn wir fliegen, an unsere Sitze klammern und wie Kinder kreischen. Und tatsächlich haben zahlreiche Technologien, die aus der Perspektive der dritten Person nur so hervorgesprudelt sind, in wenigen Jahrhunderten unsere Lebensweise komplett verändert und die Welt, in der wir leben, verwandelt. Verblüffend! Und noch ist kein Ende in Sicht. Dennoch schafft es die Perspektive der dritten Person nicht, unsere Streitigkeiten für uns zu schlichten.

Seien Sie doch mal ehrlich: Sie glauben allen Ernstes, dass dies möglich wäre? Sie denken, dass ein paar unumstößliche Tatsachen einen Konflikt genauso leicht beenden sollten, wie das Nachschlagen eines Begriffs im Wörterbuch die Unstimmigkeiten beilegt, die wir bezüglich seiner Bedeutung haben, oder wie das Aufrufen eines Eintrags auf Wikipedia abschließend klären kann, wann Bob Dylan sein erstes Album veröffentlichte.

In diesen simplen Szenarien erzeugen wir ein Faktum und – Simsalabim! – alle Unstimmigkeiten lösen sich auf.

Doch wenn Sie jemals einer Gerichtsverhandlung beigewohnt haben, in der ein Richter oder Geschworene nach Feststellung aller Fakten dem Gesetz gemäß handelten, konnten Sie erleben, dass zumindest eine Partei den Gerichtssaal unzufrieden verlässt. Manchmal sogar beide Parteien. Oder wie Voltaire es ausdrückte: »Ich war in meinem Leben nur zweimal ruiniert. Das erste Mal, als ich einen Prozess gewann, und das zweite Mal, als ich einen verlor.« Anstatt die Entscheidungen eines Gerichts zu akzeptieren, halten wir lieber an unserer Version der Wahrheit fest. Aus meiner Erfahrung gelingt es nur ganz selten, allein durch die Perspektive einer dritten Person einen Streitfall zu schlichten – es sei denn, beide Parteien sind offen dafür.

Die Perspektive
der zweiten Person

Kommen wir zur Perspektive der zweiten Person oder »Du«-Perspektive. Die Wahrheit der zweiten Person existiert in der Beziehung zwischen dem »Ich« und dem »Du«, also im Bereich des »Wir«. Es sind Wahrheiten, die wir miteinander teilen: unsere gemeinsamen Überzeugungen, kulturellen Werte, Vereinbarungen und Verpflichtungen, aber auch unsere Moralvorstellungen, Empathie, Mitgefühl und gegenseitiger Respekt.

Ken Wilber beschreibt die Dimension der zweiten Person oft als das »Wunder des Wir«, da es wirklich an ein Wunder grenzt, dass wir Menschen die Fähigkeit besitzen, derart kooperativ zu sein. Fast keine andere Spezies übertrifft uns, wenn es darum geht, zu kommunizieren, zu organisieren und uns zu einigen, abgesehen vielleicht von Bienen und Ameisen. Wir sind wirklich unfassbar sozial; wir kommen viel häufiger miteinander aus als nicht. Die Wahrheiten der zweiten Person sind die unsichtbaren

Beziehungen, die uns aneinander binden und uns elegant in V-Formation vorwärtsfliegen lassen wie eine Schar Gänse. Die Konfliktbewältigung und die Mediation sind letztendlich Projekte der zweiten Person. Um Menschen »in einem Geist« zusammenzubringen, müssen wir die Perspektiven der ersten Person mit hilfreichen Informationen und Datenmaterial der dritten Person verknüpfen, etwa dem Wert von Unternehmen und Privathäusern, neutralen Gutachten, Gewinn-und-Verlust-Rechnungen oder Fotoaufnahmen von den Schäden an einem Wagen oder einer Wohnung. Und dann müssen wir uns einigen.

Einmal kam ein geschiedenes Paar mit einem Problem, das ihren Sohn betraf, zu mir. Sie waren nach ihrer Trennung gut miteinander ausgekommen, aber jetzt, da ihr Sohn die Highschool besuchen sollte, waren sie in einen Konflikt geraten, der ihren Frieden bedrohte.

Sie konnten sich nicht darauf einigen, wo der Junge zur Schule gehen sollte. Dem Vater ging es darum, dass der Junge erwachsen werden und sich Herausforderungen stellen sollte; deshalb wollte er ihn auf eine große Highschool schicken, die für ihre akademische Strenge bekannt war. Die Mutter hingegen glaubte an den Wert von Beziehungen und individueller Förderung, weshalb sie ihren Sohn auf derselben kleinen, privaten Schule belassen wollte, die er bereits seit sechs Jahren besuchte.

Mein erster Schritt als Mediatorin bestand darin, die Gültigkeit der beiden Perspektiven der ersten Person anzuerkennen. Strenge und Beziehungen: Ich konnte Raum für beides finden. Im nächsten Schritt musste jedoch aus der Perspektive der dritten Person ein wenig Recherche betrieben werden. Konnten Schulen ermittelt werden, die beide Kriterien erfüllten? In kürzester Zeit fanden sie eine Alternative, die sowohl sie beide als auch ihren Sohn zufriedenstellte. Problem gelöst.

Dies ist ein sehr einfaches Beispiel, das zeigt, wie wir objektive Lösungen finden und zu einer Einigung kommen können, indem wir jede einzelne subjektive Meinung respektieren. Diese

Lösung war nachhaltiger und zufriedenstellender für die Familie, als wenn ein Familiengericht den Fall zu Gunsten einer der beiden Parteien entschieden hätte. Was wäre geschehen, wenn wir uns darüber gestritten hätten, was wichtiger ist: Beziehungen oder Strenge? Oder wenn der Sohn zwischen die Fronten des Konflikts seiner Eltern geraten wäre? Indem wir alle drei Perspektiven als gleichwertig betrachteten, konnten wir Möglichkeiten erkennen, die vorher nicht existierten.

Diese drei Perspektiven spielen immer eine Rolle, wenn wir über unsere Meinungsverschiedenheiten sprechen, verhandeln und uns einigen. Alle drei ergeben und entwickeln sich gemeinsam. Die eine hat keinen größeren Wahrheitsanspruch als die anderen. Jede einzelne verweist auf eine unterschiedliche Dimension der Wirklichkeit. Und wenn wir sie als Ganzes betrachten, eröffnet sich uns ein größeres Bild der Realität.

In emotional stark aufgeladenen Konflikten besteht die Herausforderung jedoch darin, dafür offen und aufnahmefähig zu bleiben, alle drei Perspektiven gleichermaßen anzuerkennen. Wenn wir aufgebracht sind, bestehen wir instinktiv auf unserem eigenen Standpunkt, engen unseren Blick ein und reden über unseren alten Freund, die »Wahahrheit«. Das ist allerdings kein Problem, lieber Willie, solange du auch Rachels »Wahahrheit« mit in Betracht ziehst und ihr eine klare Einigung darüber trefft, wann du das Haus verlässt und zu ihrem Wagen gehst.

PRAXIS

Drei Perspektiven, drei Wahrheiten

1. Denken Sie an einen Konflikt oder eine Meinungsverschiedenheit, die Sie im Moment beschäftigt.
2. Bitten Sie einen Freund oder eine Freundin, Ihnen zuzuhören, während Sie die drei Wahrheiten des Konflikts betrachten.

3. Beginnen Sie mit der ersten Person und beschreiben Sie detailliert Ihre Sicht der Dinge. Nehmen Sie diese Art und Weise, die Geschichte zu erzählen, als vollkommen richtig und legitim wahr.

4. Erzählen Sie die Geschichte jetzt noch einmal aus der Perspektive der ersten Person des Menschen, mit dem Sie im Konflikt stehen. Bemühen Sie sich darum, in seine oder ihre Welt einzutauchen und die Dinge mit seinen oder ihren Augen zu betrachten.

5. Versuchen Sie jetzt, eine objektive Perspektive einzunehmen. Wie nähme ein neutraler Zeuge oder Beobachter die Situation wahr? Gibt es wichtige, objektive Informationen, die hilfreich sein könnten? Gibt es einen neutralen Beobachter, jemanden, der seine Sicht aus der Perspektive der dritten Person vermitteln könnte? Können Sie diese Information als einen objektiven Standpunkt in Ihre Sichtweise einbeziehen?

6. Suchen Sie zum Abschluss bitte nach der Schnittmenge zwischen Ihrer Version der Geschichte, der der anderen Seite und der neutralen Sicht. Können Sie eine Perspektive finden, auf die alle sich einigen können? Wie fühlt es sich an, eine Sichtweise des »Wir« miteinander zu teilen?

9

Für sich selbst sprechen: Die Bedeutung der Perspektive der ersten Person

Sei du selbst!
Alle anderen sind schon vergeben.

OSCAR WILDE

»Ich.« Überlegen Sie einmal, wie oft wir dieses Wort tagtäglich benutzen: Ich denke; ich habe Gefühle; ich habe einen Körper, Vorlieben, Träume, Wünsche und ich erlebe Enttäuschungen. Ich bin glücklich, und dann wieder bin ich traurig. Ich fühle mich geschmeichelt oder verletzt, zeige mich versöhnlich oder rachsüchtig. Ich bin hart am Arbeiten, komme zu spät zu einer Verabredung oder stecke im Verkehr fest. Ich bin froh, zu Hause zu sein, erschöpft oder habe Lust, auszugehen. Manchmal bin ich krank, manchmal mache ich Fehler. Ich bin allein oder mit Leuten beschäftigt, oder ich bin von allem gestresst und überwältigt, was noch auf mich zukommt. Manchmal weiß ich gar nicht, wer ich bin. Aber ich liebe dieses Wort *ich*, und ich will es ausdrücken.

»Ich« ist natürlich die Sichtweise, die uns am vertrautesten ist; es ist die Linse, durch die wir die meisten Erfahrungen des Lebens empfangen und interpretieren. Dieses »Ich« ist uns so nah, dass wir es meist nicht einmal als eine Perspektive wahrnehmen. Wir betrachten es als selbstverständlich, dass dies die Realität ist. Oder anders gesagt: Wir gehen davon aus, dass es unsere einzige Realität ist.

Wenn wir dieses »Ich« jedoch aufmerksam betrachten, ist es schwer einzuordnen und auf etwas Bestimmtes festzunageln. Es ist nicht wirklich unser Körper, denn wir können Gliedmaßen verlieren und dennoch ein intaktes Ich haben. Es entspricht nicht wirklich unseren Gedanken, denn – mein Gott – diese wechseln so häufig wie unsere Gefühle. Wenn das »Ich« sich aus unseren Erinnerungen zusammensetzen würde, wäre unser Selbstempfinden so lückenhaft wie ein altes Fotoalbum. Unsere eigene Identität hängt auch nicht allein von unserer Familie und unseren Beziehungen ab, denn die Menschen in unserem Leben kommen und gehen. Und obwohl unsere Kultur uns Hinweise darauf gibt, wer wir sind, sind wir doch alle dankbar, dass wir nicht identisch mit den Bildern im Fernsehen sind. Oder vielleicht wünschen wir uns auch, selbst im Fernsehen aufzutreten. Und schließlich gibt es auch noch die Tatsache, dass wir sterben werden.

Jeden Tag gibt es viele Momente, in denen dieses »Ich« auf wunderbare Weise verschwindet. Vielleicht erhaschen wir einen flüchtigen Blick auf die Wirklichkeit ohne den Filter des Ich, wenn wir ganz im Fluss unserer Arbeit aufgehen oder wenn uns die Schönheit der Natur so überwältigt, dass unsere Menschlichkeit einen Augenblick lang keine Rolle spielt, oder wenn das Wohlergehen unseres Kindes uns so sehr einnimmt, dass unsere eigenen Bedürfnisse zurücktreten. Jede Nacht, wenn wir in einen tiefen Schlaf fallen, verschwindet dieser Orientierungspunkt des »Ich« genauso sicher, wie die Erde sich von der Sonne abwendet. Wenn wir wieder aufwachen, müssen wir manchmal daran arbeiten, das »Ich« wieder an seinen rechten Platz zu rücken.

Das Selbst ist weder stabil noch festgelegt. Wenn unsere Aufmerksamkeit auf etwas Größeres gerichtet ist als unser kleines Selbst – ein Ziel, Schönheit oder den Wunsch, anderen zu helfen –, hellt sich unsere Stimmung auf und unsere Energie fließt freier. Wir fühlen uns dann weniger angestrengt, emotional verkrampft oder frustriert. Tatsächlich laden uns alle spirituellen Traditionen auf ihre eigene Weise dazu ein, ein Leben zu führen, das über die selbstzentrierte Perspektive hinausgeht, das anderen dient und die Gesamtheit der Wirklichkeit als das Wahre Selbst erkennt.

Selbst-Entfaltung

Aus der Sicht der Entwicklungspsychologie ist die Entfaltung einer individuellen Identität ein entscheidender Schritt in der menschlichen Entwicklung. Paradoxerweise können wir nicht über die Grenzen unseres kleinen Ich hinauswachsen, solange es nicht vollständig entwickelt ist. Zuerst müssen wir lernen, für uns selbst zu sorgen und für unser eigenes Leben Verantwortung zu tragen. Erst dann besitzen wir die Fähigkeit, über uns hinauszugehen und uns anderen und der Umwelt zuzuwenden.

Die Vorstellung eines Wahren Selbst kann anfangs verwirrende Fragen auslösen. Eine meiner Schülerinnen, sie ist Anfang 20, begann Marathon zu laufen, um ihr Ego und ihr Selbstwertgefühl zu stärken. Die Disziplin des Laufens verlieh ihr Kraft und unterstützte ihre Entwicklung in allen Lebensbereichen – einschließlich ihrer Meditationspraxis. Sie war jedoch irritiert, als ihr ein berühmter Ausspruch des Zen-Meisters Dogen begegnete: »Das Selbst zu studieren bedeutet, das Selbst zu vergessen.«

Sie hatte gerade damit angefangen, verbindliche Ego-Grenzen herauszubilden, Nein zu sagen und ein gutes Selbstwertgefühl zu entwickeln. Deshalb verwirrte es sie, als sie hörte, sie solle wieder zu ihrem alten Muster zurückkehren und die Bedürfnisse anderer über die eigenen stellen – denn so verstand sie den Ausspruch Dogens. Für sie tat sich offenbar ein Widerspruch auf zwischen ihrem psychischen Wohlergehen und ihrer spirituellen Suche. Wenn wir Meditation in einem westlichen

Kontext praktizieren, scheint es tatsächlich so zu sein, dass der auf ein gesundes Selbstbewusstsein gerichtete Fokus unserer Kultur im Widerspruch steht zu Zen, das ein Vergessen des Selbst betont.

Auf der einen Seite wachsen wir mit dem Ratschlag »Sei einfach nur du selbst« auf. Wir werden ermutigt, persönliche Freiheit und Individualismus zu schätzen und unseren eigenen Weg zu gehen. Uns wird gesagt, wir sollen authentisch sein, nach Selbsterfüllung streben und uns selbst respektieren. In der Schule werden wir angehalten, selbstständig zu denken, die Hand zu heben und unsere Meinungen auszudrücken und zu sagen, wofür wir eintreten. Uns wird nicht nur gelehrt, dass wir ein Recht auf eine eigene Sichtweise haben, sondern dass wir diese auch zum Ausdruck bringen sollen.

Aber dann beginnen wir mit Meditation oder einer anderen Form der spirituellen Praxis, und plötzlich ist dann unser Selbst etwas, das wir loswerden sollen: »Das Selbst zu studieren bedeutet, das Selbst zu vergessen.« Genpo Roshi, mein Zen-Lehrer, sprach manchmal über die einflussreichen japanischen Meister, die mit ihrem Zen-Stab durch den *Zendo* liefen und die Schüler laut aufforderten: »Stirb auf deinem Kissen!« Im Zen geht es nicht darum, das kleine Selbst zu verbessern. Es hat überhaupt nichts mit einem starken Selbstwertgefühl zu tun.

Ken Wilber berichtet in seinem ersten Buch *Das Spektrum des Bewusstseins* von seinen eigenen Auseinandersetzungen mit dieser Frage. Ihn interessierte die Beziehung zwischen den unterschiedlichen Ansätzen psychischen Wohlergehens und den vielfältigen Beschreibungen spirituellen Erwachens. So schildert er zum Beispiel eine Tradition, Erleuchtung als Verweis auf die direkte Einsicht in ein grenzenloses Gewahrsein zu begreifen, ohne Festigkeit und Substanz, unermesslich und unbegreiflich. In einer anderen Tradition wird Erleuchtung als ein grenzenloses Feld bedingungsloser Liebe betrachtet. Manche Mystiker beschreiben Erleuchtung als die vollständige, einende Erfahrung von Allem, was ist. Wieder andere sprechen von einem tiefen Verschmelzen mit einer göttlichen Intelligenz. Für einige lässt sie sich am besten als »Leerheit« beschreiben, für andere als Bewusstsein selbst. Die meisten Weisheitstraditionen greifen schließlich auf die Poesie zurück, um das Erwachen zu umschreiben, und lassen irgendwann die Sprache ganz hinter sich, um auf unsere direkte Erfahrung zu verweisen.

Wie Erleuchtung sich ereignet, unterscheidet sich von Person zu Person. Manche Menschen werden spontan erleuchtet; andere nach Jahren gewissenhafter Praxis. Einige erhalten sie als Segnung von einem Guru, während sie wieder anderen als rätselhafter Ausdruck der Gnade in den Schoß fällt. In seinen Werken leistete Ken große Pionierarbeit bei dem Versuch, das Terrain der Erleuchtung zu vermessen (für eine ausführliche Diskussion siehe: Ken Wilber, *Ganzheitlich handeln*[16]).

Unter anderem betrachtete Ken das Phänomen der Erleuchtung in einem entwicklungsgeschichtlichen Rahmen. So gesehen kann Erleuchtung als evolutionärer Prozess verstanden werden, in dem das Bewusstsein sich zu einer immer stärkeren Identifikation mit der Realität entfaltet. Anders gesagt: Der Sinn für das »Ich« erweitert seine Aufnahmefähigkeit, schließt mehr und mehr ein und bewegt sich schließlich über auf das Ego beschränkte Interessen hinaus, bis das kleine Selbst zum großen Selbst wird, das alles umfasst, was in seinem Gewahrsein auftaucht – alle Aspekte unserer Erfahrung, angefangen von unserem Körper und Geist bis hin zu Kindern, Familien, Gemeinschaften, Nationen, der ganzen Menschheit, der großen Erde mit all ihren Lebensformen und Ökosystemen und schließlich zu dem Raum und allen Formen des unermesslichen Kosmos. Form ist Leerheit, Leerheit ist Form; nichts wird mehr ausgelassen aus der Erfahrung dessen, was »ich« bin.

In dieser Betrachtungsweise ist Erleuchtung kein dualistischer Begriff; es geht nicht um »Ich bin erleuchtet« oder »Ich bin nicht erleuchtet«. Wie bei den ineinandergeschachtelten russischen Holzpuppen handelt sich vielmehr um eine elegante Abfolge sich entfaltender Wahrnehmungen. Wenn diese Entwicklung voranschreitet, lösen wir unsere Anhaftung am Identitätsbegriff vollkommen.

Im alten China fragte Kaiser Wu den Zen-Mönch Bodhidharma:»Wer bist du?« Bodhidharma antwortete darauf:»Ich weiß es nicht.« Er hatte natürlich nicht seinen Namen vergessen, aber seine Wahre Identität konnte mit Worten nicht ausgedrückt werden. Dies ist auf immer höheren Stufen der Entwicklung der Fall. Erfahrung wird dann geschätzt und geliebt, darf so leichtfüßig wie ein Traum kommen und gehen und verschwindet beim Erwachen; ein Traum, der interessanterweise von Liebe erfüllt ist.

Einbeziehung des Ego

Obwohl die entwicklungsgeschichtliche Sichtweise das kleine Selbst nicht als ein Problem begreift, erkennt es doch seine Grenzen an. Das kleine Selbst leidet unter den Problemen der Getrenntheit und des Wettbewerbs; es unterliegt evolutionären Zwängen, etwa dem Kampf um das Überleben und der Angst vor dem Tod. Aufgrund von Trieben, Bedürfnissen und Vorlieben ist dieses kleine »Ich« eine extrem enge Linse, durch die die Realität wahrgenommen wird. Zwangsläufig erfährt es den Stress eines ständigen Strebens nach Selbstschutz und der Erfüllung seiner eigenen Wünsche, während es ständig darüber nachdenkt, wie die Dinge anders sein sollten, als sie sind.

In unserer Entwicklung kommt dann ein Moment, der vielleicht aus diesem Leiden geboren wird und an dem wir lernen, dass wir aus diesem rastlosen Funktionieren des Ego aussteigen können, um ihm bei der Arbeit zuzusehen. Wenn wir unsere Identifikation loslassen oder einen Schritt vom Ego zurücktreten und es stattdessen betrachten, markiert das einen Wendepunkt in unserer Entwicklung. Es ist der Beginn des »Aufwachens«. Mit der Zeit lernen wir dann das, woran wir festhalten und anhaften, loszulassen und ganz natürlich in einem wachen Gewahrsein zu ruhen, während die Ansprüche des Ego auftauchen und wieder vergehen.

Wenn wir das Ego aufmerksam betrachten, erkennen wir, dass es – so gesund und funktionell es auch sein mag – einen Hang zum Leiden der Abtrennung vom Rest der Realität hat. Wir sehen dann ganz direkt, wie wir von der Gier getrieben sind, mehr von unserer Erfahrung zu verlangen, immer wieder nach neuen Schuhen, Autos, Liebhabern oder Einsichten greifen. Oder wir erliegen Versuchungen, die sich schließlich in ein Suchtverhalten verwandeln. Wir können aber auch erkennen, dass wir uns von dieser Unruhe, dieser Getriebenheit befreien können.

Dann gibt es auch noch die gegenteilige, in ihrer Auswirkung jedoch ähnliche Neigung der Aversion, bei der wir uns von Menschen oder Situationen abwenden, die uns nicht gefallen oder uns Schwierigkeiten bereiten. Wir schreiben Leute ab oder zeigen ihnen innerlich den Stinkefinger. Dieser Hang führt zu fortwährenden Konflikten und einer gewissen Aggressivität und Gewalttätigkeit in unserem Leben. Nachdem wir andere weggestoßen haben, machen wir uns selbst das Leben schwer, urteilen über uns, bemängeln unsere Fehler, während wir gleichzeitig unsere Überlegenheit behaupten – und wünschen uns die ganze Zeit doch einfach nur, wie ein kleines Kind bestätigt und gehört zu werden. Im Reich des Ego herrschen raue Sitten.

Doch mit einer gewissen Praxis fällt es immer leichter, die destruktiven Muster des Ego zu erkennen und diese Neigungen durch eine grundlegende Freundlichkeit und positive Beachtung zu ersetzen. Diese freundliche Aufmerksamkeit gegenüber uns selbst versetzt uns in die Lage, gesunde Ego-Strukturen zu entwickeln. Wir lernen, uns und unserem Leiden mit Mitgefühl und liebevoller Güte zu begegnen. Wir begreifen schließlich, dass die Ich-Perspektive immer begrenzt und manchmal blind ist. Das liegt in ihrer Natur.

Und doch hat sie ihre absolute Berechtigung. Wie alle Dinge in diesem großen Mysterium des Lebens verdient auch das kleine Selbst das Mitgefühl, das alle Wesen zu berühren vermag. Indem wir uns selbst freundlich begegnen, eröffnen wir uns eine größere Bewusstheit und Perspektive. Die Meditationspraxis meiner Schülerin wird von ihren Marathonläufen unterstützt, und ihr wachsendes Selbstvertrauen ermöglicht es ihr wiederum, sich dem ursprünglichen Gewahrsein zu öffnen, das dahintersteht. Mitgefühl wird dann zu einer natürlichen Haltung, aus der heraus wir die richtigen Schritte tun und geschickt handeln. Anstatt das Ich zu bekämpfen, akzeptieren wir es so voll und ganz, dass es schließlich wie ein friedliches Kind im Schoß des Gewahrseins sitzt.

Der wirkungsvollste und befreiendste Ausdruck der ersten Person besteht sicherlich darin, Verantwortung für uns selbst und unsere Handlungen zu übernehmen, insbesondere dann, wenn diese andere verletzen oder bekümmern. Wir können dann einfach sagen: »Es tut mir leid« oder »Ich habe einen Fehler gemacht«. Das ist so, als öffneten wir den Hahn an einem Bewässerungssystem: Sofort bauen sich Spannungen ab, und die Beziehung wird erfrischt wie ein Rasen nach einem heißen Sommertag.

Die einfache Bemerkung »Ich bin verwirrt« kann ein Gespräch paradoxerweise wieder in die richtige Richtung lenken. »Ich weiß nicht« öffnet fast immer einen offenen Raum für Fragen und Erkundigungen. Es kann eine befreiende Kraft haben, unsere Verletzlichkeit aus der Perspektive der ersten Person zum Ausdruck zu bringen, aber nur wenige von uns wissen, wie man das bewusst tut, ohne die Grenze zum Selbstmitleid zu überschreiten.

Wenn wir die erste Person einsetzen, um die Verantwortung für uns selbst zu übernehmen, entdecken wir diese Gleichung:

Verantwortung schafft Freiheit und Freiheit schafft Verantwortung. Wir lernen, uns mit mehr Offenheit auszudrücken, denn wir erkennen, dass wir die Freiheit haben, aus unseren Herzen zu sprechen, wenn wir bereit sind, Verantwortung für das zu übernehmen, was wir sagen. Darin liegt die wahre Magie der ersten Person.

Als »Ich« sprechen

Im Kontext der Konfliktbewältigung ist es absolut notwendig, die Legitimität und Würde unseres kleinen »Ich« anzuerkennen. Tatsächlich ist es so, dass die Fähigkeit, aus einer eindeutigen Perspektive der ersten Person zu sprechen, ein Zeichen für eine gesunde Integration des Ich ist. Ein gesundes Ich ist in der Lage, seine Sehnsüchte, Wünsche und Bedürfnisse auszudrücken, in ihrem Namen zu verhandeln, aber zugleich immer auch zu bedenken, dass viele andere Perspektiven ebenfalls ihre Gültigkeit besitzen. Ein gesundes Ich kann dem Resultat des Prozesses entspannt und flexibel gegenüberstehen.

Es ist ein bemerkenswertes Privileg unserer Existenz, dass wir die Perspektive der ersten Person zum Ausdruck bringen können. Vielen Menschen wurde nie die Chance gegeben, sich frei zu äußern. Sie kommen vielleicht aus einer Familie oder Kultur, in der nur die Sichtweisen einer Autoritätsperson, einer fundamentalistisch-religiösen Perspektive oder die eines repressiven politischen Systems wirklich als gültig angesehen werden. Viele Menschen leben in Kulturen, in denen es selbst unter Freunden nicht wirklich gestattet ist, sich frei auszudrücken.

Als ich jünger war, verstand ich nicht, wieso die Lehrer in meiner Schule so viel Wert auf freie Meinungsäußerung legten, aber jetzt, da ich älter geworden bin, kann ich dies nachvollziehen. Die Freiheit, unsere persönlichen Ansichten und unsere Gefühle in einer unterstützenden, ja sogar schützenden Umgebung auszudrücken, ist eine Errungenschaft, die wir leicht als selbstverständlich hinnehmen. Es ist wie in der Analogie mit dem Fisch im Wasser – wir sind darin so sehr zu Hause, dass wir nicht mehr spüren, wie nass es ist.

Die Abneigung, in der ersten Person zu sprechen

Es ist eine gewisse Kunst, die Perspektive der ersten Person in einer gültigen, gesunden Art und Weise auszudrücken. Um diese Kunst zu pflegen, müssen wir sie praktizieren. Wir begegnen vielen Hindernissen, wenn wir unsere Sicht der Dinge kraftvoll, deutlich und warmherzig ausdrücken wollen; es gibt also gute Gründe, wenn wir uns zurückhalten:

»Ich habe Angst davor, die Beziehung zu beschädigen.«
»Ich mache mir Sorgen, was andere denken werden.«
»Wenn ich mich offen ausdrücke, mache ich mich
    gegenüber den Urteilen anderer angreifbar und
    verletzbar.«
»Was, wenn ich falschliege?«
»Ich befürchte, nicht verstanden oder falsch interpretiert
    zu werden.«
»Man wird mich für egoistisch halten.«

Kürzlich unterstützte ich eine Gruppe hochrangiger Führungskräfte in einem Lernprozess. Wir wollten herausfinden, wie die drei unterschiedlichen Perspektiven des »Ich«, »Du« und »Es« ihre Entscheidungsprozesse in ihren Firmen beeinflussten. Ich fragte sie, welche der drei Perspektiven sie im Sprechen bevorzugten. Nicht eine unter den 200 anwesenden Personen gab an, die Perspektive der ersten Person zu bevorzugen. Bedenken Sie bitte, dass es sich um Firmenvorstände handelte, die als gute

Führungskräfte natürlich alle sehr ausgeprägte Perspektiven der
ersten Person haben. Ihre Vision, ihre Leidenschaft und ihr
Selbstvertrauen inspirieren andere, ihnen zu folgen.

Wir unterliegen jedoch einer Norm, die uns vollkommen
verrückt macht: Wir sollen nicht nur wahnsinnig erfolgreich
werden, sondern uns dabei auch noch so verhalten, als hätten
wir keinerlei Eigeninteressen. Aus dieser Sicht ist allein schon
die Anerkennung der Perspektive der ersten Person selbstzentriert oder arrogant; wir verhalten uns also so, als sollten wir die
ganze Zeit nur darüber nachdenken, was gut für andere ist.

Natürlich ist es selbstzentriert oder arrogant, wenn wir die
erste Person anerkennen, während wir *alle anderen Perspektiven ausschließen*. Wenn wir jedoch bewusst aus der Perspektive
der ersten Person sprechen, sind wir ehrlich und wach und gestehen uns unsere eigenen Beweggründe bewusst ein. Deshalb
fühle ich mich auch so viel entspannter in der Umgebung von
Menschen, die ihre Eigeninteressen bewusst anerkennen, als mit
Leuten zusammen zu sein, die vorgeben, sie hätten keine.

»Wenn es darum geht, meine Meinung zu äußern, habe ich
das Gefühl, dass es nicht wirklich voll und ganz meine Meinung ist. Es ist eher so etwas wie eine Ansammlung von Dingen,
die ich gelesen habe, oder Ideen, die ich in Bezug auf bestimmte Dinge habe. Was weiß ich wirklich?« Ja, unsere Ansichten
werden von allem geprägt, was wir erfahren, einschließlich Gesprächen, Büchern, Fernsehsendungen, Filmen und Reisen. Unsere Meinungen sind immer beeinflusst von den Menschen und
Informationen, denen wir begegnen bzw. denen wir ausgesetzt
sind. Wenn wir unsere Meinung äußern, sollten wir verstehen, dass sie begrenzt ist, damit wir unsere Sichtweise der ersten Person nicht mit der Perspektive der dritten Person vermi-
schen. Wenn wir uns in diesem Fall der Perspektive der dritten
Person bedienen, verlieren wir unsere Autorität, denn wir klingen dann so, als beanspruchten wir eine Wahrheit für alle Zeiten und alle Menschen. Das begrenzte, subjektive »Ich« klingt

überzeugender, gerade weil es auf unserer eigenen, einzigartigen Wahrnehmung beruht. Es geht also einfach darum, die Perspektive einer ersten Person nicht mit der Wahrheit der dritten Person zu verwechseln. Wenn Sie eine Wahrheit der dritten Person zum Ausdruck bringen wollen, benötigen Sie einen objektiven Bezugspunkt. Das ist alles.

Die Schönheit der ersten Person liegt darin, dass niemand unserer Sicht der Dinge widersprechen kann. Denn sobald wir diese Perspektive bewusst einnehmen, beanspruchen wir keinerlei Wahrheitsgehalt – außer für uns selbst. Und obwohl die Ich-Perspektive von Beziehungen, Informationen und anderen Erfahrungen beeinflusst wird, entspringt sie immer der Integrität unserer einzigartigen Wahrnehmung. Die Aussage »Ich liebe die Farbe Blau« unterscheidet sich von dem Statement »Blau ist die schönste Farbe«. »Ich denke, diese Bewerberin ist für die Firma am meisten qualifiziert« drückt etwas anderes aus, als wenn wir sagen: »Sie ist ganz klar die beste Person für den Job.« In der ersten Person geht es nicht darum, Beweise anzuführen oder eine Expertenaussage zu zitieren. Wir sagen einfach nur: »Das ist für mich wahr!« Und niemand kann dagegen argumentieren.

Eine klare Perspektive der ersten Person verschafft uns eine gewisse Art von Autonomie und Souveränität. Anders gesagt: Sie ist der einzige Ort in der Sprache, an dem wir unsere persönliche Wahrheit vertreten können. Es ist nicht *die* Wahrheit der dritten Person, die empirisch abgesichert werden muss. Es ist auch nicht die geteilte Wahrheit der zweiten Person, die von uns verlangt, dass wir darin übereinstimmen, was wahr ist. Es ist einfach nur *meine* Wahrheit. Kein anderer kann sich diese Perspektive der ersten Person zu eigen machen, und genau aus diesem Grund kann sie eine Quelle der Würde und der Stärke sein.

»Ich will mich ausdrücken, denn wenn ich es nicht tue, fühle ich mich später isoliert; ich fühle mich abgeschnitten, so als gehörte ich nicht dazu.« Unsere Ansichten sind nicht nur wertvoll, sie zum Ausdruck zu bringen, ist auch eine notwendige Voraussetzung dafür, die Vollkommenheit unseres Seins zu erfahren. Wir sind expressive Kreaturen; es liegt in unserer Natur, auf unterschiedliche Arten und Weisen zu kommunizieren. So wie eine Welle ein energetischer Ausdruck des Ozeans ist und eine Blume der prachtvolle Ausdruck einer Pflanze, so hat jede/-r von uns Eigenschaften und Qualitäten, die einzigartig sind. Diese erblühen ganz natürlich durch Worte, Musik, körperlichen Ausdruck und das, was wir mit unseren Händen herstellen. Wir alle zeichnen uns durch eine angeborene Intelligenz aus, eine Weisheit, die wir auch zum Ausdruck bringen wollen. Wir wollen wahrgenommen werden. Wenn wir es nicht wagen, uns auszudrücken, wird dem Ganzen etwas Unersetzliches fehlen.

Die große amerikanische Choreografin Martha Graham wird mit folgenden Worten zitiert:»Es gibt eine Vitalität, eine Lebenskraft, eine Beschleunigung, die durch dich in Handlung umgesetzt wird, und da es dich nur einmal für alle Zeiten gibt, ist dieser Ausdruck einzigartig. Wenn du ihn blockierst, wird er niemals durch irgendein anderes Medium existieren und verloren gehen. Doch das lässt die Welt nicht zu. Es ist nicht deine Aufgabe, darüber zu entscheiden, wie gut dieser Ausdruck ist oder wie er sich mit anderen vergleichen lässt. Es ist deine Aufgabe, deinen Ausdruck einfach sein zu lassen, klar und direkt, und den Fluss nicht zu behindern.«[17]

Die Choreografie der Sichtweise der ersten Person

Sobald uns die Authentizität und Gültigkeit der Perspektive der ersten Person bewusst wird und wir uns vornehmen, uns ehrlich auszudrücken, mit Gefühl, Aufrichtigkeit und Tiefe, werden wir eher bereit sein, anderen zuzuhören, wenn sie ihre Wahrheit äußern. Chögyam Trungpa sagte etwas, das mich stark beeinflusst hat: »Sei du selbst; die Welt wird dir Rückmeldungen geben.« Genau das tut sie auch. Wenn Sie wollen, dass diese Rückmeldungen sich positiv in Ihrem Leben auswirken, sollten Sie versuchen, mit folgenden Ansätzen zu arbeiten:

Benutzen Sie das Wort »ich«. Wenn Sie Ihre Ansichten teilen wollen, sollten Sie mit »ich« beginnen; zum Beispiel: »Ich würde gerne über etwas sprechen«; »Ich würde mich freuen, wenn du mir ein paar Minuten zuhören würdest« oder »Ich schätze es, wie freundlich du zu mir bist«. Indem wir unsere Ausführungen mit »ich« beginnen, wird die Kommunikation im kleinen Selbst verortet, im auf uns begrenzten Selbst. Unsere Wahrheiten mit »ich« einzuleiten verleiht mentale Stärke, weil unsere Zuhörer dann nicht das Gefühl haben müssen, dass wir über sie oder eine bestimmte Wahrheit in einem absoluten Sinn sprechen. Wir drücken einfach nur die Wahrheit unserer begrenzten Perspektive aus – so gut wir das können.

Harmonisieren Sie Körper, Sprache und Geist. Um überzeugend zu kommunizieren, müssen wir sicherstellen, dass unser Körper, unsere Sprache und unser Geist dasselbe übermitteln. Wir alle wissen, wie es sich anfühlt, wenn jemand uns unterschiedliche Signale sendet. Vielleicht sagt jemand: »Ja«, schüttelt aber gleichzeitig den Kopf. »Willst du ausgehen?« »Ja klar!« Der Mund ist willig, doch der Kopf sagt Nein. Oder aber jemand schreit Sie an, behauptet dabei jedoch fortwährend: »Ich bin nicht wütend.« Um gehört zu werden, müssen wir Klarheit in unsere Gedanken und unsere Sprache bringen und sicherstellen, dass unser Körper nicht etwas anderes kommuniziert.

Berücksichtigen Sie Gefühle und Energien. Unsere Kommunikation läuft größtenteils nonverbal ab. Unser Gehirn ist so strukturiert, dass es Gefühle intuitiv genauso umfassend versteht, wie es auf Worte hören kann. Eine meiner Schülerinnen erwähnte kürzlich die Beschwerden ihres Vaters, ihre Mutter hätte zu ihm immer in einem anklagenden, aggressiven Ton gesprochen, egal was sie sagte. In fast jedem Gespräch mit seiner Frau kam dieser Mann sich verhört und angeklagt vor, weshalb es ihm schwerfiel, sie wirklich zu »hören«. (Natürlich kann es sein, dass sie auf diese Weise kommunizierte, weil er ihr tatsächlich nie zuhörte.) Um klarer zu kommunizieren, müssen wir uns unserer Gefühle bewusst sein und sie anerkennen. Gefühle haben einen großen Einfluss auf unsere Kommunikation.

In seiner berühmten »Ich habe einen Traum«-Rede kommunizierte Martin Luther King seine Leidenschaft und seine Überzeugung mithilfe eindringlicher Bilder, seiner Körperhaltung und seiner Stimme. Auch heute bewegt uns diese Rede noch durch die Energie, die er ausdrückt, und durch die Kraft und Tiefe seiner Stimme der ersten Person. Mit seiner Sprache gestaltete er eine Vision für die Zukunft und mit seinem Herzen und seiner Energie überzeugte er uns, dass diese möglich war.

Wenn es etwas gibt, das Sie wollen, dann bitten Sie darum. Das Identifizieren unserer Wünsche und Bedürfnisse befähigt uns, um das zu bitten, was wir wollen. Dadurch wirkt unsere Kommunikation angemessener und direkter. Die Zuhörer können sich entspannen, denn unsere Bitte liegt offen auf dem Tisch. Niemand muss mehr auf unausgesprochene Absichten reagieren oder denken, dass er oder sie sich anders verhalten müsste, obwohl es nie gesagt wurde. Auf eine direkt geäußerte Bitte können wir reagieren. Vielleicht mit einem Ja, vielleicht mit einem Nein. Die Klarheit der Bitte befreit beide Seiten.

In den 1960er-Jahren entwickelte Marshall Rosenberg das Konzept der Gewaltfreien Kommunikation[18]. Dieser Ansatz basiert auf dem Gedanken, dass alle Menschen mitfühlend sein können und in ihrem Sprechen und Verhalten nur dann auf Gewalttätigkeiten zurückgreifen, wenn sie keinen Weg finden, ihre unbefriedigten Bedürfnisse auszudrücken und zu erfüllen.

Gewaltfreie Kommunikation geht davon aus, dass Harmonie und Übereinstimmung erzielt werden können, sobald Menschen ihre Bedürfnisse, die Bedürfnisse der anderen sowie die damit verbundenen Gefühle identifizieren können. Das Konzept berücksichtigt ganz unterschiedliche Aspekte der Kommunikation: Mitgefühl mit sich selbst zu zeigen, anderen zuzuhören und sich selbst authentisch auszudrücken. Ganz wichtig ist in diesem Zusammenhang, dass wir uns zuerst unserer eigenen Bedürfnisse bewusst werden und dann andere um das bitten, was wir uns wünschen. Es ist eine Praxis, in der wir einander unsere wirklichen Wünsche mitteilen. Wenn wir wirkliche Wünsche äußern, können wir echte Antworten geben.

PRAXIS

In der ersten Person sprechen

1. Wie fühlt es sich für Sie an, Ihre Meinung zu äußern? Vervollständigen Sie den folgenden Satz mit einer Fortsetzung, die Ihnen spontan einfällt: »Wenn ich meine Meinung äußern soll, dann ...«
Zum Beispiel: »Wenn ich meine Meinung äußern soll, dann frage ich mich immer, was andere über mich denken.« Das könnte eine Möglichkeit sein, den Satz zu beenden. Vielleicht sagen Sie aber auch: »Wenn ich meine Meinung äußern soll, dann fühle ich mich gut, schieße aber manchmal übers Ziel hinaus.«
2. Schreiben Sie Ihre Antworten auf, ohne eine zu favorisieren.

PRAXIS

Um Erlaubnis bitten

1. Wenn Sie in nächster Zeit etwas Wichtiges mitteilen möchten, dann bitten Sie jemanden darum, Ihnen zuzuhören. Das kann Ihr Partner sein, eines Ihrer Kinder, ein Kollege oder ein Freund.

2. Sie können anfangen, in dem Sie sagen: »Ich merke, dass ich eine feste Meinung habe ...« Oder: »Das, was ich jetzt sage, ist mir wichtig; würdest du mir bitte einfach zwei Minuten schenken und mir zuhören?«

3. Tätigen Sie Ihre Aussagen aus der Perspektive der ersten Person und beginnen Sie sie mit »ich«. Achten Sie beim Sprechen auf Ihre Gefühle. Benennen Sie diese – alle, die offenkundigen, aber auch die eher unterschwelligen. Erkennen Sie einen Wunsch, der Ihren Gefühlen zugrunde liegt? Gibt es etwas, das Sie wollen oder brauchen? Können Sie darum bitten? Was wäre anders, wenn Sie das, was Sie wollen, bekämen?
Beispielsweise könnte ich zu meinem Mann sagen: »Ich bin im Moment verärgert, weil du mir nicht gesagt hast, dass deine Schwester zu Besuch kommt. Ich bin irritiert und fühle mich ausgeschlossen und machtlos. Ich wünsche mir, dass wir uns abstimmen und unsere Termine gemeinsam planen.« Oder: »Ich hätte gerne die Möglichkeit gehabt, ihr rechtzeitig ein Hotelzimmer zu buchen, weil unser Haus nicht groß genug für uns alle ist.«

10
Zuhören:
Die Kunst der Perspektive
der zweiten Person

Ich denke, was wir hören,
ist die Qualität unseres eigenen Zuhörens.

ROBERT FRIPP[19]

Vor ein paar Jahren lernte eine gute Freundin von mir einen Heroinabhängigen kennen, der auf der Straße lebte. Er war den größten Teil seines Erwachsenenlebens obdachlos, abgesehen von den etwa 17 Jahren, die er wegen Drogenhandels und Raubüberfällen im Gefängnis verbracht hatte. In der Zeit ihrer ungewöhnlichen Freundschaft war er oft im Drogenrausch und auch immer wieder in Kliniken und im Gefängnis. Wie Sie sich vielleicht vorstellen können, war ich misstrauisch gegenüber dieser Freundschaft und sorgte mich um meine Freundin.

Eines Tages führten wir ein Gespräch unter Frauen, und ich fragte sie: »Was ist das eigentlich für eine Freundschaft?« Ohne zu zögern, antwortete sie: »Er ist ein sehr guter Zuhörer.« Dann erklärte sie mir, dass seine natürliche Begabung zum Zuhören über die Jahre bei den Anonymen Alkoholikern und in zahlreichen anderen Entzugstherapien geschult worden war. Sie räumte ein, dass die Drogen, die Polizeikontrollen, die Gefängnis- und Klinikaufenthalte sowie das unbarmherzige und zerstörerische Leben auf der Straße große Herausforderungen darstellten, aber wenn er ihr zuhörte, war es das alles wert.

Ich war von der Schärfe ihrer Schilderungen schwer beeindruckt. Zwei Fremde mit ganz unterschiedlichen Hintergründen und karmischen Begleitumständen begegnen sich in einer authentischen Erfahrung des Gebens und Nehmens. Er schätzte es, wenn sie über Poesie, Philosophie und die bewegenden Fragen ihres Lebens sprach, und sie war völlig eingenommen von seinen Ansichten, die durchdrungen waren von der unverblümten Realität eines Lebens auf der Straße.

Aufrichtiges Zuhören kann uns Einlass in eine andere Welt gewähren. Ken Wilber nennt es »Das Wunder des Wir« – oder die zweite Person. Unsere Perspektive wechselt vom »Ich« zum »Du«, und plötzlich dringen wir in eine andere Welt vor. Wenn wir dort unsere Gemeinsamkeiten entdecken, schließt sich die Lücke zwischen »Ich« und »Du« – und wir werden zum »Wir«. Von da an ist das Leben ein Tanz zwischen Gleichheit und Unterschiedlichkeit, die zwischen uns herrscht. Die Gemeinsamkeiten verleihen uns ein Gefühl der Zusammengehörigkeit; wir sehen einander und fühlen uns zugehörig. Die Unterschiede schenken unseren Beziehungen Lebenskraft, ein Fundament und, wie wir alle wissen, hin und wieder ordentliche Schwierigkeiten.

Gutes Zuhören ist der Schlüssel zu jeder Form der Kommunikation. Jimi Hendrix hätte die Gitarre nicht so spielen können, wie er das tat, ohne seine geniale Fähigkeit des Zuhörens; alle großen Dichter hören auf ihre eigene Stimme, so wie sie auf Versmaß und Pausen achten. Gärtner hören den Pflanzen zu; mathematische Genies ihren Gleichungen. Rennfahrer lauschen ihren Motoren, und gute Eltern schenken ihren Kindern Gehör. Und selbstverständlich steht Zuhören im Mittelpunkt jeder Konfliktbewältigung.

Zuhören hat eine solche Macht, Konversationen und Konflikte zu transformieren, dass es fast schon wie Alchimie wirkt. Wenn jemand sich wirklich gehört fühlt, verwandelt sich alles. Ängste verschwinden, Verteidigungshaltungen lösen sich auf und die wirkliche Kommunikation kann beginnen. Viele große Heiler, unter ihnen Sigmund Freud und die Traditionen des

Zuhörens, die er in der westlichen Kultur ins Leben gerufen hat, gründen in der Einsicht, dass Menschen heil werden, wenn sie einfach nur bewusst ihre Geschichte in der Gegenwart eines Menschen erzählen können, der ganz präsent ist und ihnen offen und nicht wertend zuhört. Eine meiner Lieblingsgeschichten über die Macht des Zuhörens findet sich in Ram Dass' Buch *Wie kann ich helfen? Segen und Prüfung mitmenschlicher Zuwendung*, das er gemeinsam mit Paul Gorman in den 1980er-Jahren verfasste[20]. Ein tibetischer Doktor, Arzt des Dalai Lama, der an interdisziplinären Fallkonferenzen in Harvard oder Yale teilnahm, hielt eine Vorlesung über die tibetische Praxis der Diagnose, die damit arbeitet, auf die inneren Winde oder die unterschiedlichen Pulse des Körpers zu hören. Ein anderer Arzt, in der westlichen Tradition ausgebildet und offenbar sehr erfolgreich – er arbeitete an einer der besten Universitätskliniken –, nahm anfangs eher zögerlich an dieser Konferenz teil.

Die Gruppe besuchte mit dem tibetischen Arzt das Krankenzimmer einer Frau, die fast nicht bei Bewusstsein war. Der Tibeter näherte sich ihr und sagte nichts. Er hob ihr Handgelenk an und hörte aufmerksam den Pulsen auf einer Seite ihres Körpers zu; das dauerte etwa zehn Minuten. Daraufhin ging er um das Bett herum und lauschte den Pulsen in ihrer anderen Körperseite. Schließlich legte er schweigend ihren Arm zurück auf das Bett. Als er gerade im Begriff war, das Zimmer zu verlassen, setzte sich die Frau, die kaum bei Bewusstsein gewesen war, in ihrem Bett auf und sagte, an den Arzt gewandt: »Vielen Dank.« Der westliche Arzt war erstaunt. Er erkannte, dass er zwar Tausende von Pulsen gefühlt, jedoch nie wirklich zugehört hatte.

Zuhören ist nicht passiv. Es erfordert Intention, Offenheit und Großzügigkeit. Gutes Zuhören hat eine große Wirkung und kann das Ergebnis jedes Dialogs transformieren. Darum nennt man es auch aktives Zuhören – weil es Dinge verändert. Es kann die Dynamik in emotional aufgeladenen Konversationen verschieben und unseren Gesprächen Tiefe und Kraft verleihen. Es bewirkt, dass Menschen ruhiger werden, öffnet einen Raum für neue Möglichkeiten und vermittelt dem Sprechenden die seltene und wertvolle Erfahrung, sich gehört zu fühlen. Diese Praxis erinnert uns daran, dass wir absolute Beziehungswesen sind, die über die ungewöhnliche Gabe der Kommunikation verfügen.

Eine meiner Schülerinnen hatte einen eher banalen Streit mit ihrem Mann. Er verlor die Fassung und seine Stimme wurde lauter und lauter. Sie konnte spüren, wie ihre eigenen Emotionen angeheizt wurden, aber anstatt zurückzuschreien, entschied sie sich, zwei Minuten lang einfach nur zuzuhören. Diese Hausaufgabe hatte ich meinen Schülern in der Woche zuvor mit auf den Weg gegeben. Sie hörte einfach nur zu und schaute ihn an, während er sich Luft machte. Die Uhr tickte. Schließlich durchbrach er sein Muster und sagte: »Wieso schaust du mich so an?« Dann begann er zu lachen und bat sie auf der Stelle um Entschuldigung. Spontan sagte sie »Es tut mir leid«, was beide überraschte; diesmal lachten sie zusammen. Mein Sohn würde sagen: »Problem gelöst.«

Es gibt einen Haken, wenn wir gute Zuhörer sein wollen, der jedoch von entscheidender Bedeutung ist. Wir müssen unseren Referenzpunkt des »Ich« loslassen. Anders gesagt: Wir müssen unser Anhaften an der inneren Stimme in unserem Kopf aufgeben. Das ist diese vertraute Stimme, die nur selten aufhört, Kommentare abzugeben. Auch wenn dieser innere Kommentator meist ein Wichtigtuer ist, unterstützt uns seine Stimme dabei, uns zurechtzufinden und uns unserer Meinungen und Ansichten bewusst zu sein. Wir sollten uns nicht täuschen: Wir sind von dieser Stimme abhängig wie die Hörer von den Beiträgen ihres Lieblingsradiosenders. Wir klammern uns an die Botschaften unseres »Ich«. Es ist der Referenzpunkt, auf den wir uns fälschlicherweise am meisten verlassen. Wir kennen diese Stimme, wir lieben sie und zählen auf sie. Gerade weil sie uns so vertraut ist und unsere Aufmerksamkeit stets in Anspruch nimmt, braucht es eine gewisse Praxis, ja sogar Mut, sie loszulassen.

Das »Ich« loszulassen, ist wie ein freier Fall im unbegrenzten Raum. Wir haben dann keine Referenzpunkte mehr, an denen wir uns festhalten können; wir wissen nicht, was als Nächstes passieren wird. Wir halten nicht mehr an Bildern fest, wer oder wie wir sein sollten, und geben auch unsere vorgefassten Meinungen in Bezug darauf auf, wer die andere Person ist und was sie sagen wird. Alles verwandelt sich in ein weites, offenes Feld; ein vollkommen neuer Ort, wo nichts vorausgesetzt und für selbstverständlich gehalten wird. Wir befinden uns dann völlig in der Gegenwart des Nichtwissens. Auf dieser Ebene ist Zuhören ein totales Loslassen. Chögyam Trungpa soll über unser Leben im Allgemeinen gesagt haben: »Die schlechte Nachricht ist, dass wir uns im freien Fall befinden. Die gute Nachricht ist, dass es keinen Boden gibt.«

Weshalb wir nicht zuhören?

Nicht jede Kommunikation erfordert unser vollständiges, präsentes Zuhören. Aber wenn Zuhören wirklich diese große Kraft hat, unsere Kommunikation zu verwandeln, wieso tun wir es dann nicht häufiger? Wenn Sie sich diese Frage stellen, taucht vielleicht eine Fülle von Antworten auf: »Ich bin zu beschäftigt ... Ich bin abgelenkt ... Ich hab keine Energie dafür ... Ich bin nicht interessiert ... Es bringt sowieso nichts ... Er hat mir gar nicht zugehört ... Ich denke darüber nach, wie ich das widerlegen kann ... Ich will meine Meinung nicht aufgeben ... Das habe ich schon tausendmal gehört ... Sie sagen sowieso nicht die Wahrheit ... Weil es mich traurig macht.«

Wenn Menschen ihren Schmerz zum Ausdruck bringen, hören wir oft nicht richtig hin, weil es wehtut. Sobald wir uns öffnen, können wir nicht anders, als diesen Schmerz mitzufühlen. Wir spüren ihn als eine Verkrampfung im Bauch, als Wehmut in unserem Herzen, eine Enge in der Kehle. Wenn Menschen zum ersten Mal ein längeres Meditationsretreat besuchen, taucht als erste Erfahrung oftmals die Traurigkeit auf. Die Teilnehmer können sich dann selbst nicht erklären, wieso sie auf dem Meditationskissen sitzen und weinen. Doch in einer Welt, in der sich alles verändert, ist der Verlust immer Teil unserer Erfahrung und unsere Herzen sind empfindsamer, als wir denken. Da, wo es Verlust gibt, gibt es Traurigkeit. Wo es Traurigkeit gibt, fließen Tränen. Und wo Tränen fließen, gibt es die Chance, Trost zu finden und Trost zu spenden – wenn jemand anders anwesend ist.

Für uns ist es nur natürlich, einander Trost zu spenden, wenn wir Schmerz empfinden. Als Kleinkinder fangen wir bereits damit an. Einer fängt an zu weinen und ein anderer watschelt in seiner Windel zu ihm hin und nimmt ihn in den Arm. Später jedoch kann dieses Trostspenden zu einer zwanghaften Abwehrhandlung werden, die wir einsetzen, um Gefühle nicht zuzulassen. Meist ist uns das noch nicht einmal bewusst. Wie echte Erwachsene geben wir auf der Stelle einen Rat, versuchen, das Problem zu beheben, oder beschreiben rational, was uns in derselben Situation geholfen hat. Manchmal tätscheln wir nervös den Rücken des anderen, wie ängstliche Schwesternschülerinnen, die einander Mut machen wollen: »Es wird schon alles wieder in Ordnung kommen.« Tatsächlich ist die Umarmung des Babys die bessere Strategie, denn sie macht keine Versprechungen.

Der Schlüssel, anderen in ihrem Schmerz wirklich zuzuhören, liegt paradoxerweise darin, uns darüber klar zu sein, dass wir nicht dafür verantwortlich sind, ihr Leiden zu lindern. Die gesamte Theorie und Praxis des Buddhismus wurde entwickelt, um eine Antwort auf die Frage des menschlichen Leidens zu geben. Mit etwas Zeit und Übung werden wir verstehen, dass unsere grundlegende moralische Verpflichtung darin besteht, anderen gegenüber einfach nur präsent zu sein. Es mag natürlich auch Fälle geben, in denen wir auch aktiv helfen können. Hin und wieder sind wir sogar dazu verpflichtet, einzugreifen;

aber wenn wir einfach nur präsent sind, öffnet sich für andere oft ein Raum, in dem sie sich selbst zuhören können – und das ist die eigentliche Hilfe, die wir anbieten können. Es ist befreiend, wenn wir von unserem Gefühl der Verantwortung für die Gemütsverfassung anderer Abstand nehmen können. Sobald wir von diesem Druck befreit sind, hören wir gerne zu – und hören folglich auch gut zu. Uns im Rahmen der Praxis von dieser Verantwortung zu entbinden, heißt, immer wieder zu lernen, wie es sich anfühlt, loszulassen.

»Denn sie hören sich selbst nicht zu.« In den frühen 1980er-Jahren verbrachte ich einen Monat mit einem guten Freund, einem Künstler, der in der Lower East Side von New York lebte. Er war der erste Mensch, den ich kannte, der Aids hatte; zu jener Zeit war das noch eine weithin unbekannte und furchterregende Krankheit. Ganz offensichtlich war er sehr krank, aber er sprach nie direkt darüber. Kopf- und Barthaare waren ihm ausgegangen; er wirkte ungepflegt und verwahrlost. Den ganzen Tag lang lief er in einem zerschlissenen braunen Bademantel und in Ledersandalen herum und wirkte darin wie ein asketischer Mönch aus dem Mittelalter. Er war besessen von Essensritualen, die gar nicht zu ihm passten, für die er aber auch nie eine Erklärung lieferte. Ich erinnere mich, dass ich mich nach seiner Gesundheit erkundigte, aber er ging auf meine Frage nicht ein. Es war merkwürdig und verwirrend, Zeit mit ihm zu verbringen. Ich kann mich noch gut erinnern, wie besorgt mein Mann zu dieser Zeit war. Er sagte immer wieder: »Wieso erklärt er uns nicht, was los ist? Offensichtlich stimmt etwas ganz und gar nicht mit ihm.«

»Nun«, entgegnete ich, nachdem ich kurz nachgedacht hatte, »ich denke nicht, dass er es sich selbst eingesteht. Und wenn er es sich selbst nicht eingesteht, wie kann er es uns dann sagen?«

Selbst wenn jemand nicht direkt mit uns spricht, können wir dennoch hinhören. »Wenn wir wirklich jemandem zuhören«, sagt Krishnamurti, »vollständig und aufmerksam, dann hören wir nicht nur auf die Worte, sondern auch auf die Gefühle, die ausgedrückt werden, auf das Ganze und nicht nur auf einen Teil«[21].

Auch ohne dass wir direkt darüber sprachen, konnte ich doch die Furcht meines Freundes hören, seine emotionale Aufruhr und sein physisches Ringen. Obwohl er sie nie in Worte fasste, vernahm ich die erdrückende Angst, von der er nicht wusste, wie er mit ihr umgehen sollte. Es war klar, dass wir ihm nichts geben konnten außer unserer Präsenz – eine Art Zuhören mit dem ganzen Körper. Ich war nicht in der Lage, in vollem Umfang Mitgefühl zu empfinden, denn ich selbst war noch nie so krank gewesen, und zu jener Zeit war Aids noch kein Begriff, sodass die Ärzte seinen Zustand nicht erklären konnten. Er versuchte, so gut es ging, mit der Situation zurechtzukommen; alles, was wir tun konnten, war, offen zu sein für seinen unausgesprochenen Schmerz und seine Verwirrung – und damit für unsere eigene Erfahrung. Nichts konnte zu seiner Heilung beitragen, und wie so viele andere in jener Zeit starb er innerhalb eines Jahres nach meinem Besuch. In der schweren Zeit nach diesem Verlust konnte ich mit Gewissheit sagen, dass ich für ihn da gewesen war.

»Ich fürchte mich vor dem, was ich hören werde.« Die größten Schwierigkeiten mit dem Zuhören haben wir, wenn wir nicht hören wollen, was der oder die andere zu sagen hat. Vielleicht respektieren wir die Ansichten des anderen nicht, oder sie überbringen schlechte Nachrichten in einer Angelegenheit, die uns wichtig ist. Es kann aber auch sein, dass sie eine politische oder religiöse Meinung vertreten, die wir lieber nicht hören wollen. Extrem herausfordernd ist es auch, wenn jemand uns eine negative Rückmeldung zu uns selbst gibt. Selbst das geringste Maß unerwünschter Kritik rüttelt an unserem Nervensystem, und wir wehren uns dagegen, sie zu hören.

Falls Sie einmal spüren wollen, wie schnell Ihre Fähigkeit des Zuhörens in sich zusammenfallen kann, müssen Sie einfach nur jemanden um konstruktive Kritik bitten – welche konstruktive Kritik auch immer. Auch wenn Sie sehr darin geübt sind, diese zu empfangen, wird es immer noch einen Moment geben, in dem Ihr Körper sich zusammenzieht und die energetischen Grenzen hochfahren, die Sie vor dem Angriff auf Ihr Ego schützen. Mit einer gewissen Praxis können wir lernen, diese defensiven Reflexe zu entspannen, um empfänglich zu werden für wertvolle Informationen darüber, wie andere uns erleben.

Wie man zuhört

Wie können wir also bessere Zuhörer werden? Es gelingt uns, indem wir unseren Geist leeren, so wie wir das auch in der Meditation tun. Meine Lieblingsgeschichte, um dieses Entleeren des Geistes zu illustrieren, ist die oft zitierte Anekdote über den japanischen Zen-Meister Nan-in, der im Meiji-Zeitalter, in der zweiten Hälfte des 19. Jahrhunderts, lebte.

Ein Universitätsprofessor suchte ihn auf, um sich nach Zen zu erkundigen. Als Nan-in es ihm erklärte, unterbrach der Professor ihn immer wieder mit Bemerkungen wie: »Oh ja, das ist bei uns genauso.«

Schließlich hörte Nan-in auf zu reden und servierte Tee. Er goss so lange ein, bis der Teebecher überfloss.

»Genug!«, unterbrach der Professor ein weiteres Mal. »Der Becher ist doch voll!«

»Genau, das sehe ich«, entgegnete Nan-in. »So wie dieser Becher sind auch Sie voll von eigenen Meinungen und Spekulationen. Wie kann ich Ihnen Zen zeigen, solange Sie Ihren Becher noch nicht geleert haben?«

Um zuzuhören, müssen wir auch die Absicht haben, zuzuhören, und uns dann öffnen, entspannen und die Worte, Eindrücke, Gefühle sowie die energetischen Reize und Hinweise, die unser Gegenüber ausdrückt, in uns aufnehmen. Wir stabilisieren unsere Aufmerksamkeit, bleiben vollständig präsent und erlauben unserem Herzgeist, sich auszutauschen, ohne das, was kommt, mit unseren inneren Kommentaren, Kritiken und Bewertungen zu überlagern. Wir schalten die »Reaktion-und-Antwort-Funktion« in uns aus. Wir hören einfach nur auf das, was gesagt wird, und lösen dabei den Zugriff des Ego auf unsere Wahrnehmungen.

Manchmal sind wir fälschlicherweise der Auffassung, Zuhören bedeute Zustimmung. Das tut es nicht. Ob wir dem anderen zustimmen oder nicht, steht auf einem ganz anderen Blatt. Wir üben uns einfach nur darin, das zu hören, was gesagt wird, ohne es damit zu verwechseln, ob wir die Dinge genauso sehen. Dennoch können wir Mitgefühl kommunizieren, ein positives Gefühl des guten Willens, indem wir mit dem Kopf nicken und unserem Gesprächspartner so signalisieren, dass wir bei der Sache sind. Selbst wenn wir nicht vollständig verstehen können, so können wir doch zuhören. Allein das hat weitreichende Konsequenzen in Bezug auf die Kunst, sich menschlich zu verhalten.

Wenn Sie mit ihrem ganzen Sein zuhören, fallen die Referenzpunkte von diesem und jenem, Richtig und Falsch, Gut und Schlecht einfach weg, und Sie nehmen das, was kommuniziert wird, in einer kompletteren Weise auf. Eine meiner Schülerinnen brachte dies wunderbar zum Ausdruck, als sie sagte: »Ich fühle mich sehr unwohl, wenn ich versuche, aus einer sprachlichen Dimension zuzuhören. In diesem Bereich reagiere ich sehr schnell. Aber wenn ich mich tiefer fallen lasse und direkter mit meinem Herzen und meinem Körper empfange, erhalte ich mehr Informationen.«

Paradoxerweise scheinen wir besser zuzuhören, wenn wir die Sprache nicht überbewerten. Wir hören dann die stimmliche

Qualität des Sprechenden, den Rhythmus seiner Worte und seine Körpersprache. Unsere Aufmerksamkeit umfasst dann alle Details in der Umgebung – eine Katze, die gerade ihre Pfoten leckt, die Nachbarn, die sich draußen auf der Straße unterhalten, ein Flugzeug, das über uns hinwegsaust. Nichts wird ausgelassen. Der Moment des Zuhörens nimmt die Ganzheit der Erfahrung in sich auf. Ein Schüler fragte einen Zen-Meister nach der Wahrheit. Dieser sagte:»Hörst du den Wind in den Kiefern rauschen?«

PRAXIS

Zwei Minuten des Zuhörens

1. Wenn das nächste Mal ein Moment der Spannung in einem Gespräch auftaucht, nehmen Sie sich vor, einfach nur zwei Minuten zuzuhören.
2. Erinnern Sie sich an die Anweisung des Zen-Meisters, dass wir leer werden sollen. Gestatten Sie Ihrem kommentierenden Geist, sich zu entspannen. Geben Sie für diese kurze Zeit Ihre Meinungen und Beurteilungen auf.
3. Lassen Sie das, was kommuniziert wird, ein, nehmen Sie es mit Ihrem ganzen Körper auf. Stabilisieren Sie Ihre Aufmerksamkeit, bleiben Sie präsent und heißen Sie alles willkommen.
4. Seien Sie neugierig. Wenn Sie wollen, können Sie ein oder zwei Fragen stellen, um das Gespräch klärend zu steuern. Eine gute Frage könnte sein:»Was kannst du mir noch sagen?«
5. Denken Sie bitte daran: Zuhören ist keine Zustimmung. Dennoch können Sie Mitgefühl empfinden. Lassen Sie die andere Person spüren, dass Sie ihre Erfahrung wertschätzen.

6. Wiederholen Sie am Ende, was Sie gehört haben. Bleiben Sie dabei natürlich; verwenden Sie die Sprache Ihres Gegenübers, aber auch Ihre eigenen Umschreibungen. Spiegeln Sie der sprechenden Person Ihre Energie, so gut Sie das können. Halten Sie Ihre eigenen Ansichten in Bezug auf das, was der andere ausgedrückt hat, zurück. In diesem Augenblick sollten Sie einfach nur ein aufnahmebereites Gefäß sein.

11

Zeuge sein:
Durch die Linse der
dritten Person

Unparteiisch zu sein
ist eine Qualität des Herrschers.

LAOZI[22]

Was ist die Perspektive der dritten Person? Welche Rolle spielt sie in der Konfliktbewältigung? Aus der Schule kennen wir die Personalpronomen der dritten Person: im Singular *er, sie* oder *es* und im Plural *sie* oder auch *diese Typen dort.* In der Literatur nehmen Erzähler der dritten Person oftmals eine allwissende, beobachtende Perspektive ein, bleiben distanziert, namenlos und unbetroffen – wie Gott, wenn er die Feder führte.

Vielleicht ist es einfacher, sich die Perspektive der dritten Person als das Teleskop vorzustellen, durch das wir den Nachthimmel betrachten, die Distanziertheit, mit der wir eine Grafik studieren, oder die Entfernung, aus der wir unseren Kindern beim Spielen zuschauen. Aus der Perspektive der dritten Person sehen wir unsere Kinder wie neugierige Beobachter, nicht wie interessierte Eltern, die stolz oder besorgt sind. Einen Moment lang nehmen wir sie als vollkommen getrennt von uns wahr – einzigartig, anders, unbekannt. In diesem seltenen Augenblick spüren wir ehrfurchtsvoll das Mysterium und die Würde ihrer Autonomie.

Die dritte Person ist die Perspektive der Objektivität, und selbst wenn wir etwas ganz nah sehen – zum Beispiel durch ein Mikroskop –, hält diese Sichtweise eine strikte Distanz zum Objekt ein. Der Zweck dieser Distanz besteht darin, Objekte und

Situationen ohne die Vorurteile und Verzerrungen unserer Perspektiven der ersten und zweiten Person zu betrachten. Ich sehe die Perspektive der dritten Person gerne als eine Haltung des absoluten Respekts. Wir erfahren ein Objekt ganz aus sich selbst heraus, vollkommen von uns getrennt. Wir greifen nicht ein, werten oder manipulieren nicht, wir schenken dem Objekt oder der Person jedoch unsere ganze, unvoreingenommene Aufmerksamkeit, weil sie diese allein aufgrund ihrer bloßen Existenz verdient. Ist das nicht cool? Meinen Schülerinnen und Schülern schlage ich manchmal vor, ihre Partner aus der Perspektive der dritten Person zu betrachten. So können sie das Wunder entdecken, jemanden, den sie lieben, ohne die Filter ihrer eigenen Wünsche und Bedürfnisse wahrzunehmen.

Die dritte Person ist das Aktionsfeld von Zeugen, Richtern, Wissenschaftlern, Schiedsrichtern und Buchhaltern. In vielerlei Hinsicht hängen wir von der Unterstützung solch geübter neutraler Betrachter ab. Als Mediatorin arbeitete ich am Gericht einmal an einem Fall, in dem es um geschlechtsspezifische Diskriminierung ging. Vor dem Berufungsgericht traf ich auf eine Richterin. Ich sprach mit den beteiligten Personen, hörte zu, begegnete ihnen mit Empathie und nahm die unterschiedlichen Perspektiven ein. Ihr ging es um die Bestimmungen des Gesetzes, um das gerichtliche Prozedere und um das, was wirklich passiert war und den Konflikt zwischen den Parteien heraufbeschworen hatte. Gemeinsam waren wir ein großartiges Team. Sie verließ sich auf mein Herz und mein Wissen über das Innenleben und die Gefühle der Menschen. Mir halfen ihre Objektivität, ihr klarer Verstand und ihre Pragmatik. Gemeinsam gelang es uns, diesen Konflikt zwischen fünf Männern und einer Frau einvernehmlich beizulegen.

Die Wissenschaften bedienen sich der Perspektive der dritten Person, um empirische Wahrheiten zu etablieren. Genau das macht Wissenschaft aus. Wissenschaftler überprüfen Hypothesen im Experiment, reproduzieren zuverlässig ihre Ergebnisse und stellen diese anschließend anderen Wissenschaftlern vor. Erst dann gilt etwas als objektiv wahr. Aus der wissenschaftlichen Perspektive gilt demnach nichts als wahr, solange es nicht überprüft worden ist. Die Wissenschaft ist ganz und gar abhängig von der Perspektive der dritten Person. Wenn diese Wahrheiten erprobt und angewandt werden, schaffen wir Technologien, die sich immer weiter entwickeln und verbreiten und die uns in unterschiedlicher Weise nutzen – zum Beispiel, indem sie uns immer mehr Informationen bereitstellen. Wir können diese Informationen zu unserem vermeintlichen Vorteil verwenden, aber die dahinterstehende Technologie ist frei von positiven oder negativen Werten.

Die Wissenschaften bedienen sich ihrer Instrumentarien und Technologien, um ihre Erkenntnisse möglichst freizuhalten von menschlichen Verzerrungen und Interpretationen. Heutzutage gibt es einen massiven Zuwachs an neuen Produkten, die immer schneller auf den Markt kommen – insbesondere Computer. Die technischen Innovationen verdoppeln sich alle anderthalb Jahre. Stellen Sie sich das einmal vor! In allen Lebensbereichen verlassen wir uns mittlerweile auf Technologien, um uns eine neutrale Perspektive der dritten Person zu liefern – beispielsweise die Zeitlupenwiederholungen im Profisport, vollautomatisierte Linienflüge und DNA-Beweise vor Gericht. Kürzlich erhielt ich einen Strafzettel, weil die Zulassung meines Wagens abgelaufen war. Als ich in der Zulassungsstelle am Schalter stand, zeigte man mir ein Foto meines nicht mehr gültigen Nummernschildes. Das Foto selbst war objektiv und stellte keine Ansprüche an mich. Aber es wurde eingesetzt, um mich davon zu überzeugen, die Strafe zu zahlen. Nichts macht uns gefügiger als der objektive Nachweis, dass wir falsch geparkt haben oder unser Führerschein abgelaufen ist.

Die Nützlichkeit der Perspektive der dritten Person wird uns allen klar, wenn es um Geld geht. Während Geld einerseits nichts anderes als das objektive Maß eines Wertes darstellt,

kommt es andererseits gerade bei unseren finanziellen Ange-
legenheiten immer wieder zu Verzerrungen und Konflikten.
Deshalb bilden gut gemachte Verträge die Grundlage für gute
Geschäfte, Gutachten und Schätzungen legen einen angemesse-
nen Marktwert fest, und aus Gebrauchtwagenlisten erfahren
wir, was unser Auto noch wert ist.

Es gibt gute Gründe für die herkömmliche Auffassung, unsere Verwandten und Freunde aus unseren Geschäften herauszuhalten. Eine Vermischung beider Bereiche führt zu oft zu Filz
und Vetternwirtschaft – und dazu, dass wir am Ende von unserem Cousin bestohlen werden. Daher geht es in ethischen Wirt-
schaftsansätzen neuerdings immer häufiger darum, Transparenz
walten zu lassen, Bilanzen sowie Gewinn-und-Verlust-Rechnungen offenzulegen, damit die Zahlen selbst den Aktionären die
objektive Geschichte erzählen. All dies führt zu einer gewissen
Integrität in unserem Finanzgebaren.

Objektive Informationen und Kriterien können in Konflikten sehr hilfreich sein – wenn wir uns beispielsweise in gewissen
Fällen auf eine Perspektive der dritten Person beziehen. In
der Auseinandersetzung mit Ihrem Partner kann der Blick ins
Wörterbuch möglicherweise die Frage beantworten, ob »be-
griffsstutzig« nun beleidigend ist oder nicht. Wikipedia kann
darüber aufklären, ob Jimi Hendrix »Hey Joe« wirklich selbst
geschrieben oder nur eine traditionelle Melodie aus früheren
Zeiten neu bearbeitet hat. Und wenn wirklich viel auf dem Spiel
steht, können Apple und Samsung mit ihren Anwälten vor Gericht gehen, um zu entscheiden, wer wessen Ideen gestohlen hat.

Das Ideal einer unabhängigen Justiz, die unsere Dispute beilegt, hängt in einem großen Maße von Prinzipien der dritten
Person ab. Gerechte Gesetze, unabhängige Richter und neutrale
Geschworene, Normen für empirische Beweise und unvoreingenommene Zeugen sind Bestrebungen, die beste Ausgangs-
situation für gerechte Entscheidungen zu schaffen. Richter werden darin ausgebildet, unparteiisch zu sein; Geschworene sind

angehalten, gerecht zu entscheiden. Augenzeugen, die vor Gericht geladen werden, gelten als neutrale Beobachter, die ohne emotionale Verzerrungen und Vorurteile einfach nur berichten, was passiert ist. Das zeigt unser Vertrauen in die Perspektive der dritten Person. Natürlich ist das Rechtssystem voller Fehler, aber wenn Sie irgendwann einmal an einem Ort gelebt haben, an dem es keine unabhängigen Institutionen für Gerechtigkeit gibt, werden Sie verstehen, wie viel schlimmer es zugehen kann.

In der klassischen amerikanischen Fernsehserie *Dragnet*[23] sagt der knallharte Ermittler Joe Friday zu der Zeugin eines Verbrechens oder Unfalls immer wieder: »Nur die Fakten, Madam.« Dies ist sozusagen ein Mantra der dritten Person. Genau wie Mr. Spock in *Star Trek* ist auch Friday der Inbegriff einer distanzierten Objektivität, und erwartet, dass man ihm in der gleichen Weise begegnet. Dieser Ausspruch ist in den USA zu einem geflügelten Wort geworden. Doch ironischerweise hat Joe Friday ihn in der Serie nie so getätigt! Was er tatsächlich sagte, war: »Alles, was wir wollen, sind die Fakten.« Doch dem berühmten Komiker Stan Freberg gefiel der Klang des Satzes »Nur die Fakten, Madam« so sehr, dass er ihn bei seinen Auftritten immer wieder einsetzte. Deshalb assoziieren wir ihn hier in den USA mit dieser alten Fernsehserie. Genau wie Komiker und Schauspieler verfälschen oder verdrehen auch wir gerne die Fakten für unsere eigenen Zwecke. So zeigen zum Beispiel Studien über die Objektivität von Augenzeugenberichten, dass diese nicht unbedingt verlässlich sind. Daran schließt sich natürlich die Frage an, ob wir der Gültigkeit dieser Studien vertrauen können. Und schon befinden wir uns im fortwährenden Zusammenbruch des postmodernen Zeitalters. Vertreter der Postmoderne behaupten, dass es gar nicht möglich sei, sich von Perspektiven der ersten und zweiten Person zu befreien. Ungeachtet unserer Leistungen auf dem Gebiet der Technik, so sagen sie, erzeuge die menschliche Subjektivität immer wieder Unschärfen. Wir seien gar nicht in der Lage, Instrumente zu entwickeln, die uns alle relevanten Informationen zu unseren Nachforschungen liefern könnten; denn selbst diese Instrumente seien von Menschen entwickelt und damit Ausdruck unserer Subjektivität. Wir könnten auch nicht wirklich objektive Fragen an diese Instrumente richten, denn die Fragen selbst entstammten dem umfassenden Kontext menschlicher Interessen, Vorlieben und Bedürfnisse.

Die Perspektive der dritten Person kann uns verlässliche Informationen darüber bereitstellen, wie eine tragfähige Brücke oder ein imposanter Wolkenkratzer errichtet wird, sie thematisiert jedoch nicht die Realität des menschlichen Geistes. Wir erfinden Teleskope, Raketen und Raumstationen; und obwohl uns diese Erfindungen in ehrfürchtiges Staunen versetzen, kann selbst das beeindruckendste Symbol der dritten Person, das Hubble-Weltraumteleskop, nicht unsere Seelen retten.

Na gut, es ist auch nicht die Aufgabe dieser Perspektive, uns zu retten. Genau genommen ist diese Perspektive vollkommen unbeteiligt. Sie ist die Quelle empirischer Wahrheiten; ihr entspringen Mathematik, Architektur und die moderne Medizin sowie zahllose weitere technologische Entwicklungen in diesen Anwendungsbereichen. Zugleich ist sie aber auch die Quelle nuklearer Waffen und verfügt über genauso viel destruktive Kraft wie positives kreatives Potenzial. Die dritte Person zeigt empirische Wahrheiten auf, vermittelt uns aber keine Wertmaßstäbe darüber, wie dieses Wissen eingesetzt werden soll. Es liegt ganz an uns, darüber zu entscheiden.

Dennoch kann die Perspektive der dritten Person unseren Geist öffnen und unser Herz inspirieren. Menschen, die in den Weltraum fliegen und auf unseren wunderschönen blauen Planeten hinabblicken, berichten alle von der gleichen überschwänglichen Erfahrung: Liebe. Liebe ist das Kronjuwel jeder Beziehung – und manchmal wächst die Liebe mit der Distanz. Liebe ist das, was Joe Friday fühlt, nachdem er sich einen Drink genehmigt hat.

Tatsächlich stehen alle diese Wahrheiten miteinander in Verbindung; alle unsere Perspektiven beeinflussen sich gegenseitig: das »Ich« unserer subjektiven Wahrheiten, das »Du« und das »Wir« unseres menschlichen Zusammenwirkens und das »Es« der objektiven Welt. Die Wahrheit der dritten Person kann nicht für sich allein stehen. Sie soll es auch nicht. Aber sie bietet eine bestimmte Sichtweise an, die uns Informationen vermittelt, mit denen wir arbeiten können. Die dritte Person in der Form des Zeugen ist von wesentlicher Bedeutung für unser Schicksal als Menschen. Sie wird uns nicht retten, aber sie liefert uns Informationen. Wir können sie bewusst für gute Zwecke einsetzen und zugleich anerkennen, dass unser spirituelles Schicksal in unserer Hand liegt.

Zeuge sein:
Die Kunst der dritten Person

Die Praxis des Bezeugens ist in sich selbst ein Wunder. Denken Sie nur an die unglaublichen Beschreibungen von Nahtoderfahrungen, in denen die Person, die sie bezeugt, über dem Krankenbett oder ihrem verletzten Körper auf der Straße schwebt. Menschen, die diese Erfahrungen gemacht haben, berichten, dass sie emotional nicht beteiligt waren, keine Panik und nicht einmal Angst verspürten. Sie betrachteten einfach nur das Drama, das sich abspielte – interessiert, bewusst und völlig geschützt.

Meditation ist die vollendete Praxis des Bezeugens. Wir lernen, still zu sitzen und einfach nur aufmerksam zu betrachten, was in unserem Geist auftaucht. Dabei bleiben wir vollkommen neutral. Es ist wirklich erstaunlich, dass wir uns selbst in dieser Weise beobachten können, dass wir genügend Abstand nehmen können, um eine neue Perspektive auf unsere Perspektive einzunehmen. Diese Fähigkeit, uns aus einer neutralen Perspektive zu betrachten, ist der Anfang der Freiheit.

Bevor wir zu meditieren beginnen, gehen wir irgendwie automatisch davon aus, dass unsere Gedanken, Gefühle und Empfindungen eine absolute Gültigkeit besitzen; wir glauben, dass sie zu uns gehören, dass sie uns vollkommen ausmachen, und verhalten uns ihnen gegenüber deshalb loyal. Wir leiden unter einer Art Stockholm-Syndrom des Geistes, fühlen uns gegenüber unseren Gedanken, Urteilen und Gefühlen verpflichtet, die uns – wie Entführer – einsperren und uns an das Leiden unseres kleinen Geistes ketten.

In der Meditation entwickeln wir uns zu neutralen Beobachtern und guten Zeugen. Wir lernen, ohne Anhaftung zu betrachten; wir nehmen einfach nur zur Kenntnis, was in Körper und Geist auftaucht und wieder verschwindet. Ein Schwall von Selbstbezichtigungen taucht auf. *Hmm.* Eine willkürliche erotische Fantasie verlangt nach unserer Aufmerksamkeit. *Okay.* Wut über einen Freund bricht aus. *Wirklich?* Eine neue, kreative Idee erscheint. *Schau mal an.* Ein Anfall von Stolz schwillt an. *Alles klar.* Das Knie tut immer noch weh. *Na, egal.*

Wir lernen, all diese Dinge zu betrachten, nicht auf sie zu reagieren, ihnen nicht zu glauben und uns nicht mit ihnen zu identifizieren. Wir erlauben ihnen, einfach nur zu kommen und zu gehen. Wäre Joe Friday unser Meditationslehrer, würde er sagen: »Nur die Gedanken, Gefühle, Empfindungen und Wahrnehmungen, Madam.« Er würde uns darüber aufklären, dass wir als Zeugen unserer selbst nicht dazu verpflichtet sind, uns in Bezug auf das, was auftaucht, ein Urteil zu bilden; wir müssen uns nicht dafür oder dagegen entscheiden. Unsere Rolle besteht darin, unschuldig zu beobachten, aufmerksam alles zur Kenntnis zu nehmen, was auftaucht, und dabei zuzusehen, wie es sich verwandelt. Im Laufe der Praxis identifizieren wir uns nicht mehr so sehr mit den Objekten des Geistes, sondern mit dem Geist selbst. Mit der Zeit reift die Praxis zu einer Haltung der Gelassenheit gegenüber allen Dingen, so wie sie sind. Wir lernen, die Welt mit der gleichen Art des Nichtanhaftens zu betrachten, um das wir uns auf dem Meditationskissen bemühen. Wir können uns dann immer mehr von unseren Vorlieben und Urteilen lösen und öffnen uns der Welt, so wie sie ist. Manchmal hat der einfache Akt des Bezeugens schon eine positive Wirkung. Ich hatte einmal mit einem wütenden Anwalt zu tun, der über eine Anhörung verärgert war. Aus einem unerfindlichen Grund richtete er seine Wut gegen den jungen Mann, den er vertrat, gegen dessen Vater, gegen den Staatsanwalt und den Richter. Ich wurde zu diesem Verfahren hinzugezogen, um an einer außergerichtlichen Einigung mitzuwirken. Deshalb befand ich mich nicht in der Position, den Anwalt auf seine Wut ansprechen zu können. Ich erinnere mich noch, wie er mit raumgreifenden, harten Schritten im Flur auf mich zukam. Ich blickte ihm in die Augen; er starrte zurück. Ich schaute ihn weiter an, ohne damit ein Ziel zu verfolgen oder die Gefühlslage, in der er sich befand, zu beurteilen. Ich hatte nicht die Absicht, ihm in die Augen zu schauen, tat es aber dennoch. Als er mich schließlich erreichte, hatte sich sein ganzes Gebaren verändert. Er sprach jetzt rücksichtsvoller mit seinem Klienten und stellte ihm sorgfältige Fragen. Er hatte sich beruhigt. Ich bin mir nicht sicher, weshalb. Ich kann nur sagen, dass ich Zeuge dessen war, aber ich kann es nicht erklären.

In unserem Leben werden immer wieder Situationen auftauchen, die von uns verlangen, dass wir präsent und neutral sind. Vielleicht besteht keine Möglichkeit, zu helfen oder einzuschreiten, aber wir können uns mangels Alternative bewusst entscheiden, präsent zu sein in dem, was wir sehen und fühlen, ja sogar in dem, was wir denken, ohne dass wir unsere Meinung äußern müssen. In seltenen Fällen werden wir möglicherweise auch um unsere Meinung gebeten. Und in noch selteneren Fällen hört jemand vielleicht sogar auf unsere neutralen Beobachtungen und nimmt sie sich zu Herzen. Wie dem auch sei, es liegt immer eine gewisse Würde darin, wenn wir gegenüber dem, was auftaucht, präsent sind.

Bernie Glassman Roshi ist bekannt für seine Praxis des Zeugnisablegens. Er hat Retreats in den Armenvierteln amerikanischer Großstädte und in früheren Vernichtungslagern in Europa organisiert. Er lehrt seine Schülerinnen und Schüler, dass wir in jeder Situation präsent sein können, egal wie schwierig und beunruhigend sie ist. Alles, sagt er, verdient unsere Aufmerksamkeit – auch extrem widerwärtige Zustände und herzzerreißende Situationen. Er ruft uns dazu auf, präsent, unvoreingenommen und verfügbar zu sein für das, was ist, ohne unsere Erfahrung mit vorgefassten Meinungen und Urteilen zu überlagern.

Einfach nur präsent zu sein, verleiht unserem Leben Würde; manche behaupten, es erhalte dadurch sogar eine neue Qualität. Wir beginnen zu erkennen, dass wir die Augen des Universums sind, das sich durch uns selbst betrachtet; es liegt eine tiefe Schönheit darin, sich alles, was ist, bewusst zu machen. Wenn unser Bezeugen eindringlich genug ist, sagt Glassman Roshi, »dann gibt es keine Trennung zwischen Subjekt und Objekt, keine Lücke zwischen mir und dir, dir und mir, oben und unten, Richtig oder Falsch.«[24] Die Distanz der Perspektive der dritten Person löst sich auf, sobald unser Zeugnisablegen die Einheit allen Lebens enthüllt.

PRAXIS

Zeuge werden

1. Setzen Sie sich bitte fünf bis zehn Minuten lang still hin, und nehmen Sie einfach nur Ihre Umgebung mit allen Details zur Kenntnis. Versuchen Sie, der Wirklichkeit völlig unvoreingenommen zu begegnen. Nehmen Sie die tiefen Entspannung oder das Gefühl des Friedens wahr, das durch Ihren Körper strömt. Sobald Urteile oder Vorlieben auftauchen, machen Sie sich diese bewusst und integrieren Sie sie in Ihre Praxis des Bezeugens.

2. Achten Sie darauf, ob Sie in der Lage sind, sich unterschiedliche Perspektiven bewusst zu machen, wenn diese auftauchen. Sie können den Blickwinkel des kleinen Selbst, aber auch die Perspektiven anderer einnehmen; Sie können dabei Erinnerungen oder flüchtige Gedanken über die Zukunft erfahren, ohne in ihnen zu verweilen. Was hat es mit diesem Wunder der Achtsamkeit auf sich, das eine Perspektive auf all diese Perspektiven einnehmen kann?

3. Betrachten Sie einen Konflikt, an dem Sie beteiligt waren. Identifizieren Sie sich zuerst mit Ihrer eigenen Sichtweise. Nehmen Sie dann den Standpunkt des oder der anderen ein. Machen Sie sich diese Fähigkeit, Standpunkte zu wechseln, bewusst und würdigen Sie, wie außergewöhnlich das ist. Stellen Sie sich jetzt vor, ein außenstehender, neutraler Beobachter dieses Konflikts zu sein. Das mag schwierig sein, aber versuchen Sie es bitte. Können Sie den Konflikt betrachten, als wären Sie dieser unparteiische Zuschauer? Was erkennen Sie, wenn Sie den Konflikt aus einem neutralen Blickwinkel wahrnehmen? Was fällt diesem Beobachter auf – an Ihnen, den anderen, die involviert sind, und der Situation selbst?

4. Laden Sie Freunde dazu ein, Ihnen ihre Sicht einer Situation zu schildern, die für Sie schwierig ist. Dazu dürfen Ihre

Freunde allerdings nicht in diese Situation verwickelt sein. Achten Sie darauf, wie schnell Sie Ihre Freunde vielleicht von Ihrem Standpunkt überzeugen wollen, während sie ihre Perspektive des neutralen Beobachters mit Ihnen teilen. Widerstehen Sie diesem natürlichen Impuls, sie von Ihrer Sicht überzeugen zu wollen. Würdigen Sie ihre Sichtweisen, weil sie dazu bereit sind, diese mit Ihnen zu teilen.

12

Alles und nichts

Ich würde gerne etwas anbieten,
um dir zu helfen,
aber in der Zen-Schule
gibt es kein einziges Ding.

Iκκυυ[25]

Hin und wieder fällt unser denkender Verstand vollständig von uns ab, ohne dass wir uns darum bemühen müssen. Das geschieht vielleicht, wenn wir eine lange, ruhige Spazierfahrt durch eine endlos weite Landschaft unternehmen, einen Moment der Liebe zu einem anderen Menschen verspüren oder tief versunken in Meditation sitzen. Es kann auch sein, dass wir so sehr unter einer Trennung gelitten haben, dass wir eines Nachmittags alles loslassen – das ganze Elend –, uns still aufs Sofa setzen und den Autos zusehen, die im Sonnenuntergang an unserem Haus vorbeifahren. In diesen Momenten überwiegt eine zarte Stille; alles Ringen fällt von uns ab. Wir sind uns nicht sicher, wohin das Ringen verschwunden ist, aber ausnahmsweise verspüren wir nicht mehr den Drang, jemanden zu beurteilen und ihn für unser Leiden verantwortlich zu machen. Wir sind dann frei, weil wir nichts mehr verändern wollen. Unser Geist ist absolut frei. Wir ruhen in einem offenen Feld der Präsenz. Dieser Moment ist vollkommen, unmittelbar und seltsamerweise völlig in Ordnung, so wie er gerade ist.

Dieses Loslassen kann eine kurze Erfahrung sein, ein allmählicher Wandel in unserer Wahrnehmung, der unter dem Einfluss der Praxis entsteht (vielleicht über eine ganze Lebensdauer); oder es kann ein plötzliches, lebensveränderndes Ereignis sein.

In ihrem TED-Talk »A Stroke of Insight«[26] beschreibt die Neurowissenschaftlerin Jill Bolte Taylor ein solches dramatisches Erlebnis, das von einem Aneurysma in ihrer rechten Hirnhälfte verursacht wurde.

Als das Blutgefäß platzte und die Blutungen einsetzten, betrachtete Jill aus der Innenperspektive einen Vorgang, den sie als Neurowissenschaftlerin von außen studiert hatte. Sie begriff, dass sie einen Schlaganfall hatte, doch anstatt in Panik auszubrechen, blieb sie ruhig und beobachtete einfach nur – wie sie es gelernt hatte. Sie sah zu, wie sich ihr sequenzielles, lineares, auf Ursache und Wirkung aufbauendes Realitätsbild auflöste. Als sie versuchte, die Notrufnummer zu wählen, verlor sie allmählich ihr Sprachvermögen und die Fähigkeit, die Bedeutung der Ziffern zu verstehen. Zugleich spürte sie eine tiefe Wahrnehmung der Ganzheit, in der Zeit keine Rolle mehr spielte. Dieses Gefühl war ganz und gar umfassend und voller Freude. Das, was manche Menschen nach vielen Jahren der Meditation erfahren, geschah hier ganz spontan aufgrund einer Gehirnverletzung. Es war eine tiefe, lebensverändernde Erfahrung. Sie verlor alle Referenzpunkte, die Stress verursachen: wer sie war, was sie wollte, was sie tun musste.

Wie spirituelle Suchende früherer Tage, die spontan erleuchtet wurden, kann Jill ihre Emotionen kaum zurückhalten, wenn sie über diese Erfahrung spricht. Sie ist inspirierend und witzig zugleich, wenn sie während ihres Vortrags ein echtes menschliches Gehirn zur Anschauung auf die Bühne trägt und die gute Nachricht verbreitet, dass »wir alle eins sind«.

Wie können wir auf diese Art der Offenheit verweisen – ein Raum, der so weit ist, dass er alle Dinge enthält? In der Zen-Tradition wird manchmal von »Big Mind«[27] gesprochen. Auch wenn sich dies nicht wirklich in Worte fassen lässt, so könnten wir vielleicht sagen, dass unsere Wahrnehmung sich zu einem unbegrenzten, energetischen Raum erweitert, in dem wir uns ganz und absolut vollkommen fühlen. Alles ist darin enthalten:

ich, Sie, wir, wir alle, alles. Diese Erfahrung kann Jill Bolte Taylor uns in ihrem TED-Talk auf wunderbare Weise nahebringen. Eckhart Tolle nennt diesen Bewusstseinszustand Präsenz; Ken Wilber bezeichnet ihn als das »ewige und zeitlose Gewahrsein« und Byron Katie spricht von Wirklichkeit. Andere nennen ihn womöglich universelle Substanz – oder sogar Gott. Ob dieser Zustand nun von innen als Gewahrsein oder von außen als Wirklichkeit beschrieben wird, die Unterscheidung zwischen mir und dem anderen existiert nicht mehr.

Die Erfahrung selbst ist direkt und tiefgründig. Wenn wir uns dem »Big Mind« öffnen, fühlen wir uns vollkommen präsent und vertraut mit den Dingen, so wie sie sind. Das ist wirklich der Fall. Alles ist in Harmonie, genau so, wie es ist – eben weil es ist. Zeit und Erinnerung nerven unseren Geist nicht mehr mit derselben alten Leier; wir sind tief entspannt und absichtslos. Unser Herz öffnet sich liebevoll, und wir wenden uns behutsam und freundlich allen Dingen zu. Vielleicht empfangen wir auch die Güte und Freundlichkeit, die uns entgegengebracht wird. Es ist schon bemerkenswert.

Denken wir einmal darüber nach, wie erstaunlich es ist, dass wir über Gewahrsein verfügen. Gewahrsein ist die einzige Konstante in unserem Leben. Während alles andere Veränderungen unterliegt – unser Körper, unsere Beziehungen, unsere physische Umgebung und unsere sich wandelnden Identitäten –, ist Gewahrsein in jedem Moment, seit wir Gestalt angenommen haben, immer unwandelbar präsent. Von Moment zu Moment dauert diese erstaunliche Tatsache des Gewahrseins an. Je stärker wir uns mit dem Gewahrsein selbst identifizieren, als umso kohärenter werden wir unser Leben erfahren.

Irgendwann erkennen wir dann, dass Gewahrsein uns nicht allein gehört, sondern alles und jeden erfüllt. Chögyam Trungpa gab folgendes Beispiel: »Indem ihr hier sitzt und diesem Vortrag zuhört, nehmt ihr eine bestimmte Haltung ein. Ihr richtet euer Gewahrsein, eure Aufmerksamkeit auf den Sprecher. Zugleich

wisst ihr aber auch, dass ihr und der Sprecher nicht die einzigen
Menschen in diesem Raum seid; es stellt sich also das Gefühl
ein, dass ihr genau in der Mitte des Inneren dieses umfassenden
Raumes sitzt – sozusagen unter dem Ozean. Durch euer Ge-
wahrsam könnt ihr euch mit dieser Erfahrung verbinden; sie ist
konkret, real und erfahrbar.«[28]

Meditation verfeinert unsere Fähigkeit, das loszulassen, was
in unserem Alltag auftaucht, anstatt daran festzuhalten oder
sich abzuwenden. Genau dieses Loslassen verbindet uns mit
jenem Raum, der größer ist als unsere übliche Erfahrung im
Leben. Anfangs geht es in unserer Meditation vielleicht darum,
ablenkende Gedanken und Gefühle loszuwerden. Doch mit der
Zeit verlagern sich unsere Identifizierungen von den Gedanken
auf den Raum des Gewahrseins selbst. Dann stellt sich eine
Stabilität ein, in der wir allem, was sich zeigt, erlauben, aufzutauchen und schließlich wieder zu verschwinden. So lernen wir
Gelassenheit.

Wir fangen also damit an, indem wir unser Festhalten an Gedanken und Formen loslassen. Sobald unser innerer Raum offener wird, gestatten wir diesen Formen, einfach nur zu sein, was
sie sind. Dadurch wächst die Vertrautheit mit unserer Erfahrung, weil wir uns nicht mehr für oder gegen die Phänomene in
unserem Leben entscheiden müssen.

Alles hat darin seinen Platz – auch unsere körperlichen
Schmerzen, unsere Verwirrungen, negativen Gedanken und
unsere Erschöpfung. Aber auch unser Wohlergehen, unsere
Klarheit, unser Optimismus und Ausbrüche der Liebe und der
Kreativität. Noch einmal: Wir erlauben allem, so zu kommen
und zu gehen, wie es will – und vertrauen diesem Prozess. Zen-
Praktizierende drücken das so aus: »Ohne Zweifel entfaltet sich
das Universum so, wie es soll.« So werden wir zunehmend
freundlicher und entwickeln eine größere Vertrautheit mit uns
selbst und anderen, während wir uns zugleich mit beidem immer weniger identifizieren.

In einem der bekanntesten Gedichte von Rumi, *Das Gasthaus*, legt er uns nahe, alles, was im Geist auftaucht, als Geschenk zu begrüßen. Alles wird in unser Haus eingeladen, genauso wie es ist:»Freude, Depression und Niedertracht – auch ein kurzer Moment der Achtsamkeit kommt als unverhoffter Besucher. Begrüße und bewirte sie alle!«[29] Rumi spricht wirklich eine wunderbare Einladung aus. Es kann jedoch eine Herausforderung darstellen, alles anzunehmen, was durch das Tor unseres eigenen Geistes tritt, und noch herausfordernder kann es sein, die Sichtweisen anderer einzuladen.

Offener Raum

In der Praxis der Konfliktbewältigung ist der offene Raum des »Big Mind« der geeignete Ort, um anderen Standpunkten Einlass zu gewähren. Der Raum des Ego ist klein und beengt, angefüllt mit Vorlieben und Abneigungen, Meinungen und Standpunkten wie das Haus eines Sammelwütigen mit Zeitschriftenstapeln. Wenn wir versuchen, einen Konflikt allein aus unserer egoistischen Perspektive zu lösen, ist das so, als ob wir uns in der Stadt in einer kleinen Dachgeschosswohnung aufhielten. Und zwar im Sommer. Es gibt kaum genug Luft für eine einzige Idee, geschweige denn zwei. Doch wenn die Grenzen der Identität geöffnet werden, so wie Fenster zum Himmel, dann gibt es genügend Raum für andere Standpunkte, unterschiedliche Meinungen und mögliche Ansätze, das Problem zu lösen. Tatsächlich sind Raum und Zeit dann unbegrenzt.

Ein vorurteilsloser Geist ist ein willkommenes Gegenmittel gegen die Enge unserer konventionellen Sichtweisen. Willie hat einen solchen Geist. Einmal stand ich mit Willie im Garten; wir betrachteten die Blumen und ich fragte ihn: »Welche magst du am liebsten?« Er nahm sich Zeit, dachte nach und sagte schließlich: »Alle!« Lustigerweise meinte er es wirklich so.

Konflikte können uns manchmal sogar Zugang zum »Big Mind« gewähren. Nehmen wir einmal an, wir werden mit einem hartnäckigen Problem konfrontiert: ein Suchtverhalten vielleicht, ein schmerzhafter Streit mit einem alten Freund oder ein Geschäft, das den Bach runtergeht. Anfangs taten wir sicherlich unser Bestes, es auszuhalten, ignorierten das Problem oder versuchten, es irgendwie aus der Welt zu schaffen. Wahrscheinlich haben wir andere für unsere Schwierigkeiten verantwortlich gemacht, waren verärgert oder gekränkt, oder haben uns im umgekehrten Fall dafür entschieden, dass wir der Übeltäter waren, der für alle Fehler verantwortlich war. Und selbst eine Entschuldigung konnte die Situation nicht mehr retten. Wenn ein Problem sich als so schwierig erweist, dass es nicht behoben oder einfach gelöst werden kann, müssen wir in uns eine tiefere Ebene entdecken, auf der wir die Dinge annehmen und mit ihnen umgehen können. Meditation zeigt uns, dass die Größe unseres Geistes und unseres Herzens so umfassend ist, dass wir alles annehmen können, selbst unsere schmerzlichsten Konflikte.

Ich bin meinem Zen-Lehrer Genpo Roshi zutiefst dankbar für seine Praxis und seine Arbeit mit dem hilfreichen Ansatz, den er »Big Mind« genannt hat. Das erste Mal trafen wir uns 1993. Im Jahr 1998 begann ich, ernsthaft mit ihm zu praktizieren, nachdem er mich und meinen Mann in Salt Lake City in einer Zen-Zeremonie getraut hatte. Genpo ist immer schon ein beeindruckender Mann gewesen, der intensiv ein Ziel verfolgte und Elan und Lebenskraft ausstrahlte. Wenn er sprach, floss der Dharma, die buddhistische Lehre, in einfachen und doch leidenschaftlichen Worten. In Vorträgen brachte er seine tiefe Hingabe an die Praxis und die Übertragungslinie, die er von seinem Zen-Meister Maezumi Roshi erhalten hatte, zum Ausdruck.

Besonders beeindruckten mich seine Beharrlichkeit und die Energie, mit der er sich der Praxis widmete. Im Kontrast zur vorherrschenden Kultur unserer Zeit, in der unsere Aufmerk-

samkeit zwischen tausend verschiedenen Dingen hin- und her-
springen kann, war Genpo Roshi unerschütterlich in seiner Hingabe an die Praxis. Und nicht nur das, er war auch immer für
alle da, die mit ihm praktizieren wollten. Ob es regnete oder
schneite, jeden Morgen saß er um 6:00 Uhr auf dem Meditationskissen. Er war im frühen Licht des Sommers da und in
der Dunkelheit des Winters, wenn die Kälte in den Rocky
Mountains eine beachtliche Herausforderung für alle darstellt,
die lieber im warmen Bett bleiben.

An solchen harten, dunklen Wintermorgen schafften es nur
die mit dem tiefsten Glauben oder den größten Zweifeln in den
Zendo. Aber er war für uns alle da. Er traf sich mit jedem, der
Fragen hatte. Ganz gleich, ob sie von Neugier, Sehnsüchten oder
wütenden Projektionen erfüllt waren, immer teilte er sein Verständnis des Dharma. Hunderte von Menschen kamen damals
in das Zen-Zentrum, und die Großherzigkeit meines Lehrers
war wirklich bewegend. Wie Hakuin Ekaku und alle, die ihm
vorangegangen waren, öffnete er mit seinem vorurteilsfreien
Geist das Tor für ein konstantes Kommen und Gehen vieler Su-
chender.

Wir hatten eine sehr harmonische Beziehung, d. h. bis zu dem
Tag, an dem dies nicht mehr so war. Ich teilte seine Intensität,
mit der er sich einer Aufgabe verschrieb, sowie seine Liebe zum
Dharma, und ich schätzte ihn als Lehrer. Doch eines Tages änderte sich das alles. Ich nehme an, nach und nach hatten sich
Unstimmigkeiten zwischen uns eingestellt, aber es fühlte sich
eher so an, als wäre alles über Nacht gekippt. Ich sah die Dinge
nicht länger so, wie er sie sah, was mich sehr verwirrte. Bis da-
hin war es mir nicht schwergefallen, seine Perspektive einzunehmen, da sie meist meine eigene ergänzte und wir oft sowieso
dasselbe dachten.

Die Details dessen, was geschehen war, sind nicht so wichtig.
Jedenfalls stimmten wir in nichts mehr überein. Es war eine
stürmische Zeit. Ich wusste, dass mein Lehrer Recht hatte, was

meine Fehler betraf, doch ich stand ihm plötzlich auch kritisch gegenüber. Ich war unfähig, meine Sicht der Dinge zu verändern, auch wenn ich mir das manchmal wünschte. Ich litt unter der immer größer werdenden Distanz zwischen uns und dem Schmerz, den diese in anderen verursachte. Eine Zeit lang versuchte ich, alles einfach zu vergessen und mich auf meine Praxis zu konzentrieren. Aber das funktionierte auch nicht. Als ich andere darum bat, zwischen uns zu vermitteln, wurde die Kluft zwischen uns nur noch tiefer.

Schließlich entband mein Lehrer mich von meinen Verpflichtungen gegenüber dem Zen-Zentrum. Es war ein Punkt erreicht, an dem keine andere Wahrnehmung, kein anderer Schritt mehr möglich war. Jedes Mal, wenn wir gefeuert werden, ist das wie eine Offenbarung. Ich war mit der Erfahrung konfrontiert, gegenüber meinem Lehrer und meiner Praxis versagt zu haben und aus der Gemeinschaft, die mir ungemein am Herzen lag, ausgeschlossen worden zu sein.

Schließlich begriff ich, dass ich meinen Lehrer, meine Gemeinschaft und – am wichtigsten – meine Vorstellungen davon, wie unsere Beziehung sein sollte, loslassen musste. Der innere Raum des »Big Mind« half mir, diese äußerst schmerzliche Trennung zu durchleben – eine Trennung ausgerechnet von dem Mann, der mir geholfen hatte, diesen Raum überhaupt zu erkennen. »Big Mind« konnte alle Perspektiven in diesem Konflikt aufnehmen, ohne Partei zu ergreifen. Letztendlich gab es keinen Konflikt – nur das eindringliche Kommen und Gehen, von Moment zu Moment, einer Beziehung, die mir sehr viel bedeutet hatte.

Genpo Roshi hatte mir den Dharma-Namen Musho gegeben, der aus dem Japanischen übersetzt »kein Konflikt« bedeutet. Auch jetzt, nach vielen Jahren, in denen wir uns nicht gesehen haben, lehrt er mich noch immer, meine Vorstellungen darüber, wie die Dinge sein sollten, loszulassen. Wir sind verbunden, denn wie könnte es im Raum des »Big Mind« anders sein?

Alle Dinge verändern sich

Einer der wichtigsten Lehren in der buddhistischen Tradition zufolge unterliegen alle Dinge gewissen Umständen, Ursachen und Bedingungen und haben deshalb keine substanzielle, eigene Natur. Alles ändert sich. Beständig. Deshalb sollten wir lernen, nicht zu sehr an Dingen (und Menschen) festzuhalten, denn sie befinden sich in einem konstanten Fluss, verwandeln und verändern sich; diese Wahrheit wirklich zu verstehen nennt man Weisheit.

Dies ist eine etwas poetische Erklärung dafür, dass alle Dinge in ihrer Existenz von allen anderen Dingen abhängen. Zum Beispiel benötigt mein Lehrer Schülerinnen und Schüler, um zu lehren, und wir könnten ohne einen Lehrer keine Schülerinnen und Schüler sein. Um Zen zu praktizieren, brauchen wir Zen-Meister, Sutras und Koans; doch zugleich hätten diese keine Bedeutung, wenn es keine wirklich Suchenden gäbe. Um zu praktizieren, müssen wir sitzen. Und wir brauchen die täglichen Rituale und Rezitationen, um unser Gewahrsein zu schulen, uns in Einklang zu bringen und unsere Hingabe an Buddha, Dharma und Sangha zu vertiefen. Ein Zen-Zentrum existiert nicht, wenn dort niemand am Morgen das *Herz-Sutra* rezitiert. Alles hängt ganz und gar von allem anderen ab, etwa wie der Topf und sein Deckel. Genpo Roshi und ich brauchten einander, um diesen Konflikt zu erleben, so wie der vordere Fuß den hinteren Fuß beim Gehen braucht.

Aber gleichzeitig verändert sich alles. Nichts ist festgelegt oder stabil; alles beeinflusst alles andere, und die Dinge sind immer im Fluss. Unsere Lebensbedingungen verändern sich und damit unsere Sichtweisen. In einem Moment halten wir ganz stark an einer bestimmten Sichtweise fest, im nächsten Moment können wir uns nicht mehr so genau daran erinnern, was daran so wichtig war. Dennoch wissen wir alle, wie es ist, selbstgerecht zu sein oder uns so zu verhalten, als wüssten wir alles.

Wir alle haben schon erfahren, wie schnell wir uns in einen bestimmten Standpunkt verbeißen können, um dann wie ein Pitbull zu knurren, der ein Hosenbein erwischt hat.

Unsere Meditationspraxis lehrt uns, loszulassen. Sie zeigt uns, wie unbeständig und substanzlos unsere Sichtweisen sind. Oder wie es in einem Lehrtext heißt: »Nicht an ihnen festzuhalten, wird transzendente Weisheit genannt.«

Wenn wir erkennen, dass unsere Standpunkte letzten Endes leer sind, verändert das grundlegend, wie wir uns ihnen gegenüber verhalten. Wir können dann immer noch unsere Ansichten haben und unsere Wertvorstellungen aufrechterhalten, aber wir hören damit auf, an ihnen als Grundlage unserer Sicherheit und unseres Seelenheils festzuhalten. Wir achten sie, betrachten sie aber nicht mehr als etwas Absolutes. Wir können dann zwischen Verpflichtungen und Überzeugungen, zwischen Ideen und Ideologien unterscheiden. Wenn wir unseren Sichtweisen mit größerer Leichtigkeit begegnen, erkennen wir, dass wir unsere Wertvorstellungen kultivieren und vertiefen können, da es uns nicht mehr völlig aufzehrt, unsere Glaubenssätze durchzusetzen.

Leerheit, und das ist vielleicht der wichtigste Punkt, ist die Grundlage unserer Fähigkeit zu verzeihen. Vergebung ist möglich, weil die Dinge keine substanzielle Natur haben und sich ständig verändern. Ich kann mir einen Tag in der Zukunft vorstellen, an dem die Umstände sich so weit gewandelt haben, dass ich ganz zufällig meinem Lehrer begegne. Wir werden uns dann ganz vertraut begrüßen, ohne ein Wort zu sagen, anerkennen, dass wir beide gelitten und gelernt haben, und von da an weitermachen, als wäre nichts passiert – denn in gewisser Weise ist es ja auch so.

PRAXIS

Unbefangener Geist

1. Sitzen Sie einige Minuten still und identifizieren Sie sich mit dem, was wir das kleine Selbst nennen. Was bemerken Sie in Ihrem Körper und Geist? Wo liegen Ihre Grenzen? Was ist die Natur Ihrer Gedanken? Ihrer Emotionen? Worauf richten Sie ihre Aufmerksamkeit in dieser Zeit? Welche Befürchtungen hat das kleine Selbst? Was nimmt Ihre Aufmerksamkeit gefangen?

2. Wechseln Sie nun Ihre Identität und sitzen Sie einige Minuten als »Big Mind«. Was bemerken Sie jetzt? Wie ausgedehnt fühlen Sie sich? Wo sind Ihre Grenzen? Wann wurden Sie geboren? Wann werden Sie sterben? Was können Sie alles in den Raum Ihrer Identität einbeziehen? Was bevorzugen Sie? Welche Gefühle und Empfindungen haben Sie? Können Sie das kleine Selbst aus dem Raum des »Big Mind« betrachten? Was nehmen Sie wahr?

13
Verhandeln

Es ist nie zu spät,
aus einem schlechten Geschäft auszusteigen.

<small>Nolan Schneider, Vater einer Freundin</small>

Dieser Satz war das Mantra des Vaters einer guten Freundin. Er wiederholte es ihr gegenüber immer wieder, zwischen Trips nach Las Vegas, bei Geschäftsessen in Deutschland und nachdem er in Tokio mit den landesüblichen Verbeugungen zu kämpfen hatte. Sie nahm sich den Ratschlag ihres weltgewandten Vaters zu Herzen. Sie ist eine der besten Verhandlungsführerinnen, die ich kenne. In ihrem Leben bietet jedes Geschäft die Chance, zu kreativen Übereinkünften zu kommen, zu feilschen und gerissene Verträge abzuschließen.

Als sie eine Versicherungspolice erneuern musste, verhandelte sie so entschlossen mit der Versicherungsgesellschaft, dass diese schließlich zustimmte, ihre Prämie für eine höhere Eigenbeteiligung zu senken. Bei einem tibetischen Ladenbesitzer erstand sie einen Hut, und nachdem das Feilschen beendet war, legte der Mann mit den mitfühlenden Augen hinter der Ladentheke auch noch eine seidene Medizintasche und eine *Mala* (tibetische Gebetskette) obendrauf, da ihm der Austausch mit ihr so gut gefallen hatte.

Einmal verhandelte sie drei Jahre lang über einen Staubsauger. Ihr importiertes Gerät, ein teures blaues Modell von Miele, funktionierte nicht mehr richtig, und sie brachte es zur Reparatur. Der Ladenbesitzer war ein älterer Herr, »ein unverbesserlicher und ungemein verlogener Christ«, wie sie sich ausdrückte, der auf einem Schild am Eingang des Ladens seinen Kunden

kostenlose Bibeln anbot. Er überzeugte sie davon, ihren ge-
brauchten Staubsauger gegen ein preiswerteres, aber brandneues
orangefarbenes Modell einzutauschen. Beim Rausgehen flüsterte sein Mitarbeiter, ein ruhiger, direkter und äußerst freundlicher Mann, ihr zu:»Sie können ihn jederzeit zurückbringen.«
Zwei Wochen später kam sie zu dem Schluss, dass der orangefarbene Staubsauger schlechter als der alte blaue war, und so
folgte sie dem Rat des Mitarbeiters und brachte ihn zurück.
Doch zwischenzeitlich hatte der Inhaber ihr Miele-Gerät ver-
kauft und die Verhandlungen gingen von Neuem los. Diesmal
einigte man sich darauf, dass sie das orangefarbene Modell für
einen kleinen Aufpreis gegen einen silbernen Miele-Staubsauger
eintauschen konnte. Als der freundliche Mitarbeiter ihn ihr in
den Kofferraum legte, flüsterte er ihr zu:»Sie können ihn jederzeit zurückbringen.« Der silberne Staubsauger funktionierte
allerdings auch nicht besser als ihr ehemaliger blauer – und jedes Mal, wenn sie ihn benutzte, verfluchte sie den christlichen
Ladenbesitzer mit seinen kostenlosen Bibeln.

Zwei Jahre später entschloss sie sich, auch den silbernen
Staubsauger zurückzubringen. Der gewissenlose christliche Ladenbesitzer war mittlerweile gestorben (sie machte keinen Hehl
daraus, wie sehr sie das freute), und der freundliche Assistent
hatte das Geschäft übernommen. Er rügte sie wegen ihrer Scha-
denfreude und nahm anschließend wieder die Verhandlungen
mit ihr auf. Sie erklärte ihm, dass der silberne Staubsauger nicht
wirklich funktionierte und er zudem wegen des am Gehäuse
herumbaumelnden Schlauchs unhandlich sei. Was sie sich wirklich wünschte, war einer dieser aufrecht stehenden Miele-Hand-
staubsauger, den sie problemlos von Zimmer zu Zimmer und
von Stockwerk zu Stockwerk bewegen konnte.

Der freundliche ehemalige Mitarbeiter meinte, für 289 Dollar könne sie einen brandneuen Staubsauger haben, einfach zu
bedienen und rot. Sie sagte Nein. Sie habe schon genügend Geld
in dem Laden gelassen. Daraufhin bot er ihn ihr für 249 Dollar

an. »Nö«, sagte sie. Schließlich schaute er sie an und sagte: »Geben Sie mir 200 Dollar in bar, und er gehört Ihnen.« Sie ging auf der Stelle zum Bankautomaten und hob den Geldbetrag ab. Seitdem staubsaugt sie glücklich mit ihrem praktischen roten Miele-Gerät.

Nicht jeder zieht so viel Vergnügen aus Verhandlungen wie meine Freundin. Sie fühlt sich auf Basaren und Märkten zu Hause, liebt Messen und Straßenfeste in Städten wie Seattle und Istanbul, wo Menschen Fische in die Luft werfen und erwarten, dass man handelt. Für sie ist die Welt voller kreativer Möglichkeiten. Sie genießt den Kontakt mit Menschen, das Schieben und Drängeln, ja selbst das Streiten und die Schwindeleien, aber vor allem freut sie sich auf den Moment, wenn ein neues Ergebnis Form annimmt. Sie sagt: »Verhandeln bedeutet, am kreativen Potenzial der Wirklichkeit teilzuhaben.« Enttäuschungen machen ihr nicht viel aus; sie sind Teil des Spiels. Aber sie erwartet auch nicht, immer zu gewinnen. Was das betrifft, unterscheidet sie sich von ihrem Vater. Sie ist auch glücklicher als er.

Zum Ja gelangen

Während meiner Mediationsausbildung lasen alle Mediatoren und Verhandlungsführer *Das Harvard-Konzept: Der Klassiker der Verhandlungstechnik*, einen Bestseller der Harvard-Professoren Roger Fisher und William R. Ury, die dort Verhandlungsführung und Konfliktmanagement lehrten. Das Buch vermittelt seinen Lesern eine Strategie mit dem Schwerpunkt darauf, wie ein Konflikt für beide Parteien einen Gewinn darstellen kann, anstatt wie üblich davon auszugehen, dass eine Seite gewinnt und die andere Seite verliert.[30]

Ich habe nichts gegen Gewinnen und Verlieren, aber kooperative Verhandlungen sind kein Fußballspiel, sondern ähneln eher dem gemeinsamen Musizieren beim Jazz. Dieser Ansatz besteht darin, dass etwas Gutes dabei herauskommt, wenn Menschen ihre Überzeugungen und Fähigkeiten einbringen, doch erst mal auf ihr Bedürfnis verzichten, wissen zu wollen, wie die Dinge ausgehen. Etwa wie ein guter Musiker, der Schönheit über alles stellt. Kooperative Verhandlungen setzen die Angstschwelle herab, weil wir unsere wertvolle Lebensenergie nicht darauf verschwenden müssen, uns davor zu schützen, von der anderen Seite bei lebendigem Leibe gefressen zu werden oder, im Gegenzug, andere zu fressen.

Nachdem ich *Das Harvard-Konzept* gelesen hatte, besuchte ich das einwöchige Verhandlungsseminar von Fisher und Ury. Es war ein großartiges Training; sie vermittelten ein paar unschätzbare Ratschläge und Anregungen, um Win-win-Verhandlungen zu erleichtern. Ganz egal, ob es darum ging, über Grundbesitz zu verhandeln, ein Unternehmen zu verkaufen, einen Rechtsstreit beizulegen oder in den Ferien mit den Schwiegereltern klarzukommen, Fisher und Ury hatten viel im Angebot und präsentierten es im besten Harvard-Stil.

Sie lehrten, dass wir alle die ganze Zeit über in Verhandlungen stehen. Gute Verhandlungen hängen davon ab, ob wir gute Beziehungen pflegen; wir sollten bei unseren Abschlüssen und Verträgen deshalb strenge ethische Maßstäbe ansetzen und uns Menschen gegenüber wertschätzend verhalten. Sie betonten, wie wichtig es sei, sich auf Verhandlungen vorzubereiten, indem man unterschiedliche Perspektiven einnimmt: die eigene, die der anderen Seite und eine neutrale. Sie leiteten Übungen, in denen wir in einem Rollenspiel die Position der anderen Seite einnahmen und während der Verhandlung die Sachlage aus ihrer Sicht betrachteten. Darüber hinaus halfen sie uns dabei, zu untersuchen, was geschehen würde, wenn wir die Verhandlung abbrächen, sowie über alternative Lösungen nachzudenken, eine Übereinkunft zu erzielen. Sie hoben die Wichtigkeit einer präzisen und umfänglichen Kommunikation hervor, von klaren und konkreten Einigungen und gut gemachten Verträgen. Wir übten uns darin, komplexe Einigungen in einfache und verständliche Vertragsformeln zu fassen.

Positionen

Der zentrale Punkt des *Harvard-Konzepts* besteht darin, zu lernen, wie wir unsere Aufmerksamkeit von »Positionen« zu »Interessen« verlagern können. In den meisten Verhandlungen stecken wir zuerst unsere Position ab oder das Resultat, das wir uns wünschen.

Unsere älteste Tochter, Evan, die gerade geheiratet hat und in San Francisco lebt, feierte vor Kurzem ihren 30. Geburtstag an dem Wochenende vor Labor Day[31]. Zwei Monate zuvor hatte uns ihr Mann Beau zu der großen Party eingeladen, die er für sie veranstalten wollte.

Noch etwas früher im Sommer hatte mein Mann Michael seine Anwaltskanzlei verlassen, um eine eigene Kanzlei zu eröffnen. Mitte August renovierte er die Büroräume, suchte nach Mitarbeitern und Kollegen, arbeitete an alternativen Abrechnungsverfahren und verwies Mandanten an die neue Firma. Außerdem bereitete er sich mit Kollegen auf eine wichtige Anhörung vor, die in der Woche nach Labor Day stattfinden sollte. Er war total beschäftigt und entschloss sich schweren Herzens, nicht zu der Party zu reisen.

Sie können sich sicherlich vorstellen, wie enttäuscht unsere Tochter war. Sie protestierte und erinnerte daran, dass sie nur einmal ihren 30. Geburtstag feiere und ihr Mann schon viel Energie in die Partyvorbereitung investiert habe. Wenn ihr Vater die Zeit finde, auf regelmäßigen Geschäftsreisen durch das Land zu fliegen, wie könne er es dann nicht hinbekommen, einen kurzen Trip nach San Francisco einzuschieben? Außerdem meinte sie, ihr Vater habe schon häufiger gemeinsame Pläne in letzter Minute abgesagt, und schloss daraus, dass ihre Beziehung ihm nicht viel bedeutete. Als sie jung war, hatte sie ihre Mutter durch eine Krebserkrankung verloren, und so verließ sie sich darauf, dass er beide Elternrollen ausfüllte.

Sie hatte stichhaltige Argumente. Wie ihr Vater ist auch sie eine Anwältin mit ausgeklügelten Überzeugungsstrategien und der Fähigkeit, ihren Standpunkt zu verfechten. Wenn sie emotional herausgefordert wird, verfügt sie über die seltene Gabe, die Haltung zu bewahren, ohne auch nur ein Quäntchen ihres rationalen Verstandes preiszugeben. Wäre es nach mir gegangen, hätte ich schon lange unsere Flugtickets besorgt.

Anfangs schien die ganze Situation festgefahren zu sein. Im Stillen bestaunte ich unseren modernen Luxus, überhaupt darüber nachdenken zu können, für ein Wochenende zu einer Party zu fliegen, und das Glück meines Mannes, der die Freiheit und das Geld besaß, seine eigene Kanzlei zu eröffnen. Größtenteils blieb ich neutral; das Terrain schien mir ein emotionales Minenfeld zu sein, und ich verhielt mich still und wartete darauf, dass sich etwas veränderte. Beide Positionen waren überzeugend und berechtigt, aber auf dem gefährlichen Territorium der Familiendynamik würde eine Partei sehr wahrscheinlich verletzt oder verbittert zurückbleiben. Ich wollte dabei nicht ins Kreuzfeuer geraten.

Verhandlungen gehen immer aus der Eruption natürlicher Kräfte hervor, die aufeinander einwirken wie Wasser auf Felsen. Dieses Zusammenspiel ereignet sich fortwährend und erschafft einige der außergewöhnlichsten Formationen in der Natur. Die Aktivität hört nie auf, der Wandel ist stetig – und das trifft auch auf uns zu. Konflikte entspringen diesem ständigen Reiben und Fließen. Anfangs wirkt die Situation meist unlösbar, denn das ist die Natur gegensätzlicher Positionen. Doch diese Gegensätzlichkeit eröffnet auch die Chance für und die Notwendigkeit von Verhandlungen. Häufig habe ich mit Menschen, die dazu bereit waren, erfahren können, wie harter, rauer Fels sich in etwas Weiches, Glattes und Einzigartiges verwandeln kann.

Interessen

Wie bereits dargelegt, müssen wir unsere Abneigung gegen Konflikte überwinden, die auf dem Glauben basiert, dass sie nichts Gutes bewirken. Der Kniff, um diesen Umschwung zu bewältigen, besteht laut Fisher und Ury darin, zu den Interessen vorzudringen, den grundlegenden Wünschen und Bedürfnissen, die sich in der anfänglichen Position jeder Konfliktpartei ausdrücken.

Die Positionen von Evan und Michael waren klar: Der Vater einer Tochter sollte zu einer wichtigen Geburtstagsfeier reisen; ein Mann wollte zu Hause bleiben und sich um seine Geschäfte kümmern. Doch welche Interessen drücken sich in diesen Positionen aus? Anders gesagt, welche Wünsche bzw. Sehnsüchte versuchten sie mit ihren jeweiligen Positionen zu befriedigen?

Evan wünschte sich eine erfüllende Geburtstagsparty mit vielen Familienmitgliedern und Freunden. Es war für sie von großer Bedeutung, sich von ihrem Vater (und mir) geliebt und unterstützt zu fühlen, und sie wünschte sich, dass die Bemühungen ihres Mannes durch unsere Anwesenheit belohnt wurden. Eine intakte Familie war ihr äußerst wichtig, insbesondere da sie bereits in jungen Jahren ihre Mutter verloren hatte. Für sie drückte sich das darin aus, dass bindende Zusagen in der Familie respektiert wurden. Letztendlich wollte sie spüren, dass ihr Vater ihre Beziehung genauso wertschätzte wie sie.

Demgegenüber wollte Michael erfolgreich eine neue Firma gründen und seinen Verpflichtungen gegenüber dem Geschäft und seinen Partnern nachkommen. Natürlich liebte er seine Tochter und wollte, dass sie sich geliebt und unterstützt fühlt und eine wunderbare Geburtstagsparty feiert. Er honorierte aufrichtig die Wertschätzung, die sie dem Wohlergehen ihrer Familie entgegenbrachte; er spürte aber auch, dass sein beruflicher Erfolg dabei eine Rolle spielte.

Evan wünschte natürlich auch, dass die Firmengründung ihres Vaters ein Erfolg sein würde. Als sie erkannte, dass beide dieses Interesse miteinander teilten, begann sich die Auseinandersetzung zu verändern. Sie verstand jetzt, dass die Interessen ihres Vaters und ihre eigenen nicht mehr gegeneinanderstanden. Vielmehr teilten beide das gleiche Dilemma. Mit dieser Einsicht war Bewegung ins Spiel gekommen: Sie saßen nicht länger an entgegengesetzten Enden des Tisches, sondern auf derselben Seite. So konnten sie auf die Herausforderung vor ihnen blicken und nicht mehr nur auf das Problem zwischen ihnen.

Menschen werden in ihren Positionen meist flexibler, wenn ihre zugrunde liegenden Wünsche und Bedürfnisse anerkannt werden. Oftmals sind diese Wünsche und Bedürfnisse subjektiv; damit will ich sagen, sie sind nicht unbedingt konkret oder direkt erkennbar. Wir wünschen uns zum Beispiel, dass unsere Meinung gehört wird und wir geschätzt und respektiert werden. Wir wollen so behandelt werden, dass wir das Gefühl haben, wichtig und wertvoll zu sein. Vieles ändert sich in Verhandlungen, wenn auf diese subjektiven Interessen eingegangen wird.

Ich kann mir durchaus die Einwände von Leserinnen und Lesern vorstellen, die sagen, dass »richtige« Verhandlungen, bei denen es um hohe Geldbeträge, Grundbesitz oder andere Ressourcen geht, nie gemeinschaftlich ablaufen. Sie sind eher Testläufe für das Überleben des Stärkeren, in denen es nur selten um die subjektiven Interessen oder tiefen Wertvorstellungen der Beteiligten geht. Es geht dabei, wie man so sagt, »einfach nur ums Geld«.

Das mag stimmen. In manchen Verhandlungen geht es wirklich einfach nur ums Geld, außer in jenen, wo das nicht der Fall ist. Eines von beiden oder beides kann richtig sein. Selbst in Geschäftsverhandlungen ist es möglich, sowohl die subjektiven als auch die objektiven Interessen von Kunden, Zulieferern, Angestellten, Aktionären und anderen Akteuren zu berücksichtigen, den Schutz der Umwelt und das Gemeinwohl einzubeziehen und dennoch profitabel zu sein. Immer mehr Unternehmen verstehen, dass sie größere Gewinne machen können, wenn sie sich so verhalten – Whole Foods, Southwest Airlines, Trader Joe's, um nur einige amerikanische Firmen zu nennen. So wie diese Unternehmen können auch wir unsere Sicht dessen, was ein »gutes Geschäft« eigentlich bedeutet, erweitern.

Sicherlich gibt es in dieser Welt mehr als genug Gier und skrupelloses Geschäftsgebaren. Doch zugleich finden sich überall auch Großzügigkeit, guter Wille und unzählige Beispiele für Zusammenarbeit, um dem großen Ganzen zu dienen. Jede und jeder von uns weiß, wie es sich anfühlt, eine unnachgiebige Position im Austausch mit authentischer Harmonie aufzugeben oder jemand anderen aus der Verpflichtung zu entlassen, einer schwierigen Forderung nachzukommen, um einen für alle Seiten befriedigenden Vergleich herbeizuführen. Indem wir geben, gewinnen wir.

Möglichkeiten

Sobald gemeinsame Interessen identifiziert sind, tauchen kreative Möglichkeiten auf. Um in die Schicht gemeinsamer Interessen vorzudringen, braucht es Zeit und Vertrauen, aber wenn wir schließlich darauf stoßen, sprudeln kreative Möglichkeiten hervor wie Rohöl aus der Erde. Plötzlich fühlen sich alle bereichert; es ist genug für alle da. Möglichkeiten eröffnen sich, neue Ideen tauchen auf. Das gilt genauso für Geschäftsverhandlungen wie für Meinungsverschiedenheiten in der Familie.

Im Falle der Auseinandersetzung zwischen Evan und Michael stand schließlich nicht mehr die beidseitige Enttäuschung im Mittelpunkt, sondern eher die Begeisterung darüber, wie beide Projekte gemeinsam zu einem Erfolg geführt werden konnten – ihre Geburtstagsfeier und seine Geschäftseröffnung. Und so begannen sie mit einem Brainstorming. Dabei war das einzige

Kriterium, wie ihre gemeinsamen Interessen befriedigt werden konnten. Vielleicht konnte er ja am Morgen zum Fest fliegen und abends wieder zurückkehren. Oder aber die beiden könnten während der Feier miteinander skypen. Es gab auch die Idee, dass sie später nach Salt Lake City flog, ihren Geburtstag nachfeierte und er alles bezahlte!

Ideen flossen hin und her, und schließlich verständigten sie sich darauf, dass er während ihrer Geburtstagsfeier mit ihr skypte und später im Herbst nach San Francisco flog, um mit ihr auszugehen und zu feiern. So nahm die Geschichte nicht nur einen guten Ausgang, sondern das Skype-Gespräch zwischen Evan und ihrem Vater wurde zu einem Familienritual. Jede Woche – am Sonntagmorgen – haben wir jetzt eine Videokonferenz mit der ganzen Familie. Allen gefällt das. Daran besteht kein Zweifel, denn unsere vier Kinder sind alle Willens, frühmorgens aufzustehen, müde im Schlafanzug zu ihren Laptops zu torkeln und sich mit verwuschelten Haaren und einer Tasse Kaffee in der Hand gähnend gegenseitig zu piesacken. Das ist ganz rührend. Die Verbindung von Evans »Wasser« und Michaels »Fels« führte in unserer Familie zu einer neuen Form der Vertrautheit.

PRAXIS

Interessen erkennen

1. Nehmen Sie sich das nächste Mal, wenn Sie sich in Verhandlungen befinden, einen Moment Zeit, um sich die Position, die Sie vertreten, und die der anderen Seite bewusst zu machen. Dies könnte eine einfache Verhandlung in der Familie, unter Freunden oder mit ihrem Vermieter sein, aber auch eine komplexe Auseinandersetzung, in der es um Verträge oder Geschäftsabschlüsse geht.

2. Nehmen Sie ein Blatt Papier und ziehen Sie in dessen Mitte eine Linie von oben nach unten. Notieren Sie oben links Ihren Namen und oben rechts den der anderen Person.

3. Schreiben Sie jetzt links Ihre Position unter Ihren Namen und die der anderen Person unter deren Namen auf der rechten Seite. Wirken beide unvereinbar?

4. Fragen Sie sich nun: »Welche Wünsche und Bedürfnisse werden durch meine Position befriedigt? Welche Wünsche und Bedürfnisse werden durch die Position der anderen Person befriedigt?« Schreiben Sie diese auf.

5. Ziehen Sie einen Kreis um alle Interessen, die auf beiden Seiten stehen.

6. Stellen Sie eine Liste mit Möglichkeiten zusammen, die diesen gemeinsamen Interessen Genüge tun können.

14
Konflikt und Kreativität

Jeder einzelne Moment der Existenz
ist ein schöpferischer Akt.

KEN WILBER[32]

Jede Kultur hat ihre Schöpfungsgeschichte. In unserer explodierte das Universum vor 13,7 Milliarden Jahren aus dem absoluten Nichts zu einer atemberaubenden Existenz, einem eindrucksvollen Panorama unablässiger und dynamischer Aktivität von Formen, die auftauchen, sich entwickeln und wieder verschwinden. In dem gewaltigen, schweigenden Raum zwischen den Sternen ereignet sich ein beständiges Feuerwerk, ein Gewitter mächtiger Eruptionen und wechselhafter Veränderungen, die hervorbrechen, aufschäumen und sich zu Formen verdichten.

Das Universum ist kein sanfter, gemächlicher Ort. Es ist eher ein kreatives Spektakel voller Licht und Energie. Diese Kreativität durchdringt alles, ist immer präsent, turbulent und spannend. Kreativität kann als ein anderer Name für Evolution betrachtet werden, denn die Evolution ist der Mechanismus, durch den neue Formen entstehen. Ken Wilber beschreibt die Evolution des Universums und seine kreative Gesetzmäßigkeit wie folgt:

»Vor 14 Milliarden Jahren gab es, jedenfalls soweit die Physiker das wissen können, absolut nichts, einfach nur nichts. Und dann: Bumm! Der Urknall fand statt, und die grundlegenden Elemente des materiellen Universums, wie wir sie kennen, barsten hervor. Das war ein außerordentliches Ereignis, denn mit einem Mal existierte etwas. Da, wo es zuvor nichts gab, existierte plötzlich diese Welt materieller Teilchen.

Doch nicht nur das: In diesem einen Augenblick tauchten alle Teilchen auf, die es jemals geben wird, und bildeten die Grundbausteine für alles, was kommt – ein Strom immer neuer kreativer Akte. Zuerst tauchen Strings auf, die sich zu Quarks verbinden. Schließlich formen die Quarks Elektronen, Protonen und Neutronen, die sich zu Atomen verbinden und schließlich zu Molekülen verschmelzen.

Und schließlich, in einem erstaunlichen und unvorstellbaren Wunder, verbinden sich mehrere Dutzend unterschiedlicher Moleküle. Eine Zellmembran, die sie umgibt, formt sich aus, und urplötzlich ereignet sich die kreative Entfaltung von Zellen und der Beginn allen Lebens. Anders gesagt: Leben entspringt lebloser Materie.

Das Leben entwickelt sich von sehr rudimentären Empfindungen und Wahrnehmungen in einzelnen Zellen zu einem Stammhirn in Reptilien, dem limbischen System der ersten Säugetiere, einem Kortex und Neokortex und schon bald, vor etwa 1 Million Jahren, tauchen die frühen Formen der menschlichen Existenz auf. Die moderne Version unserer Spezies reihte sich vor 175.000 Jahren in die Evolution ein. Jeder Fortschritt im Nervensystem lebender Wesen bildet ein noch umfassenderes Bewusstsein heraus, wodurch der Kosmos immer empfänglicher für sich selbst wird. Anders gesagt, das Universum wird sich seiner selbst durch die Wahrnehmung seiner eigenen Schöpfungen bewusst.«[33]

Wir Menschen stehen immer noch in einem Prozess der Entwicklung. Nicht nur unser Äußeres hat sich verändert: Wir gehen auf zwei Beinen anstatt auf vier. Wir haben ein größeres Gehirn, eine flachere Stirn und kleinere Zähne. Außerdem sind die weiblichen Exemplare unserer Spezies, ob das nun gut oder schlecht ist, sei dahingestellt, das ganze Jahr über fruchtbar.

Die gesamte Werbung beruft sich auf diese Neuentwicklung der Evolution.

Unser Innenleben – unsere Fähigkeit zu Sprache und Wahrnehmung, unsere Ansichten und Weltanschauungen, unsere Werte, Bedürfnisse und Motivationen – entwickelt sich ebenfalls weiter. Menschen haben damit begonnen, über die Evolution nachzudenken, sie zu erforschen, während sie zugleich ein Teil von ihr sind. Dies ist eine gewaltige Innovation des Bewusstseins. Indem wir immer mehr über die außergewöhnliche Reise erkennen, die unsere Spezies zurücklegt, integrieren wir uns in unser Gewahrsein, was uns darauf vorbereitet, bewusst den nächsten kreativen Schritt in unserer Entfaltung zu tun.

Zumeist gehen wir davon aus, dass Kreativität nur uns Menschen vorbehalten ist – und das auch nur wenigen Auserwählten: nämlich den künstlerischen, philosophischen und wissenschaftlichen Genies. Ken Wilber erinnert uns jedoch daran, dass Kreativität in unserem Universum nicht gerade eine Seltenheit ist. Sie drückt sich in der Existenz aller Wesen und Dinge von Moment zu Moment beständig aus. Da uns die natürliche Kreativität des Lebens hervorgebracht hat, haben wir immer daran teil. Genau wie das Universum selbst sind wir mit der gottgleichen Fähigkeit ausgestattet, Formen aus der Leerheit zu manifestieren und das Material unserer Welt in immer neuen und unterschiedlichen Kombinationen zu gestalten. Kreativität ist auf der Festplatte unserer Existenz. Wir können gar nicht anders, als kreieren, und deshalb ist es unerlässlich, uns beständig mit der Frage zu beschäftigen: »Was ist es, was wir erschaffen?«

Kreative Chancen

In Konfliktsituationen stellen wir uns nur selten diese Frage. Stattdessen konzentrieren wir uns auf das, was uns aufgezwungen wird und was wir aushalten müssen. Da wir jedoch ein Teil dieses Universums sind, bietet uns jede Situation, einschließlich der Momente des Konflikts und Streits, etwas gänzlich Neues, das wir als Chance begreifen können, uns zu entwickeln.

Wie können wir also lernen, unsere Konflikte als kreative Chancen zu betrachten? Wie können wir tief in uns verankerte Körperempfindungen, die uns eine Bedrohung und die Notwendigkeit der Verteidigung signalisieren, als die widerspenstige Energie eines kreativen Prozesses neu interpretieren? Wie verändern wir die Wahrnehmung, Gefangene unserer Konflikte zu sein, und erkennen uns als Partner eines kreativen Lösungsprozesses? Und wie wecken wir in uns die Neugierde und den Forschergeist, den wir normalerweise mit Künstlern assoziieren, um uns die Freiheit zu geben, neue Ansätze der Bewältigung unserer Herausforderungen zu imaginieren und anzuwenden?

In der Konfliktbewältigung treffen wir auf viele außergewöhnliche Beispiele der Innovation – von großen sozialen Bewegungen bis hin zu kleinen vertrauten Gesten unter Freunden. Jeder Versuch, anders zu reagieren, schafft neue Wege, denen andere im Angesicht eines Konflikts folgen können.

Als die Apartheid in Südafrika abgeschafft wurde, sah sich die neue Regierung mit einer großen Herausforderung konfrontiert: Wie sollten die Auswirkungen des Leidens thematisiert werden, das aus einer lang anhaltenden Politik des Rassismus und der Unterdrückung entstanden war? Einige wagemutige Menschen, unter ihnen Erzbischof Desmond Tutu, waren der Ansicht, dass die Wahrheit offen ausgesprochen werden müsse, damit die Verletzungen aus der Vergangenheit im Land heilen konnten.

Sie entwickelten einen Prozess, der von der sogenannten Wahrheits- und Versöhnungskommission beaufsichtigt wurde, in der Gewalttäter einer Verurteilung entgehen konnten, wenn sie die Wahrheit über das, was geschehen war, berichteten. Und obwohl viele dies nicht für möglich hielten, konnte diese Wahrheits- und Versöhnungskommission das Land so auf einen neuen Kurs in die Zukunft bringen. In Südafrika gibt es sicherlich noch viele Probleme auf dem Weg zu einer gerechten Gesellschaft, aber diese Kommission wurde zu einem Modell für viele andere weltweit. Sie steht beispielhaft für einen neuen Ansatz in der menschlichen Kultur, mit einer Geschichte der Ungerechtigkeit und der Traumatisierung umzugehen.

Bei meiner Arbeit als Mediatorin begegneten mir viele kreative Ansätze der Konfliktbewältigung. Ein Beispiel war das Mediationsprogramm für Täter und Opfer, das wir im Justizsystem von Utah etablierten. Es basierte auf Modellen, die es in den USA früher schon gab, und richtete sich unter anderem an jugendliche Straftäter, die ihre Schuld bereits eingestanden hatten, aber bereit waren, über Fragen der Wiedergutmachung und Entschädigung zu verhandeln. Mithilfe eines dafür ausgebildeten Vermittlers setzten sich die straffällig gewordenen Jugendlichen gemeinsam mit ihren Opfern an einen Tisch und sprachen miteinander. Sie versuchten, Motive und Fehler zu begreifen, und dachten über Möglichkeiten nach, das Geschehene wiedergutzumachen.

Dabei kam es zu ganz erstaunlichen Gesprächen, und immer wieder wurde ich Zeuge davon, wie kreative Lösungsansätze gefunden wurden, die kein Gericht hätte anordnen dürfen. Junge Menschen entschuldigten sich spontan; sie boten an, den Schaden, den sie verursacht hatten, aufzuräumen, zu reparieren oder zu bezahlen; sie drückten authentisches Mitgefühl gegenüber Menschen aus, die sie verletzt hatten. Nach einer dieser Verhandlungen stellte ein Firmenbesitzer genau jenen Jugendlichen ein, der seinen Laden mutwillig beschädigt hatte, da er von dessen Bemühungen, etwas wiedergutzumachen, beeindruckt war. Jugendliche, die an diesem Mediationsprogramm teilnahmen, erfüllten ihre Vereinbarungen dreimal häufiger, als dies bei gerichtlichen Anordnungen der Fall war.

Kreativität fließt immer direkt unter der Oberfläche unseres Lebens. Sie braucht nur eine Gelegenheit, um aufzusprudeln.

Wir können die Bedingungen für größere Kreativität schaffen, indem wir unsere Aufmerksamkeit ganz direkt auf das vor uns liegende Probleme richten und uns vornehmen, all seine Aspekte mit einem offenen, positiven Geist zu betrachten. Stellen Sie sich einmal kurz eine Situation vor, in der Sie Probleme mit einer Kollegin am Arbeitsplatz haben. Vielleicht haben Sie festgestellt, dass Ihre Gespräche in letzter Zeit ein wenig verkrampft waren, oder Sie spüren einfach nur eine gewisse diffuse Spannung, wenn sie sich begegnen. Unsere gewohnheitsmäßige Reaktion bestünde meist darin, das Problem entweder zu vermeiden, mit unterschiedlichem Erfolg irgendwie darüber zu sprechen oder zu hoffen, dass es von selbst verschwindet.

Doch wenn wir uns der Situation in unserem Geist wirklich stellen und sie uns genau vergegenwärtigen, öffnen wir uns dafür, dass kreative Lösungsansätze auftauchen können – d. h., solange unser Geist dazu bereit ist. Dabei werden wir natürlich auch unangenehme Gefühle empfinden und sind vielleicht versucht, uns zurückziehen. Das ist jedoch genau die Gelegenheit, in der wir Gefühle der Anspannung neu interpretieren und uns mit der Angst vertraut machen können, die jeden kreativen Prozess begleitet. Jeder Künstler muss lernen, mit Anspannung umzugehen; sie ist ein wesentlicher Bestandteil der Kreativität. Versuchen Sie es einmal. Einfach nur ein paar Minuten lang.

Im nächsten Schritt sollten Sie in Ihrer Fantasie ein wenig mit dem Konflikt spielen, so wie Kinder, die sich mit einem Spielzeug beschäftigen. Ich benutze den Ausdruck *spielen* absichtlich, denn er legt eine Haltung der Leichtigkeit, Neugierde und Umsetzbarkeit nahe. In unserer spielerischen Fantasie ist alles möglich, oder wie mein Großvater es ausdrückte: »Alles, was du brauchst, ist deine eigene Zustimmung.«

Stellen Sie sich unterschiedliche Szenarien vor. Malen Sie sich aus, wie Sie und Ihre Kollegin an einem Tisch sitzen und arbeiten, oder aber Sie stehen nebeneinander und schauen aus dem Fenster; vielleicht tragen Sie auch Cowboyhüte und reiten Seite an Seite auf Eseln durch eine schöne Landschaft. Es ist Ihre - Fantasie. Denken Sie sich etwas aus und haben Sie Spaß dabei. Natürlich kann es sein, dass Sie erst einmal gewisse aggressive Impulse auflösen müssen. Stellen Sie sich dazu eine Art Zeichentrickaggression wie in einem Cartoon vor (um die Aggression zu zerstreuen anstatt sie zu nähren), ziehen Sie eine Spielzeugkeule unter dem Mantel hervor und hauen Sie Ihrer Kollegin auf den Kopf. Erlauben Sie ihr danach, Ihnen eins überzuziehen.

Und nun, da Zank und Streit aus dem Weg geräumt sind, sollten Sie sich eine positive Situation vorstellen, die Sie miteinander teilen: wie Sie gemeinsam lachen, konzentriert zusammenarbeiten und ein gemeinsames Problem lösen. Stellen Sie sich ein zufriedenstellendes Gespräch vor, das mit einer gegenseitigen Wertschätzung Ihrer Arbeit beginnt, und geben Sie einander schließlich authentisches Feedback in einer Atmosphäre des Respekts. Denken Sie sich dazu einen schönen Hintergrund aus – den nächtlichen Sternenhimmel zum Beispiel oder alles, was die Atmosphäre durch Offenheit und Schönheit bereichert. Was sagen Sie in Ihrer Fantasie zu der anderen Person? Was würden Sie gerne von ihr hören? Können Sie spüren, wie diese spielerische Weise, an das Problem heranzugehen, sich bereits auf Ihre Erfahrung der realen Situation auswirkt?

Jetzt, und das ist sehr wichtig, vergessen Sie das Ganze für einige Zeit. In jedem mir bekannten Kreativitätsmodell gibt es eine Phase, in der das Problem einfach beiseitegeschoben wird, damit unser Unbewusstes daran arbeiten kann. In einigen Modellen wird dieser Vorgang Inkubationszeit genannt; in anderen ist es der Raum zwischen den Brainstorming-Sitzungen. Aus Sicht des Mediators geht es dabei einfach darum, unser Festhalten an gesteuerten Ergebnissen zu lösen und stattdessen dem großen Raum des uneingeschränkten Gewahrseins zu vertrauen, der die Quelle aller Dinge ist. Mit Geduld und Vertrauen wird dann oftmals eine Einsicht, eine neue Idee oder kreative Antwort, an das Ufer unserer Imagination gespült.

Einmal empfing ich aus dieser reichen Quelle ein wunderbares Geschenk. Dies geschah nach einem Zerwürfnis mit einem langjährigen Freund. Wir gingen zusammen ins Fitnessstudio, verabredeten uns fürs Kino und telefonierten regelmäßig. Ich muss irgendetwas getan oder gesagt haben, was ihn verletzte (bis heute weiß ich nicht, was es war), denn plötzlich sprach er nicht mehr mit mir. Er verschwand einfach aus meinem Leben. Ich hatte keine Ahnung, was passiert war, und hinterließ mehrere Nachrichten auf seinem Anrufbeantworter mit der Bitte, mich zurückzurufen. Nichts geschah. Sein Schweigen kränkte und verwirrte mich.

Nachdem ein paar Monate vergangen waren, ließ ich nach und nach unsere Freundschaft los und schloss Frieden mit meinem Verlust. Dann, an einem regnerischen Nachmittag, ging ich mit Willie in eine Töpferwerkstatt. Es war ein stiller, grauer Tag; ich saß gerne neben meinem Sohn, während er mit pummeligen, tonbedeckten Fingern an seinem Projekt bastelte, das er angestrengt durch seine dicken Brillengläser beäugte. Ich saß daneben und malte eine einfache weiße Vase an, während die Regentropfen gegen das Fenster prasselten. Während ich so vor mich hin malte, schrieb ich plötzlich, ohne nachzudenken, das Wort *Gnade* in kräftigen schwarzen Buchstaben auf ihren Fuß. Ich tat das nicht absichtlich; das Wort schien direkt aus meiner Fantasie auf die Vase übergesprungen zu sein, noch bevor ich es bemerkte. *Hm*, dachte ich, *Gnade*.

Später, als ich die Vase abholte, nachdem sie im Ofen gebrannt worden war, begriff ich, dass ich sie für meinen Freund verziert hatte. Wie interessant. Es war eine einfache, aber sehr schöne Vase, tiefrot und mit leuchtenden, kräftigen Buchstaben. Ich entschloss mich, sie ihm zu geben. Ich stellte sie mit einem Strauß Blumen auf seine Veranda. Einige Stunden später rief er mich freudig und mit neuer Frische an. Problem gelöst.

Vielleicht haben Sie nicht genug Vertrauen in Ihre Vorstellungskraft. Wenn das der Fall ist, denken Sie einfach mal an Ihre

Träume. Jede Nacht träumen Sie, ob Sie sich nun daran erinnern oder nicht; und damit sind die Träume ein eindeutiger Beweis für die außerordentliche Gabe Ihrer Imagination. James Watson und Francis Crick entdeckten die Struktur der DNA, nachdem Watson vom Bild einer Wendeltreppe geträumt hatte. Schriftsteller und Künstler haben sich immer schon auf Träume als Quelle ihrer Inspiration bezogen: Salvador Dalí und Frida Kahlo übertrugen ihre Traumbilder direkt auf die Leinwand. Mary Shelley träumte von Frankenstein, bevor sie ihren Roman schrieb. Robert Louis Stevenson »sah« Dr. Jekyll und Mr. Hyde in einem Traum. Steven King sagt, dass Träume seine Romane und Erzählungen prägen.

Träume enthalten Botschaften, decken Bedeutungen auf und weisen uns immer wieder Wege aus unseren Schwierigkeiten. Einmal hatte ich einen Traum, der mir half, einen belastenden Konflikt zu lösen. Ich hatte Willie in einer alternativen öffentlichen Schule angemeldet, in der die Eltern großen Einfluss auf den Unterricht ausübten. An dieser Schule gab es keine Kinder mit Behinderungen, aber sie nahmen Willie und seinen besten Freund Isaac, der ebenfalls das Down-Syndrom hat, bereitwillig auf. Doch mitten im ersten Halbjahr erhielt ich einen überraschenden Anruf der Schulleitung, in dem mir mitgeteilt wurde, dass Willie im neuen Jahr nicht mehr am Unterricht teilnehmen könne.

Wie alle Eltern von behinderten Kindern wissen, ist es ein permanenter Kampf, einen guten Platz für das eigene Kind in einer Schule oder überhaupt in der Gesellschaft zu finden. Trotz bester Absichten und Gesetzen zur Gleichstellung drängen wir Menschen mit Behinderungen noch immer an den Rand der Gesellschaft.

Aus einer bestimmten Sicht verstand ich die Position der Direktorin. Ich denke, sie und ihre Kollegen sahen sich plötzlich mit Aufgaben konfrontiert, mit denen sie nicht gerechnet hatten, und fürchteten eine Flut von Anmeldungen von Kindern mit speziellem Förderbedarf. Dennoch: Das Gesetz gab meinem Sohn Rechte und Möglichkeiten, für die ich nicht hätte kämpfen müssen.

Ich kann mich noch sehr deutlich erinnern, wie mein Körper reagierte, als ich die Nachricht erhielt. Alle Energie floss aus mir heraus. Ich fühlte mich verloren, ernüchtert und wusste nicht, was ich tun sollte. Sollte ich es akzeptieren, dass mein Kind aus dieser Grundschule geworfen wurde, oder sollte ich mich mit aller Kraft gegen die Entscheidung der Schulleiterin und des Kollegiums zur Wehr setzen? Ehrlich gesagt konnte ich gar nicht wirklich darüber nachdenken. Ich war tief betrübt und fühlte mich schwach und leer. Ich wollte einfach nur in Tränen ausbrechen und hatte nicht einmal mehr die Kraft, mir vorzustellen, was ich tun konnte.

In derselben Nacht träumte ich von einem schönen Garten, durch den ich spazierte; plötzlich stieß ich auf einen Sattel, der halb in die Erde eingegraben war. Das war ein sehr merkwürdiges Bild, dennoch war mir seine Bedeutung sofort klar. Ich verstand, dass ich »die Zügel« in die Hand nehmen und mich für meinen Sohn einsetzen sollte. Die Schönheit des Gartens gab mir die Sicherheit, dass dies auf einen fruchtbaren Boden treffen würde. Ich wachte mit einem positiven Gefühl auf und war bereit, mich der Herausforderung zu stellen. Tatsächlich konnte ich die Schulleiterin und einige Lehrer nach mehreren intensiven Gesprächen davon überzeugen, meinen Sohn in der Schule zu belassen. In den folgenden sechs Jahren wurden Willie und sein Freund dort sehr glücklich und das Kollegium und die anderen Schüler waren froh, sie bei sich zu haben.

Wenn wir uns unseren Konflikten zuwenden, unsere Fantasie dazu anregen, mit ihnen zu spielen, und sie dem offenen Raum der Kreativität selbst überlassen, können unerwartet neue Ideen und Einsichten zum Vorschein kommen. Es liegt dann an uns, diese Ideen aufzugreifen, sie auszuprobieren und Wirklichkeit werden zu lassen.

Kreativität ist Arbeit

Es geht nicht darum, Konflikte zu verhindern. Das kann ich nicht genug betonen. Ziel ist es, sie zu transformieren. Die Evolution ist ein chaotisches Geschäft. Auch wenn Inspirationen plötzlich auftauchen – dramatisch und geheimnisvoll –, so erfordern neue Wege des Seins in den meisten Fällen Hingabe, Zeit und Geduld, die in einer realistischen und dauerhaften Vision zusammengeführt werden müssen. Ganz zwangsläufig beruht der kreative Prozess auf Begegnungen mit dem Unbekannten, dem Chaos und dem Schmerz, die die Geburt von etwas Neuem immer zu begleiten scheinen. Um die Freude und Lebendigkeit dieser neuen Geburt zu spüren, müssen wir bereit sein, unangenehme Gefühle in Kauf zu nehmen – von nichtssagenden Irritationen über Langeweile, Frustration bis hin zu Verzweiflung.

Kreativität müssen wir entwickeln und pflegen. Jeder Moment ist von Frische und neuen Möglichkeiten erfüllt, doch zugleich auch mit alten Mustern und Konditionierungen beladen: unserer evolutionären Geschichte als Primaten, den Konventionen unserer Kultur, unserer Familiengeschichte und den Wunden, die frühere Beziehungen hinterlassen haben. Um neue Möglichkeiten zu erkunden, müssen wir uns vielleicht durch tief verankerte Muster und Gewohnheiten von Körper und Geist hindurchgraben.

Schließlich müssen wir auch darauf vorbereitet sein, dass etwas mal nicht gelingt. Und das immer wieder. Es gehört einfach zum kreativen Prozess. Jeder erfolgreiche Mensch geht durch die Schule des Scheiterns. Es wurde schon oft gesagt, dass der Misserfolg einfach nur eine Chance bietet, von Neuem zu beginnen.

Ein befreundeter Künstler sagte mir einmal, die größte Schwierigkeit beim Malen bestehe darin, das loszulassen, was den anderen Teilen des Bildes im Wege stehe. Wenn er an einem

Aspekt eines Bildes festhielt, konnte er das Werk nicht vollenden. Als er mal derart feststeckte, bat er eine Freundin um Hilfe. Er verließ sein Atelier, und als er zurückkam, hatte sie 90 Prozent des Bildes übermalt. Er setzte sich hin und brach in Tränen aus. Und dann begann er von vorn.

PRAXIS

Konflikt und Kreativität

1. Stellen Sie sich einen Konflikt vor, mit dem Sie kreativ umgehen wollen.
2. Betrachten Sie alle unangenehmen Empfindungen in Ihrem Körper und Geist als Kraftanstrengung des kreativen Prozesses, und erlauben Sie ihnen einfach, da zu sein.
3. Spielen Sie in Ihrer Fantasie mit dieser Situation. Bewegen Sie die Spielfiguren dieses Szenarios hin und her. Geben Sie ihnen unterschiedliche Kostüme, Umgebungen und verschiedene Texte, die sie aufsagen. In diesem Spiel können Sie sich ausdenken, was Sie wollen. Stellen Sie sich einfach irgendetwas vor, aber sorgen Sie dafür, dass dieses Szenario Ihnen ein positives Gefühl verleiht.
4. Vertrauen Sie Ihr Projekt jetzt dem offenen Raum an. Legen Sie es einfach im kreativen Speicher des Unbewussten ab und warten Sie, bis etwas auftaucht. Achten Sie auf Ihre Träume; sie könnten Ihnen Antworten liefern.
5. Greifen Sie alle neuen Einsichten und Ansätze auf, die anfangs vielleicht nur undeutlich auftauchen.
6. Probieren Sie Ihre neue Idee aus. Seien Sie dafür offen, dass es erst mal misslingen könnte. Entwickeln Sie sie weiter. Versuchen Sie es erneut.

15
Umdeutungen:
Die Macht der Interpretation

Die größte Entdeckung meiner Generation ist,
dass ein Mensch sein Leben verändern kann,
indem er seine Geisteshaltung ändert.

WILLIAM JAMES[34]

Der amerikanische Präsident und der Papst machten einen Bootsausflug auf einem See. Der Papst trug seine Mitra, diesen hohen liturgischen Hut, der sich himmelwärts erstreckt und ihm seine machtvolle, päpstliche Präsenz verleiht. Plötzlich fegte ein Windstoß die Mitra von seinem Kopf auf die Seeoberfläche. Hoppla! Der Präsident kletterte schnell und couragiert aus dem Boot, lief über das Wasser, hob die Mitra auf und schüttelte die Wassertropfen ab, ging wieder zurück und gab sie dem Papst. Am nächsten Tag war in den Schlagzeilen zu lesen: »Der Präsident kann nicht schwimmen.«

Umdeutungen werden in den Medien als »Einwickeln«[35] bezeichnet. Wir alle wissen, wie es sich anhört, wenn dasselbe Ereignis von verschiedenen Nachrichtensendern unterschiedlich interpretiert wird. Manchmal können wir gar nicht glauben, dass die Berichterstatter über denselben Vorgang sprechen. Das zeigt uns jedoch, wie machtvoll und flexibel unser menschlicher Geist ist; ein und dasselbe Ereignis kann ganz unterschiedlich interpretiert werden.

Der »Deutungsrahmen« oder die Interpretation, den bzw. die wir über unsere Erfahrung legen, bestimmt, welchen Sinngehalt sie für uns hat. Doch häufig erkennen wir gar nicht, dass wir in Wirklichkeit einfach nur interpretieren. Wir gehen davon aus, dass unsere Interpretationen den tatsächlichen Umständen entsprechen. Marcel Duchamp, einer der einflussreichsten Künstler des 20. Jahrhunderts, schockierte uns mit seinen Umdeutungen, indem er zum Beispiel ein Pissoir in einem Museum platzierte. Plötzlich nahm dieses alltägliche, funktionale Objekt eine ganz neue Bedeutung an. Dadurch veränderte Duchamp unsere Perspektive, mehr noch, er stellte unsere Definition von Kunst infrage.

Immer dann, wenn wir bewusst den Sinn von Ereignissen, Beziehungen und Bedingungen in unserem Leben verändern, deuten wir etwas um und richten es neu aus. Das ist ein bedeutsamer Vorgang, der, wie Magie, zum Guten oder zum Schlechten eingesetzt werden kann. Im Kontext der Konfliktbewältigung sind Umdeutungen, wenn sie mit positiven Absichten vorgenommen werden, Gold wert.

Als Mediatorin habe ich immer wieder Umdeutungen eingesetzt, um einerseits den Wahrheitsgehalt der Erfahrung von Klienten zu bestätigen und andererseits neue Perspektiven auf die gleichen Wahrheiten zu eröffnen. Eine einzige geschickte Umdeutung kann darüber entscheiden, ob ein Gespräch erfolgreich verläuft oder scheitert.

Ich erinnere mich an eine Sitzung, die vor mehreren Jahren stattfand, in der genau dies geschah. Es betraf eine Mediation zwischen der Verwaltungsassistentin eines Bauunternehmens und ihrem Kollegen, der als Projektmanager tätig war. Sie arbeitete im Büro, während er sich meist auf den Baustellen aufhielt. Doch jeden Morgen und jeden Abend begegneten sie sich und mussten sich über Arbeitszeiten, Löhne, Rechnungen etc. austauschen.

Aus irgendeinem unerfindlichen Grund wurde die Atmosphäre zwischen ihnen immer gereizter und es fielen kritische Worte, bis sie schließlich gar nicht mehr miteinander sprachen. Für ihren Chef, den Firmeninhaber, der beide respektierte und schätzte, wurde die Situation immer unerträglicher. Es gelang ihm einfach nicht, mit ihnen über den Streit, der zwischen ihnen schwelte, zu sprechen.

Schließlich rief er mich an, um einen Termin für eine Mediationssitzung zu vereinbaren, und verpflichtete beide zur Teilnahme. Keiner von beiden hatte Lust dazu, und die Atmosphäre war dementsprechend angespannt. Nach ein paar einleitenden Bemerkungen fragte ich, wer anfangen wollte. Beide stimmten darin überein, dass sie beginnen dürfte. Ich bat sie also, das Gespräch zu eröffnen und das Problem aus ihrer Sicht zu schildern.

Sie schaute kurz ihren Kollegen an, der ihr gegenübersaß, richtete dann ihre Augen auf mich und sagte, ohne ein Blatt vor den Mund zu nehmen: »Ich finde, er ist ein arroganter Idiot!«

Wow, dachte ich, *das war jetzt nicht sonderlich hilfreich*. Ihr Angriff überraschte mich völlig und ihn sicherlich auch; einen Moment lang fragte ich mich, was jetzt zu tun wäre. Ich ließ mir einen Moment Zeit, um das, was sie zum Ausdruck bringen wollte, aus meinem eigenen Geist herauszukitzeln, und bot ihr schließlich eine Umdeutung an.

»Nun«, sagte ich, »was immer Ihr Kollege sein mag, es klingt jedenfalls so, als fühlten Sie sich nicht respektiert.«

»Genau«, entgegnete sie, »ich fühle mich nicht respektiert.« Mehr sagte sie nicht. Aber ich konnte spüren, wie sie sich auf ihrem Stuhl entspannte und den Blick senkte. Auch ihr Kollege entspannte sich spürbar, als sie ihn nicht mehr mit ihrer Anschuldigung konfrontierte, sondern mir gegenüber ihre Gefühle ausdrückte.

Zwei Dinge fanden bei dieser Umdeutung statt, die die Atmosphäre im Raum veränderten und das Gespräch in eine positive Richtung lenkten. Zum einen verlagerten wir den Gegenstand der Konversation vom negativen Vorwurf der Arroganz hin zum positiven Wert des Respekts, was beide entspannte. Wie ich später herausfand, war dies darauf zurückzuführen, dass sie ihren Kollegen eigentlich mochte und respektierte, aber eine gewisse Distanziertheit zwischen ihnen sie verletzt hatte.

Als wir den Fokus von ihrer Anschuldigung auf die Ergründung ihrer Gefühle verlagerten, gab ihm das zudem den Raum, sich in sie hineinzuversetzen und die Situation aus seiner Sicht zu betrachten, ohne sich verteidigen zu müssen. Er erklärte, dass er nicht verstehe, was den Bruch zwischen ihnen verursacht habe. Aber je stärker er ihren Missmut fühlte, umso mehr habe er sich zurückgezogen. Was sie als Arroganz oder mangelnden Respekt wahrgenommen hatte, war für ihn nur der Versuch, sich aus Schwierigkeiten rauszuhalten.

Was zu dem ursprünglichen Zerwürfnis zwischen den beiden geführt hatte, fanden wir nie heraus, aber das schien auch nicht wichtig zu sein. Sie mussten einfach reinen Tisch machen und wieder von vorn anfangen. Sie akzeptierten ihre unterschiedlichen Sichtweisen, nahmen wieder Verbindung zueinander auf und stellten den gegenseitigen Respekt wieder her. Dann einigten wir uns auf einige einfache Regeln für ihre künftige Kommunikation. Ich glaube, wir sprachen an diesem Tag etwa anderthalb Stunden lang, und sie verließen mein Büro wie zwei Menschen, die schon seit Jahren gut zusammengearbeitet hatten. Nicht alle Mediationen verlaufen so reibungslos, aber diese beiden Menschen verband eine lange Geschichte der Kooperation, bevor das Problem aufgetaucht war.

Umdeutungen können zu ganz unterschiedlichen Zwecken eingesetzt werden. Wir können zum Beispiel ein Problem aus der Kurzzeitperspektive in eine Langzeitperspektive verschieben. »Mein Mann und ich kommunizieren nicht gut« wird so zu »Mein Mann und ich kommunizieren noch nicht gut« oder »Mein Mann und ich kommunizieren im Moment nicht gut«. Jetzt bezieht sich dieser Satz eher auf eine lebendige Beziehung und lässt die Möglichkeit einer positiven Entwicklung offen.

Umdeutungen können eingesetzt werden, um verbale Attacken zu entschärfen. Eine Anschuldigung wie »Du bist so unnahbar und emotional zu distanziert« kann neutralere Reaktionen hervorrufen wie »Ich weiß, dass ich verschlossen bin« oder

»Ich bin tendenziell eher introvertiert, und es tut mir leid, wenn dich das provoziert«.

Durch geschickte Umdeutungen können wir negative Urteile aus unseren Gesprächen heraushalten, bedrohliche Energie abfließen lassen und so mehr Vergebung und Vertrauen einbringen in das Bemühen, unsere Unterschiede aufzuarbeiten. Zum Beispiel: »Dein Vorgehen ist einfach zu heftig« wird zu »Ja es stimmt, ich bin sehr leidenschaftlich«. Die Kritik »Du lässt dich zu sehr von anderen beeinflussen« kann angenommen werden mit »Ich schätze unterschiedliche Rückmeldungen« und wird durch die Bemerkung »Manchmal gehe ich damit vielleicht zu weit« weiter abgemildert. Der Vorwurf »Du bist dickköpfig« kann eingeräumt und umgedeutet werden in »Ich gebe zu, dass ich feste Standpunkte vertrete«. All diese Neuinterpretationen können negative Ansichten entschärfen und schaffen so den Raum für ein produktives Gespräch, das zu Übereinstimmungen führt.

Umdeutungen sind jedoch mehr als eine rein semantische Übung. Es geht nicht nur um den Kniff, eine negative Bemerkung in eine positive zu verwandeln. Eine Umdeutung, die nur etwas schönredet, führt zu keiner Veränderung. Eine Kritik wie »Du bist nie zu Hause und ich renne den ganzen Tag herum und kümmere mich um alles« kann nicht in »Ich bin ein häuslicher Abenteurer« umgedeutet werden. Das funktioniert leider nicht. Damit es funktioniert, muss die Umdeutung eine überzeugende Wahrheit enthalten.

Diese kritische Bemerkung könnte allerdings folgendermaßen umgedeutet werden: »Ich schätze die Zeit, die wir miteinander verbringen, und hätte gerne mehr davon.« Oder: »Ich ziehe es vor, wenn wir gemeinsam an etwas arbeiten.« Oder: »Ich hätte gerne, dass die Hausarbeit gleichmäßig zwischen uns aufgeteilt wird.« Die meisten Menschen würden diesen Bemerkungen nicht widersprechen. Erstens, weil es sich dabei um »Ich«-Botschaften aus der Perspektive der ersten Person handelt, die auf

Schuldzuweisungen und moralische Zeigefinger verzichten, und zweitens, weil sie eine positive Absicht geltend machen. Die Umdeutung wird dadurch zur Grundlage einer umfassenden Erkundung unserer jeweiligen Rollen in der Familie, unserer Zufriedenheit, unseres Unmuts und unserer Vorstellungen von der Arbeitsteilung. Zumindest wenn wir dazu bereit sind. Neue Interpretationen funktionieren nicht, wenn sie rührselig oder einfach nur leicht dahingesagt sind; eher sollten sie unsere Sichtweisen bereichern oder vertiefen und uns ermöglichen, mehr zu erkennen, als wir bisher gesehen haben – nicht weniger.

Einer meiner Schüler arbeitet daran, seine Emotionen besser wahrzunehmen und sich selbst zu gestatten, tiefer zu fühlen und diese Gefühle auch auszudrücken. Es ist etwas, das seine Freundin sich von ihm wünscht, und er ist damit einverstanden. Trotzdem ringt er um die Antwort, wenn sie ihn fragt, wie er sich in einem bestimmten Moment fühlt.

»Ganz ehrlich«, sagt er, »ich bin dann wie ein Reh, das vor die Scheinwerfer gelaufen ist. Meist weiß ich nicht, wie ich mich fühle. Ich erstarre, bin unfähig, die Signale meines Körpers zu verstehen, geschweige denn, in diesem Moment meine Gefühle zu beschreiben.« Seine Freundin beschuldigt ihn, »zu kopfig« zu sein, eine Bezeichnung, die ihn innerlich zusammenfallen und eine Verteidigungshaltung einnehmen lässt.

Seine Gefühle zu spüren und über sie zu sprechen, ist für ihn wie das Erlernen einer Fremdsprache. Rationalität ist seine Muttersprache. An seinem Kommunikationsstil ist auch nichts falsch – ganz im Gegenteil, er ist seine Stärke. Also deuteten wir »zu kopfig« in »äußerst rational« um, was ihm entspricht und wodurch er sich wahrgenommen fühlte. Er arbeitet immer noch daran, seine Gefühle in seine Kommunikation zu integrieren – und genau deshalb ist er stark und nicht schwach.

Remix der Gefühle

Erfahrungen, die von starken Emotionen begleitet werden, sind sehr viel schwieriger umzudeuten. Wenn wir wütend, verletzt, beschämt oder verängstigt sind, bestimmen diese Zustände meist die Bedeutung, die wir aus unserer Erfahrung herleiten. Natürlich ist nichts falsch daran, wenn wir uns aufregen oder einen schlechten Tag haben. Es stellt aber eine viel größere Herausforderung dar, eine Bedeutung umzudeuten und eine andere Perspektive auf eine Situation einzunehmen, wenn unser Nervensystem von unangenehmen Empfindungen überflutet wird. Also können wir lernen, unsere Gefühle umzudeuten.

Eine meiner Schülerinnen übt sich darin, ihre Eifersuchtsgefühle umzudeuten. Wenn sie in der Vergangenheit jemanden kennenlernte, wurde sie schon nach ein paar Wochen, einigen Telefonaten oder auch ein oder zwei Drinks besitzergreifend. Sie hatte sehr schnell das Gefühl, ihren neuen Partner ganz für sich beanspruchen zu müssen, auch wenn sie das gar nicht wollte. Ihr ist durchaus bewusst, dass Eifersucht und Unsicherheit abschreckend wirken – selbst auf sie. Deshalb machte sie auch eine Therapie, um dieses Muster genauer zu untersuchen.

Vor Kurzem berichtete sie mir von einem Durchbruch, als sie entdeckte, dass sie ihr Gefühl umdeuten konnte. Wenn jetzt die Eifersucht in ihr hochkommt, interpretiert sie diesen Impuls neu und deutet ihn um, anstatt wie bisher immer wieder nachzuschauen, ob der neue Mann in ihrem Leben Bilder einer anderen auf Facebook postet.

Sie beginnt nun, ihre eigenen Gefühle besser kennenzulernen. Sie glaubt den Geschichten, die von ihrer Eifersucht ausgelöst werden, nicht mehr, sondern achtet eher darauf, welche Signale sie in ihrem Körper spürt. Was sind das für Signale? Wo im Körper spürt sie sie? Wie fühlen sie sich tatsächlich an?

Sie nimmt sich die Zeit, ihre Aufmerksamkeit auf die Übelkeit im Magen und die schmerzhaften Empfindungen in ihrer

Brust, die sie als Stechen beschreibt, zu richten. Den Zugriff der Wut, den sie in ihrem Kiefer verspürt und der bis in ihren Nacken ausstrahlt, kann sie jetzt als ihr Bedürfnis nach Kontrolle beschreiben. Sie achtet darauf, wie die Gefühle sich verlagern und verändern. Indem sie mit der Unbeständigkeit ihrer Empfindungen immer vertrauter wird, lernt sie, durchzuatmen und sich zu entspannen, was ihr wiederum dabei hilft, präsent zu bleiben, während sie kommen und gehen. Man könnte sagen, sie lernt, mit ihrer Eifersucht zu tanzen.

Letztendlich hat sich ihre ganze Einstellung zu ihrer eigenen Eifersucht verändert, indem sie versucht, sich mit ihr anzufreunden, anstatt sich dafür zu kritisieren, sie zu empfinden. Sie konnte das Gefühl in den Ausdruck ihres Wunsches nach einer dauerhaften Liebesbeziehung umdeuten, einer Beziehung, die zuverlässig und ehrlich ist. Zwar muss sie ihre eifersüchtigen Verhaltensweisen immer noch im Zaum halten, aber sie versteht diese unangenehmen Gefühle mittlerweile doch eher als Aufforderung, sich auf ihren Wunsch nach Treue zu konzentrieren und nicht mehr auf ihre Angst, betrogen zu werden.

Für sie, so sagt sie, ist es viel einfacher geworden, mit der Eifersucht umzugehen, sobald sie ihre positive Funktion bedenkt, anstatt sie einfach nur als eine Belastung zu sehen, die es zu überwinden gilt. Sie hat kein schlechtes Gewissen mehr, sondern ist neugierig darauf, ihre Gefühle zu untersuchen. Ich habe ihr gesagt, dass sie letztendlich in jedem Gefühl präsent bleiben kann, wenn sie lernt, in ihrer Eifersucht, dieser komplexen Mischung aus Leidenschaft und Aggression, präsent zu sein.

Was ist richtig?

Im Grunde ist es einfach, unsere Gefühle umzudeuten – wenn wir es wollen. Um damit anzufangen, identifizieren wir am besten einen schwierigen oder gar schmerzhaften Charakterzug bei uns selbst – oder, noch einfacher, bei einer anderen Person. Wir betrachten aufmerksam die Situation und wie wir auf sie reagieren, so wie meine Schülerin das mit ihrer Eifersucht tut. Der zentrale Punkt jeder Achtsamkeitspraxis besteht darin, in der Art und Weise, wie die Dinge für uns auftauchen, präsent zu bleiben – und das gilt genauso für unsere diesbezüglichen Reaktionen: »Mein Chef ist dominant, und ich nehme ihm das übel.« »Meine Freundin kommt immer zu spät, und das irritiert mich.« »Mein Team ist schlecht organisiert, und ich verliere meine Inspiration.« »Dieses Land bewegt sich in die falsche Richtung, und das macht mir Angst.«

Um eine Umdeutung zu beeinflussen, sollten Sie fragen, was an der Situation *richtig* ist. Welche Einsicht liegt in den Dingen, so wie sie jetzt sind?

Das ist genau die Frage, die ich mir stellte, als die Mitarbeiterin des Bauunternehmens ihren Kollegen als arroganten Idioten bezeichnete. Was war richtig an ihrer Erfahrung? Sie war verletzt, so viel stand fest. Sie beschuldigte ihn, arrogant zu sein. Soso. Arroganz bedeutet, dass man sich über andere erhebt. Ich fragte mich also, ob sie sich herabgesetzt fühlte. Doch was war daran richtig? Nun, sie wollte sich gleichberechtigt und respektiert fühlen. Also sagte ich zu ihr: »Es klingt so, als fühlten Sie sich nicht respektiert.« Das war die Umdeutung, die ihrem Problem empathisch begegnete, ihre positiven Absichten unterstrich und allen einen Weg aus der Sackgasse ihrer Kritik aufzeigte. Und da sie glaubhaft klang, funktionierte diese Umdeutung.

Manchmal besteht unsere einzige Option darin, das zu entdecken, was in unserer Situation richtig ist. Dazu fällt mir eine alte Geschichte aus der Sufi-Tradition ein, in der jemand, der in seinem Garten mit Unkraut zu kämpfen hat, Rat von einem großen Gärtnermeister einholt. Beim ersten Mal schlägt der Gärtnermeister ein paar Zusätze für den Boden vor und rät dazu, Veränderungen am Bewässerungssystem vorzunehmen. Doch das funktioniert nicht, und das Unkraut sprießt weiter. Also sucht der Mann den Gärtnermeister ein zweites Mal auf. Diesmal schlägt dieser vor, eine bestimmte Pflanze, die gegen Unkraut wirkt, zu setzen. Doch auch diese Maßnahme scheitert. Der inzwischen frustrierte Mann sucht den Meister ein drittes Mal auf, und dieser fragt:

»Du hast die Zusammensetzung des Bodens verändert?«
»Ja.«
»Du hast die Bewässerung angepasst?«
»Ja.«
»Du hast die neue Pflanze gesetzt?«
»Ja.«
»Und das Unkraut ist immer noch da?«
»Ja.«
»Nun, dann schlage ich vor, dass du es zu lieben lernst.«

Es ist eine Sache, eine Anschuldigung oder Kritik umzudeuten; es ist eine andere Sache, unser ganzes Leben umzudeuten.

PRAXIS

Umdeutung

1. Identifizieren Sie eine hartnäckige, belastende Situation in Ihrem Leben.
2. Spüren Sie den direkten Empfindungen nach, die diese in Ihnen auslöst.
3. Fragen Sie sich jetzt: »Was ist daran richtig?« Können Sie den positiven Aspekt dieser Situation erkennen?
4. Falls Sie daran gearbeitet haben, eine Umdeutung bei einer anderen Person vorzunehmen, sollten Sie die Angelegenheit in die »Ich«-Perspektive verschieben.

16
Feedback geben und entgegennehmen

Sei du selbst:
Die Welt wird dir Feedback geben.

CHÖGYAM TRUNGPA[36]

Eine Sache ist klar: Ich persönlich mag kein Feedback; aber natürlich verstehe ich, dass es für eine harmonische, vertraute Zusammenarbeit und gute, lebendige Beziehungen notwendig ist. Und dennoch: Wann auch immer mir jemand mit diesem Ich-will-dir-Feedback-geben-Blick begegnet, verlässt mich jegliche Gelassenheit. Ich fühle mich dann plötzlich wieder wie mit 16, und mein Selbstwertgefühl ist so zerbrechlich wie ein kleiner Vogel. Sofort stellen sich meine Abwehrmechanismen ein – die bekannten Flucht-, Kampf- oder Erstarrungsreflexe. Der kleine Vogel in mir fliegt einfach davon, mein inneres Raubtier fletscht die Zähne und das Häschen in mir erstarrt unter einem Busch.

Die gute Nachricht ist jedoch, dass die Instinkte der Verteidigungsstrategien meines Ego nicht mehr wirklich den Laden schmeißen. Seitdem ich weiß, dass mein Leben nicht wirklich in Gefahr ist, habe ich gelernt, mich zu entspannen und mein herausgefordertes Nervensystem durch bewusstes Atmen zu beruhigen. Manchmal besitze ich die Courage und den Weitblick, der anderen Person das Recht einzuräumen, ihre eigene Perspektive auszudrücken, und bin vielleicht sogar neugierig auf das, was sie zu sagen hat.

Feedback entgegenzunehmen entspricht in gewisser Weise der Praxis der Meditation. Atemzug um Atemzug lösen wir unsere tief verwurzelte Anhaftung an das Gefühl eines Selbst und die damit einhergehenden endlosen Kommentare über »mich«. Wir öffnen unser Herz dem Moment und begeben uns auf das unbekannte Territorium einer umfassenderen Identität – endlos und frei.

Auch in unseren Beziehungen können wir diese Offenheit und Freiheit erfahren. Sobald sich unser Festhalten an unserer Identität lockert, werden wir furchtloser, was die Kommunikation mit anderen betrifft, und vertrauen auf unsere Fähigkeit, dem zu begegnen, was uns entgegentritt. Wir lernen, uns nicht vom Fleck zu rühren und zu entspannen, anstatt wegzulaufen, uns zu wehren oder die Bedrohung einfach zu ignorieren.

Feedback entgegennehmen: Drei Optionen

Feedback entgegenzunehmen ist eine Kunst – genauso wie Feedback zu geben. In beiden Fällen geht es um das richtige Timing. Wenn jemand uns eine Rückmeldung dazu geben will, wie er uns wahrnimmt – egal, ob die Person dazu aufgefordert wurde oder nicht –, müssen wir unsere übliche Geschwindigkeit herunterfahren und unserem Körper die Zeit geben, die Bedrohung wirklich zu spüren.

In diesem Zusammenhang verwende ich gern die Analogie eines Tennisspiels: Wenn der Ball über das Netz geschlagen wird, stellen Sie sich passend hin und bereiten sich darauf vor, ihn anzunehmen. Es sei denn, Sie greifen direkt am Netz an. In zwischenmenschlichen Beziehungen ist ein Volleyschlag jedoch meist wenig hilfreich, und deshalb lassen Sie den Ball einmal aufspringen. Sie nehmen die richtige Position ein, holen zu einem Vorhandschlag aus und konzentrieren sich auf den Return. Diese kurze Zeitspanne gibt Ihnen den Raum, bewusst zu reagieren.

Normalerweise erlauben wir uns nicht, diesen Raum zu spüren, und nehmen die Reaktionen unseres Körpers deshalb nicht wahr. Aber wenn wir unseren Gefühlen nicht nachspüren, diktieren sie unsere Reaktionen, ohne dass uns dies bewusst ist. Ein wichtiger Aspekt unserer Achtsamkeitspraxis besteht darin, direkt und bewusst zu fühlen, insbesondere dann, wenn wir anders mit unseren Konflikten umgehen wollen.

Da wir unsere körperlichen Reaktionen oftmals nicht bewusst wahrnehmen, ignorieren wir immer wieder, was gesagt wird. Vor Kurzem musste ich Willie die traurige Nachricht überbringen, dass unser junger Hund von einem Auto überfahren worden war. Seine erste Reaktion war: »Das macht nichts, Diane, es war ein wilder Hund.« Willie ignorierte einfach alle Gefühle in Bezug auf den Verlust. Für ihn war das eine merkwürdige Reaktion. In der Regel drückt er seine Gefühle sehr deutlich aus, aber diesmal nicht. Stattdessen kritisierte er den Hund und tat damit etwas, was wir alle schon mal getan haben. Er machte den Hund schlecht, damit er das Gefühl des Verlustes nicht so stark spürte.

Feedback zu empfangen und mit unseren Reaktionen umzugehen, lässt sich üben. Es gibt drei Wege, dies zu tun.

1. Einfach nur zuhören

Vor einiger Zeit bekam eine meiner Schülerinnen von einer Freundin die Rückmeldung, sie sei distanziert und es sei schwierig, mit ihr Kontakt aufzunehmen. Wie wohl jeder in dieser Situation fühlte sie sich verletzt und sah sich in die Defensive gedrängt. Doch dann ließ sie ihre Gefühle auf sich beruhen und entschied, sich die Sichtweise ihrer Freundin einfach nur anzuhören, ohne zu widersprechen. Sie schenkte dem Gehör, was ihre Freundin aus der Perspektive der ersten Person zu sagen hatte, und verwechselte Zuhören nicht mit Zustimmung. Der erste Ansatz, Feedback entgegenzunehmen, besteht also darin, diesem einfach nur zuzuhören, selbst wenn wir nicht mit ihm übereinstimmen.

Aktives Zuhören beinhaltet das Widerspiegeln des Gesagten. Dazu wiederholen wir in einer einfachen, direkten Weise, was wir von der anderen Person gehört haben. Wenn also jemand zu uns sagt »Du bist so distanziert«, dann können wir erwidern: »Ich höre, dass du mich für distanziert hältst.« Dabei muss das Ego sich entspannen, damit es auch authentisch bleibt. Je mehr wir uns darin üben, umso einfacher wird es.

Dem Feedback einfach nur zuzuhören ist eine äußerst wirksame Praxis, da wir dadurch die Authentizität der Erfahrung der anderen Person anerkennen. Es ist eine respektvolle Geste, insbesondere dann, wenn wir nicht zustimmen. Da es schwierig ist, zuzuhören, wenn wir uns kritisiert fühlen, baut allein unsere Bereitschaft, dies zu tun, Vertrauen auf und trägt zur Dauerhaftigkeit einer Beziehung bei. Wie Rumi sagt: »Liebe beschreibt ihre eigene Vollkommenheit. Sei sprachlos und hör zu.«[37]

2. Feedback umdeuten

Eine zweite Möglichkeit, Feedback zu empfangen, besteht darin, es umzudeuten, um die Kritik abzuschwächen. »Du bist distanziert« wird dann zu »Stimmt, ich bin eher zurückhaltend« oder »Das klingt, als würdest du dich mir nicht so nahe fühlen, wie du dir das wünschst«. Durch eine mitfühlendere Neuinterpretation bringen wir Wohlwollen in den Austausch. Möglicherweise können wir einen gewissen Wahrheitsgehalt im Feedback erkennen, müssen mit der negativen Schlussfolgerung aber nicht übereinstimmen.

Während ich als Mediatorin eine Scheidung begleitete, erhielt ich einen Anruf von der Frau, die ein Problem mit meiner Vorgehensweise hatte. Sie sagte, unsere letzte Sitzung habe sie verletzt, da ich mit ihrem Mann geflirtet hätte. *Was*, dachte ich, *mit Ihrem Mann geflirtet? Niemals!* In diesem Moment hätten Sie mal die Aufregung in meinem Nervensystem spüren sollen! Auf der Stelle fühlte ich mich in die Defensive gedrängt und wollte mich verteidigen; ein imaginärer scharlachroter Buchstabe der Schmach erschien auf meiner Brust. Dabei mochte ich ihren zukünftigen Exmann nicht einmal, denn auf mich wirkte er in unseren Gesprächen eigensinnig und unzugänglich.

Ich nahm mir einen Moment Zeit, um ihre Kritik wirken zu lassen und dem überraschenden Impuls nachzuspüren, meine Tugendhaftigkeit zu verteidigen. Dann gingen mir noch ein paar sarkastische Bemerkungen durch den Kopf, wie beispielsweise: *Du hast diesen Typ doch geheiratet, nicht ich.* Doch dann konnte ich mich schließlich in der Wirkung, die ihr Feedback auf mich hatte, entspannen und fragte mich, welche partielle Wahrheit darin zum Ausdruck kam. Nachdem ich einen Moment darüber nachgedacht hatte, sagte ich: »Ich kann nachvollziehen, dass Sie so etwas denken. Aus meiner Sicht stellen meine Interaktionen mit ihrem Mann eher den Versuch dar, spielerisch mit der Situation umzugehen. Sie sind Ausdruck meines Bedürfnisses, die Atmosphäre zu entspannen. Es tut mir leid, wenn Sie das stört.«

Meine Antwort wirkte auf der Stelle beruhigend auf sie. Diese Umdeutung veränderte ihre Erfahrung unserer letzten Begegnung, und das war offenbar alles, was sie brauchte, um weiterzumachen. Sie reagierte sehr direkt, sagte einfach nur »Ah, okay« und erwähnte die Sache nie wieder. Nach unserem Telefonat war ich sehr froh, dass sie ihr Anliegen vorgebracht hatte, denn ich lernte sehr viel daraus.

Immer wieder frage ich mich, wieso ich so schnell den Drang verspüre, mich zu verteidigen, und ob mein Selbstbild wirklich so viel Schutz benötigt. Was ist dieses Selbst eigentlich, an dem ich festhalte und das so sehr auf der Hut ist? Wie die meisten von uns habe ich Verteidigungsmauern um dieses Selbstbild errichtet und schiebe jeden Gedanken von mir weg, der nicht mit der Vorstellung dessen einhergeht, wer »Ich« bin.

Doch an einem gewissen Punkt kann selbst ich ein Gefühl der Erleichterung spüren, wenn ich diese Verteidigungshaltung aufgebe, da ich so in Kontakt mit meiner Menschlichkeit komme. Sich dem Feedback zu öffnen kann sehr heilsam für unseren spirituellen Hochmut sein, denn es verbindet uns mit unserer Verletzlichkeit, einer gewissen Demut und der Zerbrechlichkeit unserer Existenz. Auch wenn ich es gern anders hätte, ich bin weit weg davon, perfekt zu sein – niemand von uns ist es. Kobayashi Issa drückt es folgendermaßen aus: »Wo Menschen sind, da gibt es Fliegen und Buddhas.«[38] Ist das nicht perfekt?

3. Feedback annehmen

Einst reiste ich mit einer guten Freundin durch Nepal. Wir waren gerade aus den Bergen zurückgekehrt und kamen gegen 17 Uhr in Kathmandu an. Es war heiß, und die Stadt war total verstopft – und wir waren beide gereizt. Als wir uns auf den Weg zu unserem Hotel machten, wollte ich noch einmal auf den Stadtplan schauen, um sicherzugehen, dass die Richtung stimmt. Aber wir hatten nur einen einzigen und der befand sich im Rucksack meiner Freundin.

Ich bat sie, ihn herauszuholen, damit ich einen Blick darauf werfen konnte.

»Ich weiß, wo das Hotel liegt«, sagte sie und ging einfach weiter.

Daraufhin fragte ich sie noch einmal, aber sie reagierte nicht. Schließlich schrie ich sie an: »Mary, wieso bist du so ein verdammter Dickschädel?!«

»Keine Ahnung«, brüllte sie zurück.

Der dritte – und vielleicht schwierigste – Ansatz, um Feedback anzunehmen, besteht darin, es einfach zuzulassen, so wie

Mary dies tat. Sie hatte mich völlig auf dem falschen Fuß erwischt, weil sie mir einfach zustimmte und keine Anstalten machte, mit mir zu streiten oder sich zu verteidigen. Also gab ich klein bei und folgte ihr, bis sie das Hotel fand – ohne Stadtplan.

Zugegebenermaßen können wir dafür nur offen sein, wenn das Feedback irgendwie glaubhaft klingt. Da, wo ich herkomme, gibt es ein Sprichwort: »Wenn jemand sagt, dass du ein Blödmann bist, vergiss es einfach. Wenn zwei Leute sagen, dass du ein Blödmann bist, solltest du darüber nachdenken. Wenn drei Leute sagen, dass du ein Blödmann bist, solltest du besser auf sie hören.« Manchmal projizieren Menschen ihre eigenen Probleme auf uns; manchmal ist das, was andere Menschen sagen, so offensichtlich, dass wir – wie Mary – nichts dagegen einwenden können.

Wenn sich jemand über unsere Distanziertheit beschwert, könnten wir vielleicht entgegnen: »Stimmt. Ich bin so weit weg, dass ich gar nicht mehr weiß, wo ich eigentlich bin.« Humor kann jede Auseinandersetzung entspannen, aber es ist eine gewisse Praxis vonnöten, ihn richtig einzusetzen, damit er nicht als Verteidigung aufgefasst wird. Es ist wichtig, dass wir auch ein wenig über uns lachen können. Dabei muss unsere Entgegnung nicht vollkommen wahrhaftig sein; ein bisschen Wahrheit genügt schon. Etwa so, wie Willie es gerne ausdrückt: »Na, dann schiebe ich jetzt mal die Schuld auf mich.«

Wenn uns nachgesagt wird, dass wir gerne flirten, könnten wir vielleicht entgegnen: »Ja, ich flirte gerne. Ich liebe Männer, Frauen, Menschen. Ich flirte mit allen. Ich kann nicht anders. Die Welt da draußen ist einfach so sexy.« Ich bin mir nicht sicher, wie das ankäme, aber bei dem Gedanken daran muss ich schmunzeln.

Wir können spielerisch damit umgehen, Feedback offen anzunehmen. Doch in manchen Situationen möchten wir uns vielleicht auch entschuldigen, insbesondere wenn wir sehen, dass unsere Wesensart oder unsere Verhaltensweise andere verletzt hat. Wir alle müssen mit einem Dilemma leben: Egal, wie sehr wir uns bemühen, wir werden andere verletzen und Leiden verursachen. Wirkliche Vertrautheit ist immer auch von Schmerzen umsäumt.

Nach Willies Geburt zerbrach meine Ehe. Das ist eine Erfahrung, die Eltern mit behinderten Kindern immer wieder machen. 90 Prozent der Paare lassen sich nach dem Tod eines Kindes oder der Geburt eines Kindes wie des meinen scheiden. Wenn wir in Trauer versinken, ist es sehr schwierig, füreinander da zu sein, mal ganz abgesehen davon, dass wir alle unterschiedlich mit einem Verlust umgehen.

Die Trennung von meinem Mann war schrecklich für mich. Mein Sohn war erst zwei Jahre alt, und ich wusste, dies würde unauslöschliche Spuren in ihm hinterlassen. Ich war emotional zerrissen, bis eine Freundin zu mir sagte: »Nun, es ist ja nicht so, als hätte Willie dir keinen Kummer bereitet.«

Diese Bemerkung ließ etwas in mir zur Ruhe kommen, und ich konnte einsehen, dass Leiden in Beziehungen unvermeidbar ist. Es ist auf der Festplatte unserer Existenz eingeschrieben. Mutter und Kind leiden bei der Geburt. Geschwister buhlen um die Gunst ihrer Eltern. Freundschaften verlieren sich. Geliebte Menschen werden krank und sterben.

So gesehen ist Feedback das Eingeständnis der Wahrheit, dass unsere Unterschiede schmerzhaft sein können. Dagegen können wir nichts tun, aber wir können dankbar sein, wenn die Wahrheit ausgesprochen wird.

Feedback geben

Das Einzige, was ich noch weniger mag, als Feedback entgegenzunehmen, ist, es zu geben. Es macht mir einfach keinen Spaß. Es ist jedoch integraler Bestandteil meiner Rolle als Lehrerin und Leiterin einer Organisation, und so übe ich mich darin, Feedback in einer Weise zu geben, für die meine Schüler und Angestellten offen sind und die mich nicht zu sehr fordert. Viele Menschen in Führungspositionen haben keine Schwierigkeiten damit, Anweisungen ein zweites oder drittes Mal zu geben, Leistungen kritisch zu beurteilen oder ihrer Enttäuschung Ausdruck zu verleihen. Sporttrainer, Lektoren, Lehrer, Vorgesetzte und Eltern müssen tagein, tagaus Feedback geben.

Für mich ist das trotzdem nervenaufreibend. Auf einer Ebene finde ich meinen Widerwillen unreif. Auf einer anderen Ebene kommt es eben immer zu Spannungen, wenn Ego-Grenzen sich aneinander reiben und ich meinen Standpunkt behaupten muss. Viele, die mich kennen, werden sich über dieses Eingeständnis wundern, denn in ihren Augen schrecke ich nicht davor zurück, das zu sagen, was ich denke. Doch innerlich muss ich eine Menge Widerstand überwinden, um auch nur die kleinste kritische Rückmeldung zu geben.

Aber auf diesem Weg habe ich viele Dinge gelernt, die hilfreich sein könnten.

Ruhe bewahren. Manche von uns erfahren eine dezente Angst, wenn sie Feedback geben. Also sollten wir uns darauf vorbereiten, indem wir uns auch nur das geringste Unbehagen in uns bewusst machen. Falls wir emotional unter Stress stehen, ist es absolut notwendig, dass wir uns erst mal beruhigen. Denn wir Menschen sind so raffinierte Geschöpfe, dass unsere Energie sich sehr viel schneller kommuniziert, als unsere Worte das tun, und jeder Anflug von Angst wird womöglich als Vorwurf interpretiert.

Wir können unser Nervensystem beruhigen, indem wir uns an das erinnern, was wir an der anderen Person schätzen. Vielleicht hat sie in den letzten Wochen große Anstrengungen auf sich genommen. Oder ihre Kollegen würdigen ihren Einsatz und ihre Arbeit. Wenn es um unser eigenes Kind geht, können wir

uns vor Augen führen, wie sehr wir es lieben. Derartige Über-
legungen haben eine unmittelbar positive Wirkung: Sie veredeln
unsere Absichten und schaffen eine Atmosphäre des guten Willens und Vertrauens selbst inmitten einer schwierigen Kommunikation.

Es ist Ihre Entscheidung, ob Sie Ihr Feedback mit wertschät-
zenden Bemerkungen einleiten wollen. Vertrauen Sie dabei Ihrer
Intuition. Manchmal erleichtert es den Einstieg und stellt einen
guten Beginn für ein ansonsten schwieriges Gespräch dar. Doch
hin und wieder schafft das auch einen peinlichen Moment,
während unser Gegenüber nur auf die nächste Hiobsbotschaft
wartet. Auf jeden Fall sollten Sie an irgendeinem Punkt in Ihrem
Gespräch Ihrem Lob und Ihrer Wertschätzung Ausdruck verleihen.

Klar und einfach. Sobald wir unsere Wertschätzung zum Ausdruck gebracht haben, auch wenn wir dies nur innerlich tun,
müssen wir uns offen, einfach und klar äußern. Dabei ist es
hilfreich, mit einem guten Einführungssatz zu beginnen, etwa:
»Lassen Sie uns direkt in das Projekt einsteigen.« Oder: »Können wir uns etwas Zeit nehmen, um darüber zu sprechen, wie
die Dinge laufen?« Wie wir diesen Eröffnungssatz formulieren,
hängt unter anderem von unserer Rolle ab. Wenn wir eine Füh-
rungsposition bekleiden, brauchen wir die Zustimmung des anderen für dieses Gespräch nicht. Wollen wir jedoch mit einer
Kollegin oder einem Partner reden, müssen wir diese einholen.

Unsere Gesprächsführung sollte freundlich, aber selbstbe-
wusst sein. Dabei gilt es, darauf zu achten, dass wir keine
Andeutungen oder Verklausulierungen verwenden, nicht ins
Stottern geraten oder uns für das, was wir sagen wollen, entschuldigen. Manchmal treten wir zu dominant auf; dann wieder
neigen wir dazu, Aussagen abzumildern oder zu relativieren, um
den Druck aus ihnen herauszunehmen. Aber dadurch wird das,
was wir kommunizieren wollen, mehrdeutig oder wirkungslos.

Schon der Buddha sagte, wir sollten uns wie die Saite einer Laute stimmen: »Nicht zu fest und nicht zu locker.« Menschen verdienen unsere Aufrichtigkeit und Klarheit. Es ist sehr wichtig, unsere Aussagen mit einer klaren Beschreibung unserer Erwartungen zu untermauern und Beispiele dafür zu geben, wie Verbesserungen aussehen könnten. Wenn wir uns der Authentizität und Aussagekraft der Ich-Perspektive bedienen, könnten wir zum Beispiel sagen: »Ich hätte gerne, dass der Text zeitnah im Web veröffentlicht wird. Können wir uns darauf einigen, dass er jeden Montagmorgen auf der Seite steht?« Oder: »Unser Newsletter erscheint zu unregelmäßig und in unterschiedlicher Qualität. Ich würde gerne eine monatliche Frist für seine Versendung festlegen. Ich habe Ideen, wie wir den Inhalt verbessern können, aber erst einmal möchte ich Ihre Vorstellungen hören. Was wäre in Ihren Augen hilfreich?«

Wechselseitigkeit. Letztendlich gebe ich niemals Feedback, ohne nachzufragen, ob ich verstanden wurde. Ich will wissen, was jemand mich sagen gehört hat und wie meine Worte interpretiert werden. Mich interessiert, ob wir die Dinge ähnlich sehen. Deshalb frage ich womöglich: »Was von dem, das Sie gehört haben, erscheint Ihnen wichtig?« Oder: »Worin stimmen Sie überein, und in welchen Punkten sind Sie anderer Meinung?«

Wenn wir in diesen Begegnungen ein gemeinsames Verständnis entdecken, stärkt das die Kontinuität und die Belastbarkeit unserer Beziehungen. So können schwierige Gespräche zu positiven Ergebnisse führen. Jede Art der Kommunikation ist eine Kunstform, gerade weil es nicht nur einen Weg gibt. Wir entwickeln unsere Fähigkeiten, indem wir es versuchen, scheitern und wieder versuchen. Meinen Schülerinnen und Schülern sage ich manchmal: »Es geht nicht um das, was ihr tut; es geht um das, was ihr als Nächstes tut.«

PRAXIS

Feedback entgegennehmen

1. Bitten Sie einen guten Freund oder eine Kollegin, Ihnen konstruktives Feedback zu geben. Dabei hilft es, konkret zu werden:»Wie denkst du, entwickelt sich meine Arbeit zurzeit?« Oder:»Wie erlebst du mich in letzter Zeit in unserer Beziehung?«
2. Wappnen Sie sich. Sie werden überrascht sein, wie bereitwillig Menschen ihre Ansichten zum Ausdruck bringen.
3. Atmen Sie mehrere Male gleichmäßig ein und aus, und achten Sie darauf, ob sich der Körper dem Feedback widersetzt. Lassen Sie diesen Widerstand einfach zu.
4. Hören Sie einfach nur zu, und wiederholen Sie, was Sie gehört haben. Verzichten Sie darauf, das Feedback zu kommentieren oder sich irgendwie zu erklären. Spüren Sie einfach nur, wie es sich anfühlt, es zu empfangen.

PRAXIS

Feedback geben

1. Warten Sie, bis sich eine Situation ergibt, in der Sie einem Freund oder einer Kollegin gern konstruktives Feedback geben würden.
2. Fragen Sie zuerst nach deren Einverständnis. Möglicherweise werden sie es nicht geben.
3. Drücken Sie anfangs in ein, zwei Sätzen Ihre Wertschätzung aus.
4. Formulieren Sie dann eine einfache Beobachtung, die Ihrem Gegenüber helfen kann, falls er oder sie dafür empfänglich ist. Beispielsweise könnte diese so lauten:»Ich habe bemerkt,

dass du dazu neigst abzuschweifen, wenn Aufmerksamkeit gefragt ist.« Oder: »Ich würde mich darüber freuen, wenn du dein Smartphone aus der Hand legen könntest, während wir essen.«

5. An das Feedback sollte sich immer eine Frage anschließen, etwa: »Welche Gefühle haben Sie diesbezüglich?« Oder: »Was haben Sie für Erfahrungen damit?«

6. Bedanken Sie sich für die Gelegenheit, offen und authentisch miteinander umzugehen.

17

Der Schatten in Konfliktsituationen

Wer zugleich seinen Schatten
und sein Licht wahrnimmt,
sieht sich von zwei Seiten,
und damit kommt er in die Mitte.

CARL GUSTAV JUNG[39]

Eine meiner Freundinnen nahm an einem Einzelmeditations-
retreat teil. Die Anweisungen waren einfach. In einer kleinen
Hütte sollte sie ungefähr acht Stunden am Tag meditieren. Es
war ihr erlaubt, zwei Bücher über buddhistische Praxis mit-
zubringen, ansonsten durfte sie sich aber nicht durch andere
Aktivitäten ablenken.

In einer Pause unternahm meine Freundin einen kurzen Spa-
ziergang. Während sie durch den Wald lief, fiel ihr Blick auf ein
Stück Holz, das am Boden lag. Sie hob es auf, trug es zu ihrer
Hütte zurück und legte es auf den Altar. Sie setzte ihre Meditation wie vorgesehen fort und bewunderte dabei die Schönheit
der Natur, die auf ihrem Schrein lag.

Doch im Laufe des Tages veränderte sich das Holzstück.
Zuerst tauchten Augen auf, dann eine Nase und ein Mund.
Noch mehr Details traten hervor, sodass meiner Freundin am
Ende des Tages schließlich ein komplettes Gesicht entgegen-
blickte.

Am nächsten Morgen nahm meine Freundin während einer
Meditationspause das Holzstück mit nach draußen, anstatt ihre
buddhistischen Bücher zu lesen. Sie öffnete ihr Taschenmesser
und begann, das Gesicht aus dem Holz zu schnitzen. Ihr war

bewusst, dass sie sich damit von der Meditation ablenkte, sie folgte aber ihrem Impuls und konnte nichts dagegen tun.

Je länger meine Freundin schnitzte, umso bedrohlicher wurde das Gesicht. Hatte es zuvor noch unschuldig gewirkt, war es jetzt hässlich und von den tiefen Schnitten und Kratzern verunstaltet. Meine Freundin legte es zurück auf den Altar und fragte sich verwundert, weshalb sich das Gesicht vor ihren Augen verändert hatte. Anfangs hatte sie ein schönes Holzstück bewundert, dann ein harmloses Gesicht wahrgenommen, und jetzt war sie mit einer unheimlichen, Angst einflößenden Fratze konfrontiert. Der hölzerne Dämon machte sich daran, ihre Retreat-Hütte heimzusuchen.

Nach der Meditation am nächsten Morgen entschloss sie sich, das Gesicht aus dem Holz zu entfernen. Es wirkte einfach zu befremdlich und verstörend, wie es da auf dem Altar lag. Sie nahm es wieder mit nach draußen und traf eine merkwürdige Entscheidung. Sie versuchte sich des Gesichts zu entledigen, indem sie es aus dem Holz herausbrannte. Dazu nahm sie ein Feuerzeug und hielt das Holzstück über die Flamme, bis es verkohlt war.

Daraufhin kehrte sie in ihre Hütte zurück und legte das verbrannte Holzstück wieder auf den Altar. Doch das Gesicht war nicht verschwunden, im Gegenteil, es wirkte jetzt sogar noch bedrohlicher. Seine hässlichen, scharfen Züge waren mit Ruß bedeckt. Und während sie meditierte, starrte sie den ganzen Tag lang ein verbrannter, furchterregender Dämon an wie eine dunkle Gottheit auf einem tibetischen Gemälde.

Am nächsten Tag entschied sie, das Holzstück loszuwerden. Es fühlte sich jedoch nicht richtig an, es einfach wieder in den Wald zu werfen. Sie hatte es aufgehoben und bearbeitet, also verdiente es auch ein anständiges Begräbnis. Und so ging sie mit dem unheimlichen Gesicht, zu dem sie mittlerweile ein vertrautes Verhältnis hatte, wieder in den Wald. Sie grub ein Loch, legte den Dämon hinein und bedeckte ihn mit Erde und Laub. Der

Dämon war gekommen, und der Dämon war gegangen. Das war auch gut so, denn es war der letzte Tag ihres Retreats.

In der Psychologie Carl Gustav Jungs steht der Schatten für das Unbewusste, also für die dunkleren Aspekte unseres Selbst, deren wir uns nicht bewusst sind. Dies sind Teile von uns, die wir ablehnen, verleugnen, vergessen, auf andere Menschen oder Holzstücke übertragen oder vergraben. Der Schatten bezieht sich nach Jung auf alles, was außerhalb des Lichtes unserer Bewusstheit liegt. Er schrieb: »Jedermann ist gefolgt von einem Schatten, und je weniger dieser im bewussten Leben des Individuums verkörpert ist, umso schwärzer und dichter ist er.«[40]

Beispielsweise nimmt eine Freundin sich selbst als freundlich und unterstützend wahr, macht jedoch immer wieder auch scharfe, bissige Bemerkungen, ohne dass es ihr auffällt. Ironischerweise spürt sie, dass andere immer wieder unfreundlich zu ihr sind. Wenn sie auf ihre eigenen aggressiven Züge hingewiesen wird, sieht sie diese nicht.

Eine immer gut gelaunte Freundin wirkt traurig, doch sobald sie darauf angesprochen wird, nimmt sie nur die Traurigkeit der Welt um sie herum wahr, und ihr ist einzig daran gelegen, alle anderen aufzumuntern. Ein anderer Freund steht sexuellem Begehren tagsüber ablehnend gegenüber, doch nachts hat er in seinen Träumen lebhafte erotische Begegnungen. Er spricht über diese Träume, als hätten sie nichts mit ihm zu tun. Ein typisches Beispiel eines Schattens ist der religiöse Fanatiker, der Hass auf Homosexuelle schürt, aber insgeheim Sex mit Männern auf öffentlichen Toiletten hat.

Aus einer Integralen Perspektive würde Ken Wilber den Schatten als jegliche Aspekte des Bewusstseins beschreiben, die wir nicht in der ersten Person, als »Ich«, anerkennen können:

»Ich bin nicht wütend. Du bist es.«

»Ich bin nicht untreu. Sie ist es.«

»Ich bin nicht gierig. Sie sind es.«

Der Schatten ist eine Perspektive in uns, die wir aus ganz unterschiedlichen Gründen nicht einnehmen wollen: Sie ist beschämend, beängstigend, schmerzhaft oder wird von der Gesellschaft als anstößig wahrgenommen. Was auch immer der Grund sein mag, sie ist ganz und gar unannehmbar für unser Selbstempfinden und wir können sie nicht in Anspruch nehmen. Ursprünglich war dieser abgetrennte Aspekt ein Teil unseres Ich. Doch da er irgendwann eine Bedrohung für unsere Ich-Identität darstellte, konnte er nicht mehr integriert werden; so wurde er aus unserem Bewusstsein entfernt und landete in anderen Personen, indem wir ihn auf diese projizieren. Ich sehe es in dir, aber nicht in mir. *Du* bist geizig, ungeduldig oder faul, aber ich doch nicht.

Wenn die Bedrohung durch diese Emotion oder Charaktereigenschaft so stark wird, dass sie komplett verdrängt werden muss, grenzen wir sie vollständig aus unserer Bewusstheit aus und verbannen sie in die dritte Person, in den Status, wo wir sie als »es«, »sie (alle)« oder »diese Menschen« bezeichnen. Aus der Perspektive der dritten Person können wir diese Aspekte noch stärker ablehnen und beurteilen. Wir alle wissen, was geschieht, wenn eine Gruppe von Menschen entscheidet, dass eine andere Gruppe die Quelle alles Schlechten in der Welt ist und »sie« zum »es« werden. Kollektive Schatten führen zu Kriegen und Völkermorden.

Für Wilber gehören die Entdeckungen von Freud und Jung sowie ihrer Nachfolger zu den wichtigsten des 20. Jahrhunderts. »Wenn wir die negativen Qualitäten einer anderen Person einfach nur als Information wahrnehmen, ist das eine Sache«, so führt er aus, »doch wenn sie uns belästigen, verfolgen, wütend machen und verstören, dann sind wir aller Wahrscheinlichkeit nach in einem schweren Fall von Schattenboxen gefangen, so einfach ist das.«[41] Der Psyche – und der Realität selbst – wohnt eine Intelligenz inne, die uns immer wieder das Material vor Augen führt, das wir am dringendsten anschauen müssen – das können wir jedoch nur, wenn wir daran arbeiten und uns dafür öffnen.

Dazu ist es unbedingt erforderlich, dass wir unseren eigenen Schatten anerkennen, denn wenn wir ihn ignorieren, zahlen wir einen hohen Preis. Wir verschwenden wertvolle Lebensenergie, wenn wir einen Teil unserer Identität verdrängen und es vor unserem Bewusstsein verstecken. Wir verfallen dann in eine innere Starre, täuschen etwas vor oder nehmen eine gekünstelte Haltung der Güte und Tugend ein.

Unsere Kommunikation wird dann widersprüchlich und unsere Worte sind nicht im Einklang mit unserem inneren Sein. Unsere Fähigkeit, natürlich und authentisch mit anderen umzugehen, wird zwangsläufig beeinträchtigt, wenn wir bestimmte Gedanken und Gefühle unterdrücken. Diese Unfähigkeit, innerlich mit den Punkten in Berührung zu kommen, die wir fürchten und verurteilen, lässt uns kritisch und ängstlich gegenüber der Welt werden.

Der Schatten in Konflikten

Mit dem Schatten lernte ich in den Schützengräben der Praxis umzugehen. Als Begleiterin von Gruppenprozessen erlebte ich viele schwierige Auseinandersetzungen, in denen immer wieder verdrängtes Material auftauchte, mit denen Menschen sich nicht identifizieren oder welches sie nicht zur Sprache bringen wollten. Wir wollten rassistische Vorurteile untersuchen, aber natürlich würde niemand zugeben, welche zu haben. Die Bigotterie schlummerte in den dunklen Ecken dieser Gespräche, erschien jedoch nie selbst im Raum oder setzte sich mit uns an einen Tisch.

In einem Scheidungsfall, den ich als Mediatorin begleitete, beschuldigten sich beide Elternteile gegenseitig, die eigenen Interessen immer über die Bedürfnisse der Kinder gestellt zu haben, doch keiner von beiden konnte auch nur ein einziges Mal anerkennen, dass sie beide gemeinsam nachlässige Eltern gewesen waren. Während sie sich stritten und sich um jede Einzelheit zankten, vergaßen sie völlig, über die wichtige Frage der Sorgepflicht für ihre Kinder nachzudenken.

In Mediationen von geschäftlichen Konflikten dominierten Klagen über unehrliches und unfaires Verhalten die Auseinandersetzungen, aber keiner der Beteiligten bewertete das eigene Verhalten als unethisch. Wie war das möglich? Ich fragte mich, ob wir uns wirklich ethisch verhalten können, solange wir nicht den eigenen Schatten anerkennen.

Ich klärte meine eigene Erfahrung mit dem Schatten während meiner Ausbildung bei dem renommierten Gruppenprozessbegleiter und Autor Arnold Mindell, einem jungianischen Analytiker, der früher am C. G. Jung Institut in Zürich lehrte und die prozessorientierte Psychologie begründete. Mit seiner Kollegin und Ehefrau Amy stürzte sich Arny in die entsetzlichsten Auseinandersetzungen und setzte seine jungianischen Erfahrungen dazu ein, diese zu steuern und zu transformieren.

Er hob immer wieder hervor, wie wichtig es sei, auf das zu achten, was im Vordergrund unseres Bewusstseins stattfand, während wir zugleich im Auge behalten sollten, was an den Rändern unserer Erfahrung geschah. Welche unbeabsichtigten Körpersignale, an den Rand gedrängte Stimmen und unbeliebten, gespenstischen Rollen waren im Raum vorhanden? Wovon träumten wir? Was dachten Menschen oder was sagten sie zu anderen, das sie nicht mit der Gruppe teilen wollten?

Seine Fragen brachten den Schatten immer wieder ans Licht. Er begegnete den Stimmen dieser Schatten immer mit Respekt und Mitgefühl. Er erkannte die Weisheit, die auch in schwierigen, unbeliebten Sichtweisen lag, und wies auf die transformierende Kraft des Schattens hin, sobald er angenommen wird.

Zeichen des Schattens

Wenn ein Schatten auftaucht, gibt es dafür immer Zeichen. So wie die unbewaffneten Bürger einer Kleinstadt sich zerstreuen, wenn ein Gesetzloser in die Stadt reitet, so wird auch unsere Rede chaotisch und verworren, wenn eine inakzeptable Perspektive im Gespräch auftaucht. Wir springen dann zwischen Themen hin und her oder kreisen unproduktiv um denselben Gegenstand. Wir flüstern einander etwas zu oder führen heimlich Gespräche. Unsere Sprache wird aufgeregter oder erhitzt sich. Die Energie im Raum verpufft genauso schnell, wie sich die Fensterläden der gefährdeten Bürger schließen. Das Gespräch stagniert und macht keine Fortschritte mehr. Selbst wenn es Fortschritte gibt, fühlt es sich so an, als würde nichts hängen bleiben.

Sobald diese Signale auftauchen, achte ich auf das, was nicht ausgesprochen wird. Zu meinen Aufgaben als Mediatorin gehört es, die Stimme des Schattens wieder ins Blickfeld zu rücken. Da sich jedoch niemand direkt mit dieser Stimme identifizieren will, muss ich immer wieder das aussprechen, was niemand sonst ausdrücken will. Diese Kommentare können manchmal politisch unkorrekt und unhöflich sein, und fast immer sind sie gewagt und riskant. Doch sie können den Raum auch neu zum Leben erwecken, Geschlossenheit erzeugen und die Dinge in Fluss bringen.

Ein Zusammenschluss von Umweltorganisationen, die gerade ihre ersten größeren Verhandlungen mit der Regierung in Washington abgeschlossen hatten, beauftragte mich, mit ihnen gemeinsam ihre nächsten Schritte für Gespräche über die Einrichtung von Naturschutzgebieten vorzubereiten. Zwar waren sie stolz auf ihre Ergebnisse aus der ersten Runde, aber irgendwie schienen sie nur wenig Energie und Konzentration aufbringen zu können, als wir uns daranmachten, ihre Strategie für die nächste Gesprächsrunde zu planen. Irgendetwas fühlte sich nicht richtig an. Ich vermutete, dass ein unausgesprochener Konflikt im Raum stand. Da es sich um einen Zusammenschluss gleichgesinnter Organisationen handelte, wollte kein Partner den anderen verstimmen.

Mehrmals fragte ich sie nach der Qualität ihrer Arbeitsbeziehungen. Wie kamen sie miteinander aus? »Klasse. Kein Problem.« Da die Energie sich jedoch nicht änderte, entschloss ich mich, ein Risiko einzugehen. Ich versetzte mich in ihre Rolle der Umweltschützer hinein; aber als ich mir vorstellte, mit ihnen die nächsten Ziele in ihrer Planung anzugehen, fühlte ich mich, als bewegte ich mich auf ein unbefestigtes Sprungbrett hinaus. Es gab etwas, dem ich nicht vertraute. Das sprach ich offen an und hob dabei das Wort *Misstrauen* hervor.

Sie fühlten sich zunächst angegriffen und kritisierten meine Intervention. Doch nach und nach begannen sie dann doch, über ihr Misstrauen zu sprechen. Sie vertrauten den Motiven der Regierung nicht und auch nicht ihrer Bereitschaft, Wort zu halten. Sie waren enttäuscht von der unvermeidbaren Rivalität und den Hierarchien, die zwischen den einzelnen Organisationen bei diesen Verhandlungen, bei denen viel auf dem Spiel stand, aufgetaucht waren. Doch der wichtigste Punkt war, dass sie kein wirkliches Vertrauen in die Durchsetzungskraft ihrer Umweltschutz-Koalition hatten.

Im Hintergrund kamen schließlich große Zweifel an ihrer eigenen Kompetenz und Erfahrung in diesen Verhandlungen auf. Es war ihr erstes ökologisches Abkommen, und sie fragten sich, ob sie fähig wären, dies zu einem Erfolg zu führen. An der Oberfläche wirkten sie zuversichtlich, ja sogar etwas unverschämt. Doch darunter waren sie schüchtern, zögerlich und verunsichert. Sie konnten ihr Misstrauen nicht den anderen gegenüber zur Sprache bringen, denn sie befürchteten, das würde ihre Koalition schwächen und ihre Zielsetzungen gefährden.

Doch nachdem sie sich im Gespräch geöffnet hatten, veränderte sich alles. Die Energie kehrte in den Raum zurück, es wurde lebendig. Die Gespräche wurden vertrauter, persönlicher und präziser. Indem sie den Schatten des Zweifels integrierten, anstatt ihn zu ignorieren, konnten sie sich auf eine ganz neue Ebene der strategischen Planung begeben. Diese Strategie umfasste jetzt auch Ansätze, die Kommunikation untereinander zu verbessern und die Zusammenarbeit im Team zu stärken. Ihr ökologischer Eifer wurde durch Pragmatismus gedämpft, und ihr Idealismus durch die Herausforderungen, die vor ihnen lagen, ausbalanciert.

3-2-1 Integraler Schatten

Bei der Arbeit mit dem Schatten geht es im Wesentlichen darum, diejenigen Aspekte unserer selbst, die ausgegrenzt oder auf andere projiziert werden, wieder zu integrieren. Sobald wir unsere Schatten erkennen, können wir den Prozess umkehren und sie langsam in das Bewusstsein zurückbringen.

Ken Wilber und sein Team vom Integral Institute verbanden die primären Perspektiven der ersten, zweiten und dritten Person zu einer Praxis, die sie 3-2-1 nannten. Mit jeder dieser Perspektiven können wir auf bestimmte Aspekte des Schattens zugreifen und diese in das Bewusstsein integrieren. Der Einsatz des 3-2-1-Prozesses kann in Konfliktsituationen zu äußerst aufschlussreichen Ergebnissen führen, da er uns dabei hilft, uns mit Aspekten unserer selbst zu konfrontieren, die wir in den Konflikt einbringen, jedoch der anderen Seite zuschreiben. Indem wir uns mit diesen abgespaltenen Gefühlen und Verhaltensweisen verbinden, machen wir die Grenze zwischen dem Selbst und dem anderen durchlässiger und können unseren Anteil an einem Konflikt erkennen.

Erkenne es an. Der erste Schritt dieser Praxis besteht darin, das zu bemerken, was uns stört, und es dann detailliert in der dritten Person zu beschreiben. In einem Workshop, bei dem es um den Schatten ging und an dem etwa 200 Personen teilnahmen, arbeitete ich einmal mit einer Frau, die ich hier Lulu nennen will. Sie war Anfang 60 und eine schillernde Persönlichkeit – wunderbar exzentrisch, mit langem, wallendem grauem Haar und violetten Schals, die sie trug. Sie war ein wahres Naturtalent, mit einem eigentümlichen Charisma und der Begabung, sich vor Publikum darzustellen.

Wir saßen uns auf der Bühne gegenüber, und ich bat sie, über ihren Konflikt mit ihrem Vermieter zu sprechen. Sie legte los. »Die Vermieterin«, hob sie an, »ist eine schreckliche Frau. Sie ist nicht vertrauenswürdig, manipulativ und sie lügt. Sie macht mir das Leben schwer; ich glaube, ich muss aus der Wohnung ausziehen.«

»Du meine Güte«, entgegnete ich, »das klingt nach Schwierigkeiten. Hier kommen ja viele negative Punkte zusammen. Was stört dich denn am meisten an deiner Vermieterin?«

Lulu dachte einen Moment nach und rief dann entschlossen: »Sie ist eine Diebin!«

»Eine Diebin?«, fragte ich nach. »Was hat sie denn gestohlen?«

Daraufhin erzählte Lulu eine lange Geschichte über eine Erbschaft, ein Bankkonto und wie dieses von ihrer Vermieterin leergeräumt worden war. Ich war etwas besorgt, denn mir war nicht klar, ob wir uns noch auf dem Boden der Realität befanden, aber ich entschied mich, weiterzumachen.

Sprich es an. Wir gingen dann gemeinsam zum zweiten Schritt dieser Praxis über. Wir übertrugen die inakzeptablen Eigenschaften von der Perspektive der dritten Person, also »Sie ist eine Diebin«, auf die zweite Person: »Du bist eine Diebin.« Durch diese Verlagerung rücken wir die Eigenschaften näher an unser Bewusstsein. Wir können uns so mit ihnen vertraut machen und ihnen Fragen stellen und sie näher kennenlernen.

In dieser Übung mit Lulu nahm ich die Rolle der Vermieterin – der Diebin – ein, während Lulu mich danach befragte, wie es ist, eine Diebin zu sein, und wieso ich stahl. Ich gab mein Bestes, um die Diebin in mir zu finden und mich in der ersten Person zu erklären:»Stehlen ist für mich eine sehr private Angelegenheit. Ich benötige etwas. Es ist da, verfügbar. Ich muss es mir einfach nur nehmen. Niemand wird es bemerken. Ich fühle, dass es mir sowieso schon gehört. Niemand wird verletzt, wenn ich es mir nehme. Als Diebin stehle ich mehr als nur Dinge. Ich stehle Energie, Aufmerksamkeit und Glück.«

Lulu schien beeindruckt davon zu sein, in welcher Form ich Zugang zu meiner eigenen, inneren Diebin gefunden hatte. Sie wollte noch mehr darüber wissen, wieso ich stahl.»Ich stehle, weil ich mehr will, als ich habe«, fuhr ich fort,»ich stehle, weil ich diese Dinge verdiene und sie nicht auf legalem Wege bekommen kann. Ich stehle, weil ich jetzt Geld brauche. Ich stehle, weil mich das Risiko und die Heimlichkeit daran reizen. Ich spüre den Drang, mir Dinge zu nehmen, und ich weiß nicht genau, wieso. Aber ich habe mein Auge schon auf einen dieser Schals geworfen, die du trägst.«

Sie fing an zu lachen. Offensichtlich bereiteten ihr unsere Erkundungen großen Spaß.

Nimm es an.»Bist du jetzt bereit, den letzten Schritt zu tun?«, fragte ich Lulu.

Der dritte Schritt besteht darin, die angesprochenen Eigenschaften in sich selbst zu finden. Anstatt zu sagen:»Sie ist eine Diebin« oder»Du bist eine Diebin«, verlagern wir jetzt die Perspektive auf das»Ich« (»Ich bin eine Diebin«). Also forderte ich Lulu auf, mir zu schildern, wie es für sie ist, eine Diebin zu sein und andere zu bestehlen.

Lulu errötete und wirkte ein wenig verwirrt. Einen Moment lang schwieg sie, dachte nach, bis ihr plötzlich jemand aus dem Publikum zurief:»Du stiehlst uns die Show!« Alle brachen in

schallendes Gelächter aus. Auch Lulu begann zu kichern und lachte schließlich, bis sie sich fast nicht mehr beherrschen konnte. Auf ihrem Gesicht erschien ein strahlendes, wissendes Lächeln und sie sagte:»Mein Gott, es stimmt. Ich bin eine Diebin.«
»Wirklich«, fragte ich,»inwiefern? Was hast du gestohlen?«
»Meinen ersten Mann habe ich nur wegen seines Geldes geheiratet«, sagte sie immer noch kichernd.»Ich habe sein Bankkonto geplündert.« Dann zählte sie ein paar andere Dinge auf, die sie gestohlen hatte, unter anderem eine Packung Kaugummi. Aber dann wurde es ernster. Vor 40 Jahren hatte sie eine Perlenkette gestohlen. Sie war nie dafür belangt worden und hatte bis jetzt mit niemandem darüber gesprochen. Die Intensität ihrer Selbsterkenntnis, sich als Diebin jener Perlen zu begreifen, war eindrucksvoll und schmerzlich.

Unsere Sitzung begann mit der Empörung eines Opfers und endete mit der Katharsis einer Geständigen. Alle, die sich im Raum befanden, wurden davon berührt und waren bereit, sich mit ihrem eigenen Schatten zu befassen. Lulu bemerkte, dass das Verhältnis zu ihrer Vermieterin sich in diesen wenigen Minuten vollständig gewandelt hatte. Sie verstand, dass ihr schon lange während es, verborgenes Schuldgefühl sie dazu veranlasst hatte, Situationen heraufzubeschwören, in denen sie sich beraubt fühlte. Sie hatte angefangen, die Identität derjenigen, die stiehlt, zu integrieren und eben nicht mehr die Identität derjenigen, die ständig Gefahr läuft, ausgeraubt zu werden.

Die Geschenke der Arbeit
mit dem Schatten

Die Arbeit mit dem Schatten, wie etwa der 3-2-1-Prozess, holt unerwünschte Aspekte des Selbst in die Ganzheit zurück. Die energetische Abgrenzung zwischen uns und unseren Projektionen löst sich auf und befreit, wie in Lulus Fall, unsere Lebensenergie. Wenn die Eigenschaft des Schattens als Teil des eigenen Selbst erkannt wird, bringt das Menschen zum Lachen; die Erkenntnis lässt ihre Augen leuchten und manchmal weinen sie auch. Fast gleichzeitig entstehen Mitgefühl und Empathie. Das Herz erweicht und die rauen Kanten des Konflikts lösen sich auf. Die beschuldigte Person wird nicht länger als irritierend, verwerflich, schlecht oder falsch wahrgenommen. Die schwere Last der Verurteilung fällt ab. Zumindest für diesen Moment. Festgefahrene Situationen werden durch die Arbeit mit dem Schatten flexibler und empfänglicher für eine Lösung. Wir erhalten neue Einsichten darüber, wie wir auf andere Weise mit dem Konflikt umgehen können. Und sobald die Projektionen durchschaut werden, löst sich der Konflikt manchmal vollständig auf. Anstatt uns in einer komplexen Situation, die wir nicht kontrollieren können, gefangen zu fühlen, lenken wir unsere Perspektive zurück auf die Sphäre des Selbst, in der unsere kreative Energie angelegt ist.

Es ist sicherlich nicht so, dass unsere Wahrnehmungen von Menschen vollkommen verkehrt sind: Lulus Vermieterin mag wirklich ein harter Brocken sein. Es ist auch kein Problem, Menschen so zu sehen, wie sie sind, und mit dieser Wahrheit direkt zu arbeiten. Aber wenn wir uns auf die Arbeit mit dem Schatten einlassen, können wir vieles loslassen, was unserem Wohlergehen im Wege steht. Unserer Empörung und Verärgerung klingt ab. Jetzt können wir uns um die wirklichen Probleme kümmern. Unsere Konflikte verschwinden vielleicht nicht vollständig, aber wir können sie anders wahrnehmen. Wenn wir uns dem öffnen, was für uns unannehmbar ist, weitet sich unser Geist und Mitgefühl entsteht, denn jetzt können wir uns mit allem identifizieren. Die Arbeit mit dem Schatten verändert uns und damit unsere Beziehung zur Welt. Sobald wir den Schatten integrieren, sind alle Dinge wirklich wir selbst.

PRAXIS

Das 3-2-1 des Schattens

1. Erkenne es an
Wählen Sie einen Konflikt aus, den Sie mit einer anderen Person haben. Beschreiben Sie diesen Konflikt und den anderen Menschen in einer Art Tagebuch. Verwenden Sie bitte Personalpronomen der dritten Person, so wie *er, sein, sie, ihr, sie (alle)* und *ihre.*

Dies ist eine Gelegenheit, Ihre Erfahrung von allen Seiten zu betrachten, insbesondere die unangenehmen Aspekte. Vermindern Sie nicht, was Sie stört. Beschreiben Sie alles so detailliert wie möglich. Übertreiben Sie es. In diesem Teil der Übung können Sie gerne anklagen, mit dem Finger auf andere zeigen, kritisieren und zurechtweisen. Genießen Sie das.

Identifizieren Sie jetzt einen Charakterzug oder eine Verhaltensweise der Person, die Ihrer Ansicht nach für den Konflikt verantwortlich ist. Ist es ihre Arroganz, ihr Machthunger, ihre Selbstbezogenheit oder ihr chaotisches Verhalten?

2. Sprich es an
Schreiben Sie nun einen Dialog, den Sie mit der anderen Person führen und in dem Sie diese Charaktereigenschaft, die Sie am meisten stört, ansprechen. Verwenden Sie dazu die Perspektive der zweiten Person (*du* oder *dein*). Dies ist die Gelegenheit, mit dem, was Sie stört, in Verbindung zu treten. Also sollten Sie es ganz offen und deutlich ansprechen. Sie können Fragen stellen, etwa: »Wer oder was bist du? Woher kommst du? Was willst du von mir? Was willst du mir sagen? Welche Erkenntnisse schenkst du mir?« Danach erlauben Sie dem, was Sie stört, zu antworten. Und erlauben Sie sich selbst, von dem, was in diesem Gespräch auftaucht, überrascht zu sein.

3. Nimm es an

Schreiben oder sprechen Sie jetzt aus der Perspektive der ersten Person (*ich, mir, mein*). Finden Sie das, was Sie stört, in sich selbst und sprechen Sie als diese störende Eigenschaft: »Ich bin wütend, weil ...« Oder: »Ich bin so arrogant, dass ...« Identifizieren Sie sich vollständig mit dieser Eigenschaft und erkunden Sie, wie sie sich in Ihrem Leben manifestiert. Werden Sie konkret. Spüren Sie, wie sich die Beziehung zur anderen Person und zu dem Problem verwandelt, wenn Sie den Schatten annehmen. Fragen Sie sich abschließend, was der Schatten Ihnen vermitteln kann, wenn Sie ihn als Teil Ihrer selbst annehmen.

Worin besteht sein Geschenk?

18
Weltanschauungen entwickeln

Einige Dinge ändern sich nie,
und andere Dinge
werden nie wieder dieselben sein.

<small>UNBEKANNT</small>

All in the Family[42] war eine der beliebtesten und bahnbrechendsten Serien der amerikanischen Fernsehgeschichte. Diese skurrile Sitcom um die Hauptfigur Archie Bunker lief zwischen 1971 und 1979. Archie ist ein Dockarbeiter, der sich notorisch in konservativen, patriotischen Hetztiraden ergeht und seine rassistischen und sexistischen Vorurteile offen äußert. Er ist ein charmanter Wichtigtuer und eine der besten Figuren, die im amerikanischen Fernsehen je zu sehen waren. Irgendwie mochte man ihn: Er wusste, was er wusste, sagte, was er dachte, und entschuldigte sich für nichts. Er war eher aufgeblasen als gemein, und obwohl er äußerst selbstsicher auftrat, spürte er, dass seine Macht im Schwinden war. Da er aus der Arbeiterklasse stammte, konnte ich mich mit seiner Voreingenommenheit gegenüber sozialen Schichten identifizieren.

Archie wohnte zusammen mit seiner schüchternen, übermäßig besorgten Frau Edith, ihrer fortschrittlichen Tochter Gloria und deren langhaarigem Ehemann Mike. In scharfem Kontrast zu Archie waren Gloria und Mike liberal, sprachen sich für soziale und ethnische Gleichstellung aus, setzten sich für die Emanzipation der Frau ein und unterstützten die Friedensbewegung – Themen der 1960er-Jahre eben. Sie waren offen und tolerant, was Archie immer wieder veranlasste, Mike ein rückgratloses Weichei zu nennen.

Obwohl alle Charaktere sehr beengt unter demselben Dach lebten, lagen ihre Weltanschauungen meilenweit auseinander. Edith schien weder einen eigenen Standpunkt noch Selbstwertgefühl zu haben; sie schlurfte umher und versuchte, alle glücklich zu machen. Archie lästerte den ganzen Tag lang über seine persönlichen Hauptärgernisse und zog in seinen Hetzreden besonders scharfe Grenzen zwischen »wir« und »denen«. Mike und Gloria hingegen sahen nicht diese deutlichen Unterschiede zwischen den verschiedenen Gruppen und nahmen eher eine entspannte und naiv-optimistische Haltung gegenüber der Welt ein. Letztendlich gehörten Edith, Mike und Gloria in Archies Weltsicht auch zu den »anderen«. Edith und Gloria waren Frauen, und Mike war Pole.

Archie war in der misslichen Lage, in einem Haus zu leben, das von »anderen« besetzt war, worunter er schrecklich litt. Die Konflikte und Streitigkeiten, die in jeder Episode ausbrachen – insbesondere jene zwischen Archie und der Hohlbirne (sein Spitzname für Mike) –, machten diese Serie so unterhaltsam, dynamisch und für ihre Zeit auch sozial relevant.

Wenn wir heute einen Nachrichtenkanal im privaten Kabelfernsehen einschalten, begegnen uns dort immer noch dieselben Streitigkeiten, die Archie und Mike vor 40 Jahren austrugen, allerdings ohne die Ironie oder den Humor von damals. Sehr wahrscheinlich haben auch Sie einen Onkel oder eine Tante, die Archie ähnlich sind, die aus religiöser Überzeugung den reaktionären Fox News folgen und für George W. Bush gestimmt haben. Vielleicht haben sie auch Verwandte wie Mike und Gloria, die Umweltorganisationen und Menschenrechtsgruppen finanziell unterstützen, sich eher öffentlich-rechtlichen Radioprogrammen widmen und im Bioladen einkaufen. Die Details mögen andere sein, je nach Dekade, aber die zugrunde liegende Struktur ist immer dieselbe. Es sind Unterschiede in der Weltanschauung, die zu den Konflikten zwischen den Charakteren führen. In jedem Konflikt müssen wir uns dessen bewusst werden, welche Weltanschauungen eine Rolle spielen. Denn obwohl viele Dinge verhandelt werden können – bei Weltanschauungen ist dies nicht der Fall.

Was sind eigentlich Weltanschauungen?

Weltanschauungen setzen sich aus unterschiedlichen Perspektiven zusammen, die unsere Interpretation der Realität beeinflussen und unsere Erfahrung filtern. Unsere Weltanschauungen machen unsere Entscheidungen vorhersehbar und lassen unsere Handlungen konsistent werden. Außerdem verbinden sie uns mit gleich gesinnten Menschen, und diese Beziehungen und Verbindungen bekräftigen wiederum, wie wir die Dinge sehen. Da eine Weltanschauung jedoch letztendlich auch nur eine Linse ist, durch die wir die Realität betrachten, kann sie sich mit der Zeit weiterentwickeln. Sobald sich unsere Weltanschauungen entfalten, entwickelt sich auch unsere Fähigkeit, sie genau zu begutachten. (Für eine detaillierte Auseinandersetzung mit diesem Thema siehe Ken Wilbers Bücher *Das Atman-Projekt – Streben der Seele nach Einheit* sowie *Halbzeit der Evolution.*)

In jeder Weltanschauung finden sich Kriterien für das, was wir als wirklich, wichtig und wertvoll erachten. Wenn wir jung sind, besitzen wir noch keine Weltanschauung, da unsere Erfahrung begrenzt ist. Wir befassen uns vor allem mit unserer unmittelbaren Umgebung: wie unsere Bedürfnisse befriedigt werden können, wie wir unsere Familie zufriedenstellen, wie wir die Hausaufgaben schaffen und dem Raufbold aus der Nachbarschaft aus dem Weg gehen.

Doch sobald wir uns der Welt bewusster werden, dehnt sich unsere Identität aus und umfasst unsere gesamte Nachbarschaft, Gemeinde, Stadt. Wir übernehmen die Werte, die Sprache und den Kleidungsstil unserer Familie, der Schule, unserer

Lieblingsmannschaft, der Straßengang, aber auch unserer Religion und Nation. Wir wissen, wer »wir« und wer »die da« sind, und überschreiten diese Grenzen nicht. Wir entwickeln politische Meinungen und schließen uns gewissen Beweggründen, Organisationen und religiösen Gruppierungen an, die unsere Weltanschauung teilen. Unsere Gruppen geben uns ein Gefühl der Sicherheit und der aktiven Teilhabe. Im Laufe unseres Lebens behalten einige von uns diese Identifikation mit den Gruppen unserer Familie und unserer Ursprungskultur bei, während andere aus diesen Grenzen ausbrechen und, wie Gloria und Mike, neues Terrain betreten.

Wenn wir unsere Sichtweisen durch Lesen, Reisen und Begegnungen mit Menschen anderer Kulturen weiterentwickeln, kann unsere Weltanschauung über Gruppenidentitäten und Grenzen hinaus ausgedehnt werden. Wir beginnen dann vielleicht, die Perspektiven *aller Menschen* in unsere Sicht der Dinge mit einzubeziehen, auch jene, die sich von uns unterscheiden. Dann verspüren wir unter Umständen auch eine größere Sensibilität gegenüber anderen Lebensformen, Pflanzen, Säugetieren, Vögeln und Fischen, die uns plötzlich am Herzen liegen; vielleicht betrachten wir dann sogar unseren Planeten als einen lebendigen Organismus.

Falls wir sogar noch einen Schritt weitergehen, können wir eine noch umfassendere Sichtweise einnehmen, die alle Wesen in Raum und Zeit umfasst. Auch wenn wir diese Perspektiven nicht direkt wahrnehmen können, sind wir bereit, ihren Wert und ihre Gültigkeit anzuerkennen und uns mit ihnen auseinanderzusetzen.

Da unsere Überzeugungen fest in uns verankert sind, werden Auseinandersetzungen über Weltanschauungen schnell frustrierend und sinnlos. Unsere Gespräche geraten plötzlich in eine Sackgasse und kommen nicht mehr voran. Unsere Weltanschauung gibt uns einen festen Untergrund, auf dem wir stehen – und von dort, wo wir stehen, stellen wir verwundert fest, dass unser

Gegenüber die Dinge nicht so wahrnimmt wie wir. Die Wahrheit ist doch so offensichtlich. Und doch fühlt unser Gesprächspartner das Gleiche über uns, was wir über ihn fühlen. Deshalb meinen die meisten von uns auch, dass wir bei gesellschaftlichen Zusammenkünften nicht über Politik oder Religion reden sollten; solche Gespräche können ein Abendessen, ja sogar Freundschaften ruinieren.

Weltanschauungen verändern sich

Weltanschauungen verleihen unserem Leben Stabilität; sie können sich aber auch entwickeln und verändern. Ken Wilber verweist auf die Erkenntnisse von Entwicklungspsychologen wie Clare Graves, Abraham Maslow, Jean Gebser, Robert Kegan und Susanne Cook-Greuter, die nachgewiesen haben, dass Menschen durch ihr gesamtes Erwachsenenalter hindurch lernen und sich entwickeln können.[43] Was natürlich nicht heißt, dass wir das auch immer tun! Viele Erwachsene leben ihr Leben in einer einigermaßen bequemen Routine, ohne ihre philosophischen oder spirituellen Anschauungen weiterzuentwickeln.

Andere hingegen werden zu Veränderungen gezwungen – meist infolge von Traumatisierungen, Verlusten, Krankheiten oder aufgrund einer Scheidung. Jede ernsthafte Herausforderung kann den Status quo unseres Lebens durcheinanderbringen; wir können uns dann nicht weiterentwickeln, solange wir unsere Sicht der Dinge nicht erweitern oder verändern. So konnte ich zum Beispiel mit dem Tod von sieben Freundinnen und Freunden aus meiner Highschool-Zeit erst Frieden schließen, nachdem ich weit über die Grenzen der Religion und Kultur meiner elterlichen Erziehung hinausgegangen war.

Eine solche Wandlung vollzieht sich manchmal auch, wenn wir eine gewisse Scheinheiligkeit in unserer Weltanschauung entdecken. Das Gebot Jesu Christi, andere bedingungslos zu lieben, wirft möglicherweise Fragen nach der Ausgrenzung von Schwulen und Lesben in unserer Kirche auf.

Auch ein Widerspruch in unserer Erfahrung kann etwas in Gang setzen. 1964 stimmte mein Mann, ein unersättlicher Leser der Bücher von Ayn Rand, für Barry Goldwater. Vier Jahre später wählte er einen Kandidaten vom anderen Ende des politischen Spektrums – Eldridge Cleaver. Seine Sichtweise, in der persönliche Freiheit den höchsten Wert darstellte, hatte sich um 180 Grad gedreht. Aus seinem neuen Blickwinkel heraus entschied mein Mann, dass die Gesellschaft durchaus Verpflichtungen gegenüber den Bürgern wahrzunehmen habe, insbesondere gegenüber jenen, die benachteiligt waren. Er drückte es wie folgt aus: »Anstatt einzelne Menschen für die Probleme in unserer Gesellschaft verantwortlich zu machen, sah ich jetzt, dass die Gesellschaft selbst diese Probleme verursachte, insbesondere, wenn sie sich gegenüber gewissen Benachteiligungen von Menschen aufgrund politischer Entscheidungen verschließt.«

Manchmal verändert sich unsere Weltanschauung, wenn wir uns von etwas angezogen fühlen, das noch in weiter Ferne liegt. In den frühen 1980er-Jahren zog ich nach New York, um die Kunst- und Musikszene der Lower East Side kennenzulernen. Dann zog ich nach Boulder in Colorado, um am Naropa-Institut zu studieren und mich auf meine Karriere vorzubereiten. Nach meinem Examen ging ich nach Seattle. Als Willie mit einer Herzschwäche zur Welt kam, wurde uns geraten, auf Meeresspiegelhöhe zu leben, da die Sauerstoffkonzentration dort am stärksten ist. Ich hatte großes Glück: Im Gegensatz zu vielen anderen jungen Menschen auf der Welt hatte ich die Mittel, um zu erkunden, was hinter dem nächsten Tal lag.

Wie auch immer die Umstände sind, die unsere Weltsicht verändern, meist müssen wir dafür aus unserer Komfortzone gedrängt werden. Dann hilft es, wenn wir eine Mentorin, einen Chef oder eine neue Freundin haben, deren Weltanschauung uns verlockender erscheint als die unsere.

Eine Weltanschauung ist mehr als eine Meinung; sie ist eher ein Muster von Anschauungen, die unserem Leben Bedeutung verleihen. Es ist unmöglich, eine andere Person davon zu überzeugen, eine neue Weltanschauung anzunehmen – zumindest im Verlauf eines einzigen Gesprächs oder einer einzigen Verhandlungssitzung. Wie können wir also mit Konflikten umgehen, die aus fundamental unterschiedlichen Arten hervorgehen, die Realität wahrzunehmen?

Tiefenstrukturen

Unsere Sichtweisen sind nicht nur von unserer persönlichen oder psychologischen Geschichte geprägt, sondern auch von unserer Ausbildung und Berufserfahrung. Politische Anschauungen, religiöse Überzeugungen und die Zugehörigkeit zu einer bestimmten Schicht spielen ebenfalls eine Rolle. Selbst die Drogen, die wir konsumieren, und die Filme, die wir sehen, beeinflussen, wie wir die Welt wahrnehmen. Aber auch umgekehrt: Wie wir die Welt wahrnehmen, beeinflusst, welche Drogen wir nehmen und welche Filme wir anschauen. Die Liste möglicher Einflüsse ist endlos lang. Wieso geht es – angesichts dieser Komplexität – in Talkshows meist nur um zwei miteinander konkurrierende Sichtweisen? Können wir auf ein so einfaches Muster reduziert werden?

Ken Wilber und die von ihm geschätzten Entwicklungspsychologen treffen eine Unterscheidung zwischen den Oberflächenphänomenen und der Tiefenstruktur des Bewusstseins. Nehmen wir einmal an, Sie seien ein fundamentalistischer Christ und ich eine fundamentalistische Muslima. An der Oberfläche scheinen wir keine Gemeinsamkeiten zu haben – jedenfalls nicht in Bezug auf Sprache, Kleidung, Rituale oder religiöse Vorstellungen. Die Tiefenstruktur unseres Bewusstseins ist jedoch sehr ähnlich. Wir sind beide dualistische Denker mit einer sehr engen Definition von Gut und Böse, Richtig und Falsch; wir sehen die Dinge eher in Schwarz und Weiß als in Grauschattierungen. Beide glauben wir an die Überlegenheit unserer Gruppe; unser Gott ist der einzig wahre Gott. Genau wie Archie Bunker muss man allerdings nicht religiös sein, damit diese Tiefenstruktur unsere Wahrnehmung prägt.

Nehmen wir ein weiteres Beispiel: Sie sind ein Kapitalist mit einem ökologischen Bewusstsein und ich eine revolutionäre Sozialistin. An der Oberfläche haben wir extrem unterschiedliche Vorstellungen von Politik, Wirtschaft und unserer Rolle als Bürger. Auf einer tieferen Ebene ist unsere Weltsicht jedoch humanistisch geprägt. Wir glauben beide an Chancengleichheit, an gerechten Handel und eine nachhaltige Umweltpolitik. Trotz unserer Unterschiede an der Oberfläche teilen wir die gleichen Werte und streben gemeinsam das Ziel einer friedvollen, sich nachhaltig entwickelnden Welt an.

Wissenschaftler haben diese tiefen Strukturen des Bewusstseins unterschiedlich beschrieben und eingeteilt. In einem einfachen Denkansatz können sie jedoch in vier Stufen oder Ebenen eingeteilt werden.

Egozentrisches Bewusstsein. Auf dieser Ebene kreist unsere Sicht auf die Welt um das »Ich«. Anders gesagt, wir sind mit unseren eigenen Wünschen und Bedürfnissen beschäftigt. Unsere tiefste Motivation besteht darin, unsere persönliche Sicherheit zu gewährleisten und Erfüllung, Erfolg und Selbstentfaltung im Sinne unserer Vorstellungen zu verwirklichen. Auch wenn Selbstzentriertheit nicht sonderlich geschätzt wird, so ist sie doch eine notwendige Phase unserer Entwicklung. Wie viele Frauen in einer ähnlichen Lage hatte auch Edith Bunker kein Selbstempfinden. Ohne die Fähigkeit, für sich selbst einzustehen und ihre Wünsche, Bedürfnisse und Vorlieben auszudrücken, musste sie zwangsläufig depressiv und unglücklich werden. Ihr hätte es sicherlich gut getan, etwas mehr über ihre Wünsche und Bedürfnisse nachzudenken, doch dazu hätte sie ironischerweise Unterstützung gebraucht.

Ein gesundes »Ich«-Gefühl ist wichtig für unsere Selbstfürsorge, Entwicklung und Integrität. Wenn wir unsere eigene Würde anerkennen, können wir diese Würde auch in anderen Menschen entdecken. Folglich bildet die egozentrische Wahrnehmung die Grundlage für die Formen der Wahrnehmung, die noch mehr einschließen: das ethnozentrische, weltzentrische und kosmozentrische Bewusstsein.

Ein starkes »Ich«-Gefühl bildet die Grundlage für unsere Entwicklung, doch manchmal findet diese nicht statt. Wir alle kennen Menschen, die nicht an andere denken, geschweige denn sich um sie kümmern. Vielleicht vernachlässigen sie die Bedürfnisse ihrer Kinder, weil sie so sehr mit ihrem eigenen Sicherheitsbedürfnis und der Erfüllung ihrer Wünsche beschäftigt sind, was auch nicht immer gelingt. Ich erinnere mich an einen Freund in der Grundschule, dessen Vater so sehr mit den sportlichen Erfolgen seines Sohnes beschäftigt war, dass selbst ich, jung wie ich war, verstand, dass es dem Vater vor allem um sein eigenes Selbstwertgefühl ging.

Überaus egozentrische Persönlichkeiten verhalten sich gegenüber anderen, als wären diese Requisiten in ihrem Stück; wenn die Menschen in ihrem Leben nicht den Regieanweisungen folgen, sind sie nicht wirklich von Nutzen. In Wahrheit bleiben wir jedoch allein, werden hart und abgestumpft und finden keine soziale Unterstützung, wenn wir die Interessen anderer nicht berücksichtigen. Aufgrund von Verletzungen, bestimmter Persönlichkeitsstrukturen, von Suchtverhalten oder moralischen Versagens verfangen sich Menschen immer wieder im Strudel ihres eigenen Narzissmus.

Wenn wir jedoch den Entwicklungssprung wagen und über die egozentrische Phase hinauswachsen, lassen wir das Selbst nicht hinter uns. Es bleibt nach wie vor ein wichtiger innerer

Referenzpunkt, so wie ein Punkt auf einem Kompass, der uns hilft, ein größeres Territorium zu überblicken.

Ethnozentrisches Bewusstsein. Die nächste Ebene wird als ethnozentrisch bezeichnet. Hier haben wir gelernt, die Bedürfnisse der Gruppe über unsere eigenen zu stellen. Eine Gruppe kann unsere Familie sein, der Klan unsere Nation oder religiöse Gemeinschaft, aber auch die Sportmannschaft oder das Unternehmen, in dem wir arbeiten. Loyalität, Zusammenarbeit, Einsatz und Selbstaufopferung sind Werte der ethnozentrischen Ebene.

Diese Stufe des Bewusstseins erschafft einheitliche, unterstützende Gemeinschaften, die stabil und von Dauer sind. Wir nehmen an Hochzeiten und Begräbnisfeierlichkeiten teil. Wir wissen, wann Kinder geboren werden, wann sie die Schule abschließen. In unseren Gemeinschaften unterstützen wir andere, die krank sind oder sterben. Die Qualität einer Gemeinschaft – die Sicherheit, Teilhabe und Identität, die sie vermittelt – ist das Kronjuwel des ethnozentrischen Bewusstseins.

Um die aufregende Energie des ethnozentrischen Ausdrucks voll und ganz zu spüren, muss man nur ein Fußballspiel besuchen. Zwei Kulturen treffen sich, um aufeinanderzuprallen, und werden dabei von ihren Fans unterstützt. Mannschaftsfarben und Fahnen, Applaus und Anfeuerungsrufe prägen den Wettkampf und die Rivalität, die in vollem Gange sind. Und selbst wenn er es nicht direkt zum Spiel schafft, fühlt sich so jemand wie Archie Bunker im privaten Stadion seines Wohnzimmers ganz zu Hause, feuert die eigene Mannschaft an und beschimpft die andere Seite. Diese Energie macht Spaß, solange sie sich im Spiel ausdrückt; in der gesellschaftlichen und politischen Wirklichkeit kann sie jedoch höchst gefährlich wirken.

Die Beschränkungen des ethnozentrierten Bewusstseins sind sein Schwarz-Weiß-Denken, blinder Konformismus, ein starres Festhalten an moralischen Werten und Regeln und die klare Einteilung der Welt in »wir« gegen »die anderen«.

Der Zusammenhalt einer Gemeinschaft wird durch eine vermeintliche Bedrohung von außen verstärkt. Also gibt es auf dieser Ebene des Bewusstseins immer Feinde. Die meisten Konflikte und kriegerischen Auseinandersetzungen resultieren aus dem Zusammenprall ethnozentrischer Gruppen, ganz gleich, ob es sich dabei um Stämme, Nationen oder religiöse Gemeinschaften handelt. Dennoch stellt das ethnozentrische Bewusstsein eine mächtige und unausweichliche Quelle von sozialem Zusammenhalt und Bedeutung dar.

Weltzentrisches Bewusstsein. Das Gefühl der Sicherheit und Zugehörigkeit wird uns auf der ethnozentrischen Ebene vermittelt, doch in unserer modernen Welt kann diese schnell einengend wirken. Die Konformität, die sie uns abverlangt, leugnet das eigenständige Individuum mit einem offenen Geist; zudem schließt sie die Gültigkeit anderer kultureller Perspektiven aus. Das Dogma und der Konformitätsdruck, die auf einer Entwicklungsstufe vielleicht ein Gefühl der Geborgenheit vermitteln, werden auf einer anderen schnell bedrückend. Dann kann es zu einem Bruch kommen: Wir verlassen die Stadt, in der wir aufwuchsen, distanzieren uns von alten Freunden und Kollegen oder werden mit einem Gefühl der Desillusionierung aus dem Militär entlassen, da wir uns jetzt viel größere Fragen stellen als bei unserer Einberufung.

Eine Hinwendung zu einem weltzentrischen Bewusstsein bedeutet unter Umständen, dass wir nicht mehr zwischen unserer Seite und der des Feindes unterscheiden. Anfangs erkennen wir vielleicht nur dieselben Sehnsüchte und dasselbe Leiden in uns und anderen, und das Konzept des Nationalismus in unseren Köpfen bricht zusammen. Vorurteile, die auf einer nationalen Identität oder Ethnizität beruhen, lösen sich auf. Stattdessen öffnen wir uns universellen menschlichen Werten und einer Fürsorge, die sich über unsere Gruppe hinaus auf alle erstreckt.

Viele Menschen mit einem weltzentrischen Bewusstsein können heutzutage leicht unterschiedliche Sichtweisen auf Probleme einnehmen. Unterschiede interessieren sie eher, als dass sie ihnen Angst machen. Meist sind sie weniger religiös, vertrauen stärker auf soziale, wissenschaftliche und technische Errungenschaften als auf religiöse Dogmen. Sie gehen davon aus, dass die Menschheit ihr Schicksal verlässlicher durch Empirie, Wissenschaft und Technologie verbessern kann, wodurch Freiheit, Chancengleichheit und Gerechtigkeit für alle Menschen geschaffen werden.

Es ist eine umfassende Vision – und eine sehr gute –, die unter den gegebenen Bedingungen jedoch nur schwer zu verwirklichen ist. Das wissen alle, die globale humanitäre Ziele verfolgen. Die großen Probleme dieser Welt sind allein mit unserer weltzentrischen Perspektive nicht mehr zu bewältigen, es sei denn, wir öffnen uns einer noch umfassenderen Sichtweise. Unsere Auseinandersetzung mit den tiefgreifenden Problemen der Armut, der Menschenrechtsverletzungen, der sexuellen und ökonomischen Sklaverei, des Waffenhandels sowie von HIV bzw. Aids ist oft ein weiterer Anstoß für unsere Entwicklung. Diese Verlagerung – eine, in der die große Sache von Leben und Tod in den Blick gerückt wird – setzt sich dann gegen unsere ernsten, aber immer auch relativen Sorgen um den Zustand der Welt durch. Diese Sorgen werden dann in den endlosen Raum einer kosmozentrischen Perspektive integriert.

Kosmozentrisches Bewusstsein. Der Begriff »Kosmos« bezieht sich sowohl auf das materielle Universum als auch auf das Bewusstsein selbst. Ein kosmozentrisches Bewusstsein ist umfassend, grenzenlos und schließt alles mit ein. Es existiert in der Zeit und ist zugleich zeitlos. Es nimmt Formen an, ist selbst aber formlos. Es durchdringt alle Dinge, lebendige wie unbelebte, ist jedoch jenseits der Dualität von Existenz und Nichtexistenz. Dieses umfassende Bewusstsein lässt sich nicht auf den Intellekt reduzieren. In der Tat ist es unbegrenzt, unfassbar und unbegreiflich. Auf dieser Ebene des Bewusstseins (das Wort *Ebene* verliert hier seine Bedeutung) beginnen sich alle Unterscheidungen des konzeptuellen Geistes in ihrer üblichen Form aufzulösen. Wenn wir darüber sprechen, bezweifeln wir vielleicht seine Gültigkeit. Doch sobald wir die Zwänge und Kategorien des Intellekts loslassen und die tiefe Wirklichkeit des Seins selbst erkennen, lösen sich unsere Zweifel auf. Manchmal verwenden wir den Begriff »Einheitsbewusstsein«, um diese umfassende Präsenz zu beschreiben, an der wir alle teilhaben. Manche nennen sie Liebe, andere Gott.

Mystische Poeten beschreiben diese Wirklichkeit in wunderbaren Worten. Der Dichter und Sufi Rumi sagte zum Beispiel: »Und wieder berührt mich die Herrlichkeit des unsichtbaren Einen, der alle Bewegungen regiert.«[44] Die heilige Teresa von Ávila fragte: »Warum verschiedene Namen für die gleiche Kirche der Liebe, in der wir alle miteinander knien? ... Gott ist immer da, wenn du dich verletzt fühlst. Er beugt sich über diese Erde wie ein himmlischer Medikus, und Seine Liebe lässt das Heilige in uns fließen.«[45]

Aus dieser Perspektive sind die Herausforderungen dieser Welt nicht länger überwältigend oder unüberwindbar. In der Tat verspricht uns jede spirituelle Tradition, dass, nachdem sich die Erleuchtung vollzogen hat, die Verbindung mit Gott hergestellt ist oder sich das menschliche Herz zu seiner vollen Größe öffnet, die Welt selbst kein Problem mehr darstellt. Unser Geist richtet sich dann neu aus, hin zu Liebe, dem Dienst am Nächsten und der Wertschätzung. Alles, was uns herausfordert, ist ein Teil des Pfades; oder wie Chögyam Trungpa es sagt: »Alles kann gelöst werden.«

Menschen mit einem kosmozentrischen Bewusstsein sind wahrlich, wie Jesus Christus sagte, »in der Welt, aber nicht von ihr«. Dieses Paradoxon manifestiert sich in ihrer Existenz. Sie transzendieren alle anderen Ebenen, drücken sie aber zugleich in ihrem Leben und in ihrem Wirken aus. Seine Heiligkeit der Dalai Lama setzt sich für die Belange der Tibeter ein, während er weltweit Menschen aller Glaubensrichtungen lehrt. Er kämpft für die Rechte der Tibeter, erkennt aber auch die allen fühlenden Wesen innewohnende Würde und Schönheit an – auch die der Chinesen, die, aus einer ethnozentrischen Perspektive gesehen, die Unterdrücker seines eigenen Volkes sind. Das kosmozentrische Bewusstsein beinhaltet die ego-, ethno- und weltzentrischen Bereiche. Jede Ebene steht für sich selbst und ist zugleich im unbegrenzten Ganzen enthalten und von ihm durchdrungen.

Können wir nicht einfach alle miteinander auskommen?

Wir werden niemals nur von Menschen umgeben sein, die die gleiche Weltanschauung teilen. Unsere Egos werden immer wieder auf andere Egos prallen; Kulturen werden sich an anderen Kulturen reiben, so wie es schon immer war, und diese kreativen Reibungskräfte werden sich durch die Evolution der Menschheit ziehen. Menschen mit einem weltzentrischen Bewusstsein lernen vielleicht, mehr und mehr mit anderen auszukommen und ethnozentrische Konflikte zu vermeiden. Sie werden aber immer noch mit unserer Sterblichkeit, mit etlichen Krankheiten, einem immer kleiner werdenden Lebensraum und den begrenzten Ressourcen dieser Erde konfrontiert werden. Diversität ist letztendlich der Ausdruck unserer Einheit und Verbundenheit – Gott sei Dank! Wir alle wollen sicherlich nicht in einer vereinheitlichten globalen Kultur leben. Wir schätzen beides: die Einheit der Wirklichkeit und die Diversität dieser Welt.

Sobald wir die Gültigkeit unterschiedlicher Weltanschauungen anerkennen, hören wir anderen gerne zu, sehen und verstehen sie, ohne sie verändern zu wollen. Wir können in unserem

Drang innehalten, davon auszugehen, dass andere die Realität genauso sehen würden wie wir, wenn wir sie nur überzeugen könnten.

Um die Sichtweisen anderer wirklich zu respektieren, müssen wir zuerst die einzelnen Ebenen in uns selbst umfassend kennenlernen. Es gehört zur Natur unserer Sichtweisen, dass wir sie mit der Realität verquicken. Wenn wir jedoch einen Schritt zurücktreten und auf die Filter unserer Weltanschauungen sehen anstatt durch sie hindurch, haben wir einen wichtigen Schritt in unserer Entwicklung getan. Dann können wir beginnen, unsere eigenen Anschauungen infrage zu stellen anstatt die der anderen. Anders ausgedrückt: Ein bewusstes Leben ist in der Lage, eine »Perspektive auf seine Perspektive« einzunehmen.

Wir können das egozentrische Selbst betrachten, sehen, wie es funktioniert, und es zugleich ruhen lassen. Wir können spüren, wie unsere ethnische Identität vor Stolz anschwillt und aus Scham in sich zusammenfällt. Doch anstatt dem Impuls zu folgen, uns zu schützen oder anzugreifen, können wir im offenen Raum des Gewahrseins verweilen und warten, bis alles sich beruhigt. Wir können die immensen Hoffnungen unserer weltzentrischen Perspektive wahrnehmen, ohne von Angst und Panik überwältigt zu werden. Wir können auch in der sublimen Erkenntnis unserer spirituellen Natur schwelgen, wenn wir uns voll und ganz einer guten Sache widmen, uns erfrischt und erfüllt fühlen, wenn wir den Drang spüren, uns weise und mitfühlend auszudrücken. Jede Ebene des Bewusstseins hat einen eigenen spirituellen Ausdruck, denn wir sind in der Tat alle eins.

Auf der kosmozentrischen Ebene des Bewusstseins interessiert es uns mehr und mehr, wie jede andere Ebene sich in unserem Leben ausdrückt. Wir erkennen die Begrenzungen und Vorzüge jeder Bewusstseinsebene, doch auch wenn wir dann noch immer anderer Meinung sein werden als Archie Bunker oder unser Onkel, der die Republikaner wählt, erkennen wir ihre Weltanschauungen an und sehen das Gute in ihnen.

Wir müssen die Weltanschauungen anderer nicht verändern; wir müssen mit ihnen einfach nur umgehen. Jede/-r von uns wächst und entwickelt sich in einer eigenen mysteriösen Art und Weise; wir sind vollkommen, so wie wir sind, ob wir nun durch eine egozentrische, ethnozentrische oder weltzentrische Linse schauen – oder ob wir die Erfahrung machen, dass die Linse sich vollends auflöst. Sobald wir den Wert jeder Entwicklungsstufe verstanden haben, können wir uns allen Weltanschauungen öffnen, auch wenn wir dann vielleicht immer noch diejenigen bevorzugen, die am meisten umfassen und in Betracht ziehen. Wir müssen vielleicht ganz direkt akzeptieren, dass wir *nicht* alle miteinander auskommen können – zumindest jetzt noch nicht.

PRAXIS

Sich entfaltende Weltanschauungen

Erforschen Sie jede Ebene Ihrer Identität, indem Sie die folgenden Sätze ergänzen:

Als egozentrisches Selbst bin ich mir ... bewusst.
Als egozentrisches Selbst fürchte ich mich vor ...
Als egozentrisches Selbst strebe ich nach ...

Als ethnozentrisches Selbst bin ich mir in meiner
    Kultur ... bewusst.
Als ethnozentrisches Selbst bin ich in meiner Kultur
    stolz auf ...
Als ethnozentrisches Selbst schäme ich mich in meiner
    Kultur für ...

Als weltzentrisches Selbst bin ich mir ... bewusst.
Als weltzentrisches Selbst hoffe ich auf ...
Als weltzentrisches Selbst fürchte ich mich vor ...

Als kosmozentrisches Selbst bin ich mir ... bewusst.
Als kosmozentrisches Selbst bin ich mir ... bewusst.
Als kosmozentrisches Selbst bin ich mir ... bewusst.

19
Das mitfühlende Herz

Man muss alles lieben.

<small>Virginia Woolf[46]</small>

Jeri und ich hatten ein Jahr lang nicht miteinander gesprochen. Es handelte sich um ein klassisches Zerwürfnis unter Freundinnen. Sie war von Utah in den Nordwesten der USA gezogen, und wir hatten nicht mehr so oft telefonischen Kontakt. Ich hatte eine neue Stelle angenommen, die meine ganze Aufmerksamkeit verlangte, und war deshalb nicht mehr so gut erreichbar wie früher. Jeri war derweil Randee nahegekommen, einer gemeinsamen Freundin, mit der sie häufiger telefonierte. Daraus ergaben sich kleinere Eifersüchteleien zwischen uns dreien, und es kam immer wieder zu gewissen Missverständnissen. Die Sache wurde noch komplizierter, als Jeri einen neuen Mann kennenlernte, den ich nicht allzu sehr mochte. Dazu noch eine Prise Freundschaftsmüdigkeit, die sich nach über 15 Jahren einstellt, und schon haben wir die perfekten Zutaten für ein Zerwürfnis. Ich denke, irgendetwas musste sich sowieso zwischen uns verändern, aber da wir nicht darüber sprechen konnten, brachen wir den Kontakt einfach ab. Vielleicht haben Sie ja Ähnliches erlebt. (Wie so oft in solchen Fällen konnte keiner von uns wirklich ein Vorwurf gemacht werden, und doch gab ich ihr die ganze Schuld.)

Nachdem wir ein Jahr nicht miteinander gesprochen hatten, verbrachte Jeri auf einmal ein Wochenende in Salt Lake City. Sie rief mich an und sagte: »Lass uns den alten Kram vergessen und gemeinsam etwas trinken gehen.«

»Nun ... äh ... natürlich«, entgegnete ich. Ihre Einladungen hatte ich schon immer schlecht ausschlagen können; mir gefiel ihre unkonventionelle Herangehensweise an die Dinge. Doch nachdem ich aufgelegt hatte, spürte ich eine gewisse Verletztheit, die ich nicht einordnen konnte. Ich wollte sie treffen, wollte aber zugleich nicht den Schmerz unserer Entfremdung spüren. Ich vermutete, unsere Begegnung würde irgendwie schwierig und unangenehm werden. Und als ich mir vorstellte, dass wir über das vergangene Jahr sprechen würden, schaltete mein Geist einfach ab. Irgendwie schien es keinen Sinn zu ergeben, die ganze Angelegenheit aufzurollen und zu überwinden. Ich war verwirrt. Was sollte ich tun?

Dann fiel mein Blick auf eine große Statue von Kanzeon Bodhisattva, die auf meiner Kommode steht. In der buddhistischen Tradition ist Kanzeon die Göttin des Mitgefühls. In China ist sie auch als Kuan Yin bekannt. Ihr Name bedeutet »Diejenige, die die Schreie der Welt hört«; sie repräsentiert die unerschütterliche Präsenz des Mitgefühls im spirituellen Leben. Sie wirkt entspannt und sitzt in einer Haltung, die Königliche Leichtigkeit genannt wird. Sie trägt locker sitzende Kleidung. Schmuckstücke verschönern ihren Hals und ihre Handgelenke, und ihr Haar ist zu einem Knoten auf dem Kopf zusammengebunden. Die Beine hält sie leicht geöffnet, wobei eines davon aufgestellt ist; darüber hat sie ihren Arm gelegt, was ungezwungen und sinnlich wirkt. Ihr Rücken ist gerade und ihr Blick offen und klar. Sie ist ganz und gar bei sich, präsent in allem, was ist, und sich zutiefst allem, was jenseits der Form ist, bewusst. Ich hatte ihr eine Feder in ihre geöffnete Hand und einen perlenbesetzten Medizinbeutel um den Hals gelegt. Da ich Vögel liebe, hatte ich zudem eine kleine Eule aus Keramik auf eine ihrer Schultern gesetzt.

Ich hatte Kanzeon noch nie um etwas gebeten, da ich sie bisher eher als ein Symbol betrachtet hatte. Doch jetzt, als ich sie auf meiner Kommode stehen sah, sprach ich sie spontan an:

»Ich vertraue dir diesen Abend einfach an, Kanzeon, da ich nicht weiß, wie ich mit meinen widersprüchlichen Gefühlen umgehen soll. Du verfügst in solchen Fragen über eine große Weisheit.«

Ich sprang auf, weil ich plötzlich den Impuls verspürte, die etwa 60 cm hohe Statue in den Garten zu tragen. Ich legte ein handgewebtes Stück Stoff aus Guatemala auf einen kleinen Gartentisch und stellte sie darauf. Dann platzierte ich sechs oder sieben Gebetskerzen in kleinen Gläsern vor der Statue und zündete sie an. Mittlerweile hatte sich meine Angst gelegt und ich genoss die Ästhetik dessen, was ich tat. Ich ging ins Haus zurück, holte eine Flasche Wein, Gläser, Blumen und einen Teller mit frischen Pfirsichen, Gurken und Tomaten für meine Freundin.

Zwischenzeitlich hatte auch Randee angerufen, das dritte Mitglied dieser schwierigen Dreiecksbeziehung. Sie wusste, dass Jeri in der Stadt war und wir uns trafen – und wollte ebenfalls vorbeikommen. Ich dachte bei mir: *Um Gottes willen, ich komme mit einer klar, aber zusammen überfordern mich die beiden Mädels.* Ich schwieg einen Moment lang, und ein weiteres Mal schien mein Verstand einfach abzuschalten. Ich konnte nicht Ja und nicht Nein sagen. Also sagte ich »okay«.

Kurze Zeit später rief Amy an, eine weitere Freundin, die ich schon seit Monaten nicht gesehen hatte. Es war merkwürdig, dass sie am selben Abend Kontakt zu mir aufnahm. In früheren Jahren hatten wir uns oft getroffen, aber seit sie Medizin studierte, hatte ich sie schon länger nicht gesehen. Als sie hörte, mit wem ich mich an diesem Abend traf, wollte sie ebenfalls kommen. Kurze Zeit später sah ich sie im sanften, goldenen Licht des Sommerabends die gewundenen Stufen zu meinem Haus hinauflaufen. Mit ihrer dunklen Haut, ihren breiten, unbedeckten Schultern und sinnlichen Hüften, die mit einem leichten Sarong umwickelt waren, sah sie wie eine lebendige Göttin aus. Ich begrüßte sie.

Bald schon saßen wir zu viert in meinem kleinen, umzäunten Garten und tranken Wein. Jeri blätterte beiläufig in einem Buch mit Edward Curtis' Porträts amerikanischer Ureinwohner und bewunderte ihre sepiagetönte Schönheit. Randee lächelte in einen kleinen Spiegel hinein und konturierte ihre wohlgeformten Lippen mit ihrem geliebten mattroten Lippenstift. Amy trug Sommersandalen und hatte goldlackierte Nägel; sie saß entspannt auf ihrem Stuhl. Kanzeon thronte in ihrer tiefen Präsenz schweigend über dieser Szene. Die Welt war in Ordnung. Wir verbrachten den ganzen Abend miteinander, ohne über die Vergangenheit zu sprechen. In der Schönheit und Kraft des gegenwärtigen Moments war das auch ganz und gar unnötig. Gott sei Dank gibt es das Hier und Jetzt. Ich war einfach dankbar für diesen funkelnagelneuen Moment und spürte Mitgefühl für alles, was wir gemeinsam erlebt hatten. Ich verlor kein Wort darüber; es erübrigte sich, über die Vergangenheit zu sprechen.

Mitgefühl

Für alle, die mit Konflikten umgehen wollen, ist *Mitgefühl* eine unabdingbare Voraussetzung. Aber was ist Mitgefühl? Ich denke, es ist der Ausdruck unseres Einfühlungsvermögens füreinander sowie unserer Fähigkeit, uns selbst und einer leidgeplagten Welt gütig zu begegnen. »Wir müssen unser Herz weiten«, wie Virginia Woolf es ausdrückt, »um alles zu lieben.«[47]

Unser konzeptueller Geist ist meist nicht in der Lage, die tiefsten Fragen des Lebens zu beantworten, zum Beispiel: Wieso werden wir geboren, und wieso sterben wir? Wieso leiden wir, und wieso müssen wir das Leiden der Menschen miterleben, die wir lieben? Wieso können wir nicht mehr wie früher mit einer alten Freundin sprechen – ohne Spannungen und Missverständnisse?

Doch was der Verstand nicht wieder zusammenführen kann, das gelingt dem Herzen. Es verwandelt unseren Schmerz, transformiert unsere Trauer und nimmt alles in sich auf, was wir nicht akzeptieren können. Mitgefühl entspringt einem Herzen, das dem unausweichlichen Schmerz und den Konflikten des menschlichen Lebens mit einer wertfreien Präsenz begegnet. Wir können nicht vermeiden, dass unsere Beziehungen scheitern, die Kommunikation nicht mehr funktioniert und alle Erklärungsversuche im Sande verlaufen. In diesen Momenten können wir unsere guten Wünsche dem Großen Herzen – oder Big Heart[48] – von Dem-Was-Ist, oder einer anderen Verkörperung des unbegrenzten Mitgefühls anvertrauen. Das hilft uns, offen zu werden für das, was in unserer eigenen Erfahrung ungelöst und unbeantwortet bleibt.

Begrenztes Mitgefühl versus Big Heart

Das Mitgefühl des Ego ist klein. Wie könnte es auch anders sein? Wenn wir genauer hinschauen, erkennen wir, dass unser Mitgefühl oft in den Motivationen des kleinen Selbst gründet. Wir wollen wahrgenommen, geschätzt und belohnt werden – oder zumindest als ein netter, einfühlsamer Mensch gesehen werden. Im Angesicht des Leidens anderer Personen ist unser Mitgefühl meist mit Mitleid und der eigenen Bestürzung vermischt; wir spenden Trost, damit es uns selbst besser geht. Vielleicht sind wir aber auch nur mitfühlend, weil wir denken, wir müssten es sein, da unsere Eltern uns so erzogen haben; wir setzen Mitgefühl auf die Liste der Dinge, die wir zu erledigen haben, und haken es ab, sobald es erledigt ist.

Wahrhaftiges Mitgefühl ist jedoch so großartig, weil wir dadurch auch uns selbst Mitgefühl entgegenbringen können, wenn es wirklich unserer Motivation entspringt.

Mitgefühl, das aus unserer Meditationspraxis entsteht, ist anders. Es resultiert aus unserer Bereitschaft, die Dinge so zu sehen, wie sie sind, anstatt so, wie wir sie gerne hätten. Diese Art des Mitgefühls ist keine Pflichterfüllung und wir müssen uns auch nicht sonderlich darum bemühen; es steigt ganz direkt und natürlich aus den gegebenen Umständen auf, so wie Nebel aus einer Wiese im frühen Licht des Tages.

Manche gehen davon aus, dass dieses natürliche Mitgefühl bereits auf der Festplatte unserer Spezies eingeschrieben ist, da es unser Überleben in kleinen Gruppen unterstützt. Andere denken, dass es dem Universum selbst innewohnt. Letztendlich ist die Wirklichkeit selbst von großer Freundlichkeit und Güte, wenn unser Herz und unser Geist klar genug sind, diese auch als solche zu erkennen. Manche glauben, dass großes Mitgefühl eine Spiegelung der göttlichen Natur ist und dass unsere spirituelle Aufgabe darin besteht, diese göttliche Qualität in uns zu verwirklichen.

Aus buddhistischer Sicht hängt Mitgefühl nicht von einem kleinen Selbst ab. Mitgefühl kann viele Formen annehmen und ergänzt das Leiden in einer Welt, die sich nicht in gegensätzlichen, sondern in komplementären Beziehungen ausdrückt. Ohne Leiden kann es kein Mitgefühl geben – und ohne Mitgefühl kein Leiden. Beide hängen voneinander ab, und unsere Einsicht in die von gegenseitiger Abhängigkeit geprägte Natur dieser Gegensätze drückt die letztendliche Ganzheit des Lebens aus.

Big Heart entdecken

Ohne regelmäßige Praxis verkrampfen wir üblicherweise, sobald wir Schmerzen begegnen, und wehren diese ab. Durch Meditation können wir jedoch lernen, uns mit dem offenen Raum zu identifizieren, der jeden Schmerz umgibt. Dies ist die offene, grenzenlose Präsenz des Big Mind. Schnell erkennen wir, dass dieser auch das Big Heart umfasst. Unser Mitgefühl, unsere Geduld und unsere Fürsorge entspringen einer tiefen Akzeptanz der Dinge, so wie sie sind.

Wir sehen viel klarer, wenn wir uns von dem Drang befreien, die Dinge im Sinne unseres eigenen Wohlergehens zu verändern. Aus einer erwachten Sicht begegnen wir der Welt unvoreingenommen (nicht gleichgültig – das ist ein wichtiger Unterschied!). Diese Unvoreingenommenheit ermöglicht es uns, in einem umfassenden Sinne Sorge zu tragen. Wir sind dann von den Dingen ergriffen, begegnen ihnen liebevoll, beschützen sie und lassen sie zugleich so sein, wie sie sind. So paradox es klingen mag, aber wir sind in einer unmittelbaren Weise hilfreicher, ohne dass sich das Ego an irgendwelchen erfreulichen Ergebnissen festhält.

Das chinesische Wort *shin* bedeutet beides, Herz und Geist. Sobald wir uns mit Big Heart identifizieren, können wir – wie im unbegrenzten Raum des Big Mind – allen Empfindungen gegenüber offen sein: den tiefen Schmerzen, die von Konflikten oder Verlusten verursacht werden; unserem Ringen damit; unseren hilflosen Versuchen, etwas wieder in Ordnung zu bringen; aber auch unserem Erfolg in dem Bestreben, Konflikte zu lösen und Leiden zu lindern. Jede Nuance unserer Erfahrung ist darin enthalten; so gelangen wir schließlich zu einer transzendenten Form des Mitgefühls mit uns selbst – und demzufolge auch für alles, was ist.

Der Zen-Meister Dogen sagt: »Wenn wir einer erschöpften Schildkröte begegnen oder einem kranken Spatzen, geht es uns nicht um ihre Dankbarkeit – wir fühlen uns dann einfach nur dazu bewogen zu helfen.«[49] Unsere Hände werden dann zu willigen Werkzeugen für diese Hilfsaktionen, aber wir nennen sie nicht mehr »meine« Hände. Jetzt sind es die Hände des Mitgefühls selbst. Wir sind dann spontan freigiebig, ohne die Grenzen und Konditionierungen, die unsere kleineren Identitäten einschränken. Die Unterscheidung zwischen Hilfe gewähren und Hilfe erhalten verschwimmt, und wir führen nicht mehr Buch über das, was wir geben und bekommen. Hafiz sagt: »Sieh, was eine solche Liebe bewirkt. Sie erleuchtet den gesamten Himmel.«[50]

Verletzungen, Enttäuschungen und Leid

Wir gewöhnen uns besser daran: Wir werden in unseren Beziehungen zwangsläufig schwierige Gefühle erleben, es sei denn, wir begeben uns in ein dauerhaftes Retreat. Wenn diese starken Reaktionen auftauchen, fühlen sie sich weder flüchtig, leer noch illusorisch an. In ihnen konstituiert sich vielmehr die instinktive Reaktion unseres Körpers, der sich zu schützen versucht. Eifersucht, Trauer, Wut und Vertrauensbrüche können so intensiv sein, dass wir zuweilen Angst haben, uns nie wieder wohlfühlen zu können. Die Gefühle nach dem Verlust eines Partners, dem Treuebruch eines geliebten Menschen oder einem Zerwürfnis mit Freunden oder Geschäftspartnern können nicht umgangen werden. Wir müssen sie durchleben, oder wir riskieren es, von unserem eigenen Körper entfremdet zu werden.

Eine eindrückliche Geschichte berichtet von einem tibetischen Meister, der weinte, als sein Kind getötet wurde. Seine Schüler protestierten: »Weine nicht!«, denn er hatte sie gelehrt, dass die Realität eine Illusion sei. Der Meister entgegnete, dass der Verlust eines Kindes die größte aller Illusionen sei. Und ein Vater müsse weinen, wenn ein Kind stirbt.

Die Bereitschaft zu fühlen

Wenn intensive Emotionen wie Wut, Eifersucht oder Trauer von uns Besitz ergreifen, sollten wir mit ihnen umgehen, anstatt uns ihnen zu widersetzen oder sie zu vermeiden. Vergessen Sie Ihre Sitzhaltung; legen Sie sich einen Moment hin, und erlauben Sie dem Körper, die Erfahrung, gegen die der Geist sich wehrt, ganz in sich aufzunehmen und zu verarbeiten. Wenn wir uns unseren Empfindungen vollständig hingeben, kann sich das sehr schmerzhaft anfühlen; meist sind wir zutiefst konditioniert, unser Leiden und unsere Trauer unter Verschluss zu halten, doch Herz und Körper wissen, was zu tun ist.

Es ist eine Form des Mitgefühls, sich unerwünschten Empfindungen zu ergeben. Unser Herz hat Anspruch darauf, gefühlt zu werden. Wenn wir weinen und uns dabei vielleicht regelrecht ausheulen, entspannt sich der Körper, unser Nervensystem organisiert sich neu und passt sich an; und irgendwann können wir weitermachen – wie ein Kind, nachdem es Tränen vergossen hat.

Doch bevor wir nachgeben, loslassen und uns der Weisheit unseres Körpers überlassen, müssen wir erst einmal auf unsere lieb gewonnenen Geschichten verzichten, die uns immer wieder durch den Kopf gehen. Geschichten darüber, dass uns genau das nicht hätte passieren sollen, darüber, wie falsch die Vorstellungen der anderen sind, und überhaupt, wie unfair das Leben doch ist. Solange wir an den Gedanken, mit denen wir gegen unsere Gefühle protestieren, festhalten, halten wir den Körper davon ab, das zu tun, von dem er weiß, wie man es tut.

Wir wehren uns gegen die Trauer, weil wir fürchten, in ihr zu ertrinken. Wir haben vielleicht Angst, dass uns Wut oder Eifersucht zur Weißglut bringen. Aber das wird nicht passieren. Wir spüren den Gefühlen einfach nur nach. Sie ziehen durch uns hindurch wie ein starker Sturm. Bald lernen wir, sie nicht mehr zu fürchten, sondern uns in sie hinein zu entspannen, während sie kommen und schließlich wieder gehen. Trauer ergießt sich über uns wie eine mächtige Welle; dann zieht sie sich wieder zurück und wie die Ruhe vor dem Sturm öffnet sich der weite Raum von Big Heart. Wir spüren dann die Weichheit unseres Herzens und den freundlichen Atem des Mitgefühls selbst.

Überlassen wir es dem Körper, seine Arbeit zu tun, ohne zu protestieren, kann Trauer sich in Dankbarkeit verwandeln, Wut in Klarheit und Eifersucht in Freiheit. Wenn wir schließlich mit Verletzungen umgehen, tun wir gut daran, nicht zu vergessen, dass immer beide Seiten betroffen sind. Selbst wenn wir die Person sind, die verletzt wurde, werden wir fast zwangsläufig auch anderen wehgetan haben. Wir sind immer beides: Unterdrücker und Unterdrückte, Täter und Opfer. In der Liebe werden wir sicherlich verletzt, und wir verletzen ebenso sicher andere. Niemand kommt ungeschoren davon. Deshalb ist Verzeihung keine Wahl, die wir treffen, sondern eine absolute Notwendigkeit. Vergebung verhält sich gegenüber Verletzungen so wie Mitgefühl gegenüber dem Leiden.

Unsere spirituelle Praxis führt uns vor Augen, dass der Schmerz endlos in das sich ständig verändernde Geflecht des Lebens eingewoben ist. Wir alle verursachen Schmerzen. Wir besitzen vielleicht nicht die Macht, alle Konflikte zu vermeiden oder zu lösen, aber es steht in unserer Macht, unser Leiden in Mitgefühl für uns selbst und andere zu verwandeln. Manchmal ist dies die einzige Option, die uns bleibt.

Indem wir mit unseren Gefühlen praktizieren, unsere Herzen offen halten und dem Weg des Mitgefühls folgen, entwickeln wir Furchtlosigkeit und Mut. Wenn unser Bewusstsein sich erweitert, können wir uns selbst in den schwierigsten Situationen mit Offenheit und Neugierde beistehen; wir sind dann empfänglich für neue Möglichkeiten, auch wenn unsere Optionen begrenzt zu sein scheinen. Hin und wieder müssen wir einfach aufgeben und dem Big Heart des Mitgefühls erlauben, die Zügel in die Hand zu nehmen.

PRAXIS

Empfindungen mit Mitgefühl begegnen

1. Wenn Sie das nächste Mal von starken Emotionen überwältigt werden, versuchen Sie, sich ihnen hinzugeben.
2. Nehmen Sie eine bequeme Körperhaltung ein, und spüren Sie die Beschaffenheit dieser Empfindungen.
3. Machen Sie sich jeden Widerstand gegen das Fühlen bewusst und begegnen Sie ihm mit einem gleichmäßigen Atem.
4. Achten Sie darauf, welche Geschichten Sie sich selbst erzählen. Unterbrechen Sie alle Geschichten, die von Ihrem Schmerz handeln, und fühlen Sie ihn stattdessen einfach nur.
5. Wo genau tut es weh? Welche Beschaffenheit hat der Schmerz? Wie verlagert und verändert er sich?
6. Versuchen Sie, sich dem Schmerz zu öffnen, dabei zu atmen und ganz in ihm präsent zu sein.
7. Erlauben Sie allen Körperreaktionen, spontan aufzutauchen, insbesondere Tränenausbrüchen, unwillkürlichen Körperbewegungen und lauten Geräuschen.
8. Spüren Sie nach dieser Praxis die Sanftheit Ihres Herzens und den offenen Raum. Wenn Sie fertig sind, lassen Sie alle Geschichten abfallen.

20

Das Herz ausdehnen

Sage mir, was dir wichtig ist,
und ich sage dir, wie groß du bist.

UNBEKANNT

»Love hurts«, wie es in einem Song heißt. Die Rockband Nazareth machte ihn in den 1970er-Jahren in den Charts berühmt, aber der unvergleichliche Roy Orbison sang ihn am besten. Roy war ein echter musikalischer Alchimist, der Schmerz in Liebe verwandeln konnte. Empfindsam und sanft sang er von Sehnsucht, Verlust, Traurigkeit und unerwiderter Liebe. Seine Lieder begannen immer mit einer zarten Wehklage, steigerten sich dann durch die Komplexität seiner Melodien und gewannen an Kraft durch die Bandbreite seiner außergewöhnlichen Stimme, die vier Oktaven umfasste. In einem opernhaften Finale erhob sich seine Klage schließlich zu einem Lobgesang.

Wenn ich jedoch an gewisse Details aus Roy Orbisons Leben denke, bricht es mir das Herz. Wie die meisten Künstler war er eine sehr sensible Persönlichkeit. Während er die Höhen und Tiefen seiner Berühmtheit durchlebte (er tourte mit den Beatles), eine Karriere, die ihn ständig unterwegs sein ließ, verlor er die Liebe seines Lebens, Claudette, bei einem Motorradunfall. Dann starben auch noch seine beiden ältesten Söhne in einem Feuer, bei dem sein Haus niederbrannte, während er auf Tournee war. Tief erschüttert verkaufte er sein Anwesen an Johnny Cash, der dort einen Obstgarten anlegte. Roy Orbison starb mit 52 Jahren. Noch immer wird er aufgrund seiner wunderbaren Stimme verehrt, die Ikone eines zarten und gebrochenen Herzens.

Mitfühlende Verwandlungen

Wenn wir Roy Orbison zuhören – oder anderen Größen des Blues wie B.B. King, Billy Holiday oder Reverend Al Green, wenn dieser eine alte Gospel-Melodie intoniert –, spüren wir, dass großer Kummer durch Musik in Schönheit verwandelt werden kann. Man sagt, darin bestehe die Funktion jeglicher Kunst. Lachen kann das Gleiche bewirken. Aber auch Meditation.

Tonglen ist eine im Herzen gründende Praxis des tibetischen Buddhismus, mit der ich mich am Naropa-Institut vertraut gemacht habe. Diese Praxis lässt uns unser Leiden fühlen und kann es in großes Mitgefühl verwandeln. Tonglen wird häufig von Pema Chödrön gelehrt, einer Schülerin von Chögyam Trungpa Rinpoche, die mittlerweile als buddhistische Lehrerin weithin bekannt ist.

Tonglen kann man sich wie einen Song von Roy Orbison vorstellen. Wir beginnen unsere Praxis ganz leise, bescheiden, und gestehen uns unsere eigenen Schmerzen ein, spüren ihnen nach und verwirklichen so schließlich ein Mitgefühl, das alles Lebendige umfasst. Diese Praxis führt uns durch die immer komplexeren Tonleitern des Ich, Du, Wir bis hin zum Wir alle miteinander.

Erster Schritt: Den offenen Raum aufblitzen lassen. Pema Chödrön lehrt Tonglen als eine Praxis, die vier unterschiedene Stufen umfasst.[51] Auf der ersten Stufe lassen wir *Bodhichitta*, unser vollkommen erwachtes Herz, einfach aufblitzen. Wir öffnen uns bewusst der Stille, der Ruhe und dem offenen Raum, die immer präsent sind, etwa so, als blickten wir auf den Ozean oder betrachteten spät in der Nacht den Sternenhimmel. Diese Offenheit kennt keine Grenzen; keine Bedingungen schränken die Weite oder ursprüngliche Schönheit der Wirklichkeit ein. Dieses anfängliche Aufblitzen kann uns das Selbstvertrauen vermitteln, unser Herz immer weit offen zu halten.

Zweiter Schritt: Der Beschaffenheit nachspüren. Auf der zweiten Stufe der Tonglen-Praxis arbeiten wir mit der Beschaffenheit des Leidens. Mit dem Einatmen nehmen wir bewusst dunkle und bedrückende Eigenschaften in uns auf. Wenn wir ausatmen, entsenden wir bewusst Eigenschaften wie Licht, angenehme Kühle und Offenheit. Dabei geht es anfangs vor allem um die bedrückenden Gefühle. Wir alle kennen sie. In ihnen drückt sich die klaustrophobische Eigenschaft unserer Fixierung auf das Ego aus, wenn wir an unseren begrenzten Sichtweisen, unseren fest verwurzelten Vorlieben und negativen Gedanken festhalten. Wenn wir wütend und eifersüchtig sind oder uns bedroht fühlen, verkrampft sich unser Geist, er heizt sich sozusagen auf, und wir fühlen uns extrem unwohl. Pema Chödrön nennt dies die Beschaffenheit des Giftes, der Neurose oder Fixierung.

Doch sobald wir diese Fixierung auf egozentrische Muster etwas lösen, fällt der bedrängende Druck von uns ab. Möglicherweise haben Sie auch schon Momente erlebt, in denen Sie ganz in Ihrem eigenen inneren Drama gefangen waren, doch plötzlich hat etwas anderes Ihre Aufmerksamkeit erregt und die Bedrängnis fiel ab. Unter Umständen haben Sie Ähnliches schon mal bei Ihrer Mutter beobachten können: In einem Moment ist sie noch schlecht gelaunt, aber im nächsten Augenblick geht sie ans Telefon und begrüßt die Person am anderen Ende der Leitung mit einer liebenswürdigen Stimme. Das Lustige an der Sache ist, dass sie sich noch nicht einmal verstellen muss. Ihre Begrüßung entspringt jenem Bereich ihres Bewusstseins, der nicht auf das Ego fixiert ist, sondern offen, direkt und zugänglich. Ob Sie es glauben oder nicht, dies zeigt, wie flexibel der Verstand ist? Diese Veränderung ist nicht schwer – wenn wir es wollen. Pema Chödrön beschreibt die Beschaffenheit dieser Offenheit als leicht, weiß, frisch, klar und kühl.

Auf der zweiten Stufe der Tonglen-Praxis arbeiten wir also mit Beschaffenheiten. Wir atmen dunkles, bedrückendes, heißes Licht durch jede Pore unseres Körpers ein und lassen weißes, kühles Licht nach außen strahlen – ebenfalls durch jede Pore unseres Körpers, nach vorne und nach hinten, 360 Grad. Arbeiten Sie mit beiden Beschaffenheiten, bis sie aufeinander abgestimmt sind: Dunkelheit dringt mit dem Atem in uns ein und Helligkeit strömt aus – ein und aus, ein und aus, ein und aus.

Wenn wir auf diese Weise praktizieren, bemerken wir vielleicht eine gewisse Voreingenommenheit gegen eine der beiden Beschaffenheiten. Manchmal fällt es uns vielleicht leichter, die dunkle, bedrückende Beschaffenheit einzuatmen, und wir wollen damit gar nicht aufhören. Dieses Festhalten zeigt uns, auf welch absurde Art wir Trost in unserem Leiden finden und es umklammern wie ein Baby eine abgenutzte Decke, nicht gewillt, unsere Aufmerksamkeit dem weiten Raum, der uns umgibt, zuzuwenden. Zu anderen Zeiten kann das Gegenteil der Fall sein. Das Einatmen bereitet uns Schwierigkeiten, so als ob wir in seiner Schwere ertrinken würden – also überspringen wir es irgendwie und geben uns der Entspannung des Ausatmens und dem Gefühl der Leichtigkeit hin.

Tonglen ist eine Übung, in der es darum geht, eine ausgewogene Haltung gegenüber den Herausforderungen des Lebens, aber auch gegenüber seiner grundsätzlichen Freiheit, Leichtigkeit und Offenheit zu finden. Wir stecken nicht in unserem Leiden fest, erwarten aber auch nicht, dass alles sich gut anfühlt und alle ständig gut drauf sind, als wären wir Dauergäste in einer spirituellen Wohlfühloase.

Durch Tonglen vermeiden wir den sehr menschlichen Hang, entweder das Ringen in unserem Leben zu umgehen oder uns so fromm zu geben, als hätten wir tatsächlich etwas erreicht.

Dritter Schritt: Mit konkreten Situationen praktizieren. Auf der dritten Stufe der Tonglen-Praxis arbeiten wir mit dem Leiden bestimmter Personen. Es ist eine gute Idee, bei uns selbst zu beginnen. Mit dem Einatmen können wir bestimmten Eigenschaften in uns nachspüren, etwa Selbstvorwürfen, Scham- und Schuldgefühlen oder Enttäuschungen. Wir merken dann vielleicht, wie sich alles in uns zusammenzieht, wenn wir uns missverstanden und unzulänglich vorkommen oder überwältigt werden von einer Welt, die immer schneller außer Kontrolle zu geraten scheint. Danach atmen wir Sanftheit, Mitgefühl und Liebe für uns selbst aus, wobei wir den beengten Raum des Ego loslassen, damit er in die weite Offenheit unseres Herzens einfließen kann.

Als Nächstes atmen wir den Schmerz einer bestimmten Person ein: einer Freundin, eines Bruders oder eines Tieres, denen wir helfen wollen. Mit dem Ausatmen geben wir Offenheit und Freundlichkeit an diese Person weiter. Pema Chödrön schlägt vor, dass wir der Person »eine gute Mahlzeit oder eine Tasse Kaffee anbieten – oder was auch immer vonnöten ist, um ihre Last zu erleichtern«[52].

Auch auf dieser Stufe der Praxis können wir unter Umständen wieder unsere Voreingenommenheit erfahren. Es mag uns leichter fallen, diese Praxis für uns selbst, anstatt für andere durchzuführen. Oder aber wir praktizieren es lieber für andere, als den Fokus auf uns selbst zu legen. Diese Einseitigkeiten sollten wir uns bewusst machen, sie neugierig betrachten und uns dann darum bemühen, weiter an einer Haltung der Unvoreingenommenheit gegenüber uns selbst und anderen zu arbeiten.

Ich kenne Menschen, deren persönliches Leiden so viel größer ist als mein eigenes, dass ich davor zurückschrecke, darüber zu meditieren. Es widerstrebt mir aus einem gewissen Respekt vor ihnen und aus der Einsicht, dass ich nie wirklich wissen werde, was sie ertragen haben. Als mein eigener Vater 13 Jahre alt war, hatte er bereits zwei Brüder, seine Mutter, seinen Vater und eine ältere Schwester verloren. Er und zwei Schwestern mussten ganz alleine aufwachsen. Ich kann mir nicht wirklich vorstellen, wie er diese großen Verluste bewältigte. Wie viele andere Kriegsveteranen (der er war) wollte er nicht darüber sprechen.

In allen spirituellen Traditionen geht es darum, das Leiden anderer Menschen mit in unsere Gedanken einzuschließen und für ihre Gesundheit und ihr Wohlergehen zu beten. Diese Aufforderung hat mich gelegentlich irgendwie verunsichert. In mir taucht dann das negative Bild einer mitfühlenden Seele auf, die in guten Umständen aufwuchs und sich mit dem Leiden eines anderen Menschen identifiziert, um dem eigenen Leben Bedeutung zu verleihen. Die Bilder anderer in meine eigene Praxis einzubeziehen fühlt sich fast wie ein Sakrileg an, irgendwie überheblich, als wenn ich in die Privatheit eines einzigartigen Lebenswegs eingriffe, den ich einfach nur betrachte, während sie ihn zurücklegen mussten.

Trotzdem verstehe ich, dass die spirituellen Traditionen dabei auf eine richtige Haltung hinweisen. Wir Menschen werden von unserer Befähigung zur Liebe genährt. Unsere Empathie und Fürsorge für andere lässt uns wachsen. Dadurch, dass ich mich in die frühen Erfahrungen meines Vaters hineinversetzte, lernte ich ihn viel besser kennen. So konnte ich mit ihm die Erfahrung teilen, im Alter von zehn Jahren die eigene Mutter durch Krebs zu verlieren, mit zwölf den Tod des Vaters zu erleben und mit dreizehn zu erfahren, dass die 29-jährige Schwester, bei der er jetzt lebte, bei einer Mandeloperation gestorben war.

Wenn ich über diese frühen Verluste meines Vaters nachdachte und mir zudem das Ringen der Familie meiner Mutter mit Armut und Alkoholismus vor Augen führte, ist das immer wie eine Art Schwingtür gewesen, durch die ich in tiefere Betrachtungen über das Leiden aller Wesen eintreten konnte. Ganz natürlich ging dann mein Bewusstsein vom Persönlichen und Familiären zum Kollektiven über. Immer wieder beschäftigte ich mich gedanklich intensiv mit der Dezimierung der amerikanischen Ureinwohner und ihrer Kultur im Westen der USA, wo ich aufgewachsen war, und fragte mich, wie irgendjemand diesen Genozid überleben konnte. Ich dachte auch an die unmenschliche Internierung Tausender unschuldiger Japaner während des Zweiten Weltkrieges im Lager Topaz, das sich in der Nähe meines Elternhauses befand.

Mein Onkel, der jetzt 90 Jahre alt ist, half dabei, das Internierungslager zu errichten, als er gerade einmal 19 war. Die wenigen Überreste des Lagers liegen direkt neben dem, was von der ärmlichen Farm meines Urgroßvaters übrig geblieben war. Das Leben auf dieser Farm war kein Zuckerschlecken, denn die Existenz der Menschen in dieser öden Gegend von Utah war schon immer von tiefster Armut und einer kurzen Lebenserwartung gekennzeichnet. Diese Erinnerungen sind in meine Praxis eingeflossen und lehrten mich, dem Leiden direkt zu begegnen: meinem eigenen und dem der anderen. Ich habe tiefen Respekt vor dem, was Menschen ertragen mussten, und vor dem, was sie in diesem Moment erleiden.

Vierter Schritt: Kontemplation des Universellen. Auf der vierten Stufe der Tonglen-Praxis gehen wir vom Konkreten zum Allgemeinen, vom Persönlichen zum Kollektiven und vom Besonderen zum Universellen über. Wir erweitern unseren Wunsch, das Leidens unseres Partners, unserer Eltern oder Freunde zu lindern, und dehnen ihn auf alle Menschen aus, die Ähnliches erfahren – wie etwa den Verlust eines geliebten Menschen oder das Trauma, dass das ganze Leben aus den Fugen geraten ist. Auf dieser Stufe verwenden wir konkrete Formen des Leidens als Ausgangspunkt, um das universelle Leiden aller Wesen zu betrachten. Wie auf den anderen Stufen lassen wir ihnen mit unserem Ausatmen bedingungslose Liebe, Offenheit und all das zukommen, was für sie heilsam sein könnte.

Pema Chödrön betont, dass wir sowohl mit der dritten als auch mit der vierten Ebene praktizieren müssen. Wir beginnen mit dem konkreten Leiden einer bestimmten Person oder der

Menschen, die wir kennen, und weiten dies dann aus, um das Leiden anderer Kulturen und das universelle Leiden aller Wesen einzubeziehen. Das Konkrete lässt die Praxis lebendig und real werden; das Universelle erweitert unsere Perspektive und den Sinn für das Ganze.

Das sich entfaltende Herz

Der stufenweise Verlauf der Tonglen-Praxis von einer Ausrichtung auf uns selbst über jene, die uns nahestehen, hin zu einer größeren Gemeinschaft und schließlich auf das Universelle spiegelt im Detail die Entfaltung unseres erwachsenen Bewusstseins wider, wie sie von der Entwicklungspsychologie beschrieben wird. Aus dieser entwicklungsorientierten Sicht entfalten sich unsere Fürsorge und unser Mitgefühl, sobald unsere Sichtweise sich erweitert.

Wir haben bereits darüber gesprochen, dass wir uns von einer egozentrischen Ausrichtung, in der es vor allem um den Schutz unserer eigenen Interessen geht (wir alle kennen Menschen, die nur auf diese Perspektive begrenzt sind), hin zu einer ethnozentrischen Bewusstheit entwickeln, die unsere Familien, Gruppen, denen wir angehören, und Menschen, die so denken und handeln wie wir, umfasst. Wenn die Umstände günstig sind, erweitert sich auch diese Perspektive, sodass die Grenze zwischen »uns« und »jenen« sich nun auch für jene Menschen öffnet, die nicht zum vertrauten Kreis unserer Gemeinschaft gehören. Wir haben uns dann einer weltzentrischen Perspektive geöffnet, die nicht mehr an ethnischen oder nationalen Begrenzungen festhält, sondern Menschen aller Kulturen einbezieht, die große Erde selbst und jede Form des Lebens: Tiere, Insekten, Vögel und sogar Pflanzen.

Schließlich öffnet sich unsere Identität einem unbegrenzten Dasein. Wir entdeckten dann eine kosmozentrische Perspektive, in der Form und Formlosigkeit, Zeit und Raum sowie die Unvermeidlichkeit von Freude und Leid als Teil von uns selbst erkannt werden. Wir sind ein untrennbarer Teil eines Kosmos, der immer zugleich kreativ und zerstörerisch ist – er hat zwei Seiten, wie das Ein- und Ausatmen. Genau das sind wir. Und alle anderen auch.

Konflikte ergeben sich auf allen diesen Ebenen. Unser Blick mag in manchen Phasen unseres Lebens in unterschiedliche Richtungen gehen: Zu einer bestimmten Zeit konzentrieren wir uns auf die innere Arbeit der Meditation und Therapie; dann wieder engagieren wir uns für soziale Projekte in der Welt, in der Konfliktbewältigung oder anderen Vermittlungstätigkeiten. All dies dient dazu, die Herausforderungen eines menschlichen Lebens in mitfühlendes Handeln zu verwandeln.

Wenn wir uns zum Beispiel auf der egozentrischen Ebene damit beschäftigen, Verletzungen aus früheren Lebenserfahrungen zu heilen, trägt dies dazu bei, unsere inneren Konflikte zu beruhigen und Frieden und Lebensfreude in uns selbst zu finden. Ein Teil dieser Arbeit ist therapeutischer Natur; ein anderer besteht aus Meditation. Vielleicht entscheiden wir uns auch, durch Sport gesünder und leistungsfähiger zu werden oder eine unserer Begabungen weiterzuentwickeln, oder wir lernen, besser mit unserem Geld umzugehen. Das alles erhöht unser Selbstwertgefühl – und ich bin überzeugt, dass ein gesundes, in sich ruhendes Ego besser losgelassen werden kann als ein verunsichertes Ego.

Auf einer ethnozentrischen Ebene betrachten wir das Leiden der Menschen, denen wir uns angehörig fühlen, und öffnen uns für Verletzungen, die wir aus der Vergangenheit ererbt haben. Wir sehen, wie der Schmerz unserer Mutter auf uns übertragen wurde und wie die Lebenskrise unseres Vaters sich in unserer eigenen widerspiegelt.

Da wir uns mit unseren Vorfahren direkt verbunden fühlen, erkennen wir die Kontinuität zwischen ihren Leben und dem unsrigen. Dazu braucht es nicht viel: Wir müssen sie nur klar und deutlich betrachten, ihre Leben und ihre Anstrengungen würdigen, während wir zugleich ihre Begrenzungen und Fehler wahrnehmen. Anstatt in einem unbewussten Verlies unserer Familiengeschichte festzusitzen, lernen wir, uns dieser Geschichte zu öffnen und sie zu transzendieren; wir schätzen dann den Schmerz und die Schönheit unserer gesamten Ahnenreihe sowie unseres engsten Familienkreises im Hier und Jetzt.

In einigen Gruppen, mit denen ich praktiziert habe, fanden sich Menschen mit weltzentrischen Auffassungen, die jedoch die Traditionen ihrer Ursprungsfamilie ablehnten. Um zu wachsen und sich weiterzuentwickeln, hatten sie jede Identifikation mit der Vergangenheit abgelegt. Sie wollten ihr Leben nicht mit den gestörten Mustern ihrer ethnischen oder nationalen Identität belasten. Sie begriffen sich als Weltbürger und lehnten es ab, sich von den historischen Dramen der Vergangenheit vereinnahmen zu lassen.

Eine gesunde Entwicklung beruht allerdings immer auf Integration. Ich versuchte sie daran zu erinnern, dass wir unsere familiären Bindungen und kulturellen Werte verlieren, wenn wir nicht in der Lage sind, unsere ursprüngliche Kultur und Geschichte neu zu integrieren. Darüber hinaus verlieren wir so ein Gefühl der Zugehörigkeit zur Abfolge der Generationen. Wenn wir mit der Herausforderung ethnischer und nationaler Konflikte umgehen, fühlen wir uns beeinträchtigt, denn wir wollen diese Art von Fanatismus nicht in uns finden. Sie existiert jedoch in uns – alles existiert in uns. Und wir werden wesentlich wirksamer handeln können, wenn wir ihr Vorhandensein und ihre Auswirkungen auf unser Verhalten bewusst anerkennen.

Sobald unser Bewusstsein über begrenzte Identifikationen hinausgeht, nehmen wir zunehmend weltzentrische und kosmozentrische Perspektiven ein; wir wenden uns dann Konflikten mit einer gewissen Neugierde zu. Wir begreifen sie mehr und mehr als einen integralen Teil der Entwicklung unseres eigenen Lebens und unserer Gemeinschaften. Die Evolution ist ein chaotisches Geschäft, und dennoch durchläuft unser Bewusstsein eine fortschreitende Entwicklung. Ein offenes Herz kann auf Veränderungen eingehen, Vertrauen fassen und im Angesicht von Komplexität und überwältigenden Herausforderungen entspannt bleiben. Ein solches Herz integriert Konflikte und Widersprüche, bringt unendliche Geduld sowie Vertrauen für Entwicklungen auf und nimmt das innere und äußere Ringen an.

Die globalen Krisen unserer Zeit fordern uns auf, unsere Herzen wachsen zu lassen – von egozentrischen zu ethno- und weltzentrischen bis hin zu kosmozentrischen Ebenen der Bewusstheit und des Handelns. Bitte denken Sie daran, dass eine umfassende Entwicklung keine dieser Ebenen auslassen darf; sie muss jede Ebene transzendieren und zugleich alle vorhergehenden integrieren. Das Bewusstsein steigert sich und weitet sich aus wie einen Song von Roy Orbison; jede Stufe umschließt ein Mehr an Realität – einschließlich des Schmerzes – und verwandelt sie in Schönheit.

PRAXIS

Mitfühlender Austausch

1. Lassen Sie, wie in der Tonglen-Praxis beschrieben, das erwachte Herz aufblitzen, und spüren Sie dem offenen Raum nach, der groß genug ist, um alles zu enthalten.
2. Nehmen Sie sich der Beschaffenheit eines Konflikts an; atmen Sie heiße, dunkle und beschwerliche Eigenschaften ein, und atmen Sie Licht, Offenheit und Kühle aus. Praktizieren Sie das fünf Minuten lang, bis Ein- und Ausatmen synchron

verlaufen. Haben Sie dabei etwas Geduld. Es erfordert eine gewisse Übung.

3. Denken Sie jetzt an einen Konflikt in Ihrem Leben nach. Nehmen Sie Ihre eigene Seite ein. Atmen Sie die schwierigen Gefühle der Wut, Verletztheit oder Machtlosigkeit ein. Befreien Sie sich mit dem Ausatmen davon, und begegnen Sie sich selbst mit Mitgefühl, Liebe und Offenheit. Widmen Sie sich dem fünf Minuten lang.

4. Öffnen Sie sich der ethnozentrischen Ebene und nehmen Sie den Druck von Konflikten zwischen Freunden oder Familienmitgliedern in sich auf. Atmen Sie deren Herausforderungen ein; spüren Sie den schwierigen Gefühlen nach, die diese Menschen spüren. Lassen Sie diese Empfindungen mit dem Ausatmen in den weit offenen Raum los – leicht und frei. Praktizieren Sie fünf Minuten auf dieser Ebene.

5. Erweitern Sie Ihren Kreis der Fürsorge um eine weltzentrische Ebene. Spüren Sie Konflikten oder kriegerischen Auseinandersetzungen auf dieser Welt nach. Nehmen Sie mit dem Einatmen das Leiden bestimmter Menschengruppen – Menschen, die zum Beispiel Bürgerkriege im Sudan oder in Afghanistan erleben; Menschen, die von Naturkatastrophen betroffen sind – in sich auf. Verbinden Sie sich beim Einatmen mit deren Leiden, und stellen Sie sich beim Ausatmen etwas vor, das ihnen Trost spenden könnte – eine friedliche Nachtruhe; eine gute Mahlzeit.

6. Der letzte Schritt führt Sie auf eine kosmozentrische Ebene. Machen Sie sich beim Einatmen das Leiden von allem bewusst, das Form annimmt, und vergegenwärtigen Sie sich den unvermeidlichen Schmerz, den alle Wesen erfahren. Verbinden Sie sich beim Ausatmen mit dem unbegrenzten Raum und mit unbegrenztem Mitgefühl, einem weit offenen Herzen, das groß genug ist, alles in sich aufzunehmen. Praktizieren Sie dies fünf Minuten lang.

21

Große Rivalität, große Intimität

Mein ganzes Leben
hatte ich mit hartem Wettbewerb zu tun.
Ich wüsste nicht,
wie ich ohne ihn auskommen sollte.

WALT DISNEY[53]

In allen unseren Beziehungen wird es Momente geben, in denen wir in Konflikt miteinander geraten – es sei denn, wir haben das große Unglück, so nahtlos zueinander zu passen, dass es zu keinen kreativen Spannungen kommt, oder wir leben in einer Beziehung mit so klaren Rollenverteilungen, dass wir uns nie gegenseitig auf die Füße treten. Gegensätze können im besten Sinne beleben, Streitgespräche können sexy sein, denn beide Parteien können einander wirklich wahrnehmen, wenn sie ihre Ecken und Kanten zeigen.

Wenn Sie nicht wissen, wie man das anstellt, Sie zurzeit im Sumpf schwelender Feindseligkeiten feststecken, in passiv-aggressiven Strategien verharren oder sich in Ihren Schmollwinkel zurückgezogen haben, dann fassen Sie sich ein Herz. Sie können lernen, sich gemeinsam ins Getümmel zu stürzen, können wachsende Stufen der Intensität tolerieren und die Anatomie Ihrer Differenzen kennenlernen – all das führt zu mehr Authentizität und vertieft die Vertrautheit Ihrer Beziehung nachhaltig.

Ein großer Dichter hat einmal gesagt, unsere Liebhaber sollten ebenbürtige Gegner für uns sein. Rivalität bildet die Grundlage des Sports, treibt aber auch Leistungen in der Kunst, der Wissenschaft und auf den meisten Gebieten menschlichen

Strebens voran. Man denke nur an Königin Elizabeth I. und Maria Stuart, Königin von Schottland, an Wolfgang Amadeus Mozart und Antonio Salieri, Henri Matisse und Pablo Picasso. Aber auch an Muhammad Ali und Joe Frazier, Steve Jobs und Bill Gates, Martina Navratilova und Chris Everts. Jedes dieser Paare verband eine energische, schöpferische Rivalität. Jede dieser Persönlichkeiten wurde von der anderen herausgefordert, entwickelte sich in der gegenseitigen Auseinandersetzung, ja, wurde sogar in einem gewissen Sinne durch sie vervollkommnet.

Martina und Chris beherrschten in den 1970er- und 1980er-Jahren das Profitennis der Damen; manche würden sogar sagen, dass sie eine der großartigsten Rivalitäten der Sportgeschichte austrugen. In 16 Jahren standen sie sich 80-mal als Gegnerinnen gegenüber, sie trainierten aber auch gemeinsam und spielten als Team unzählige Tennisdoppel. Man erzählt sich, einmal hätten sie sich einen Bagel geteilt, während sie darauf warteten, im Endspiel des US Open gegeneinander anzutreten. Diese beiden Athletinnen verband eine ungewöhnliche Freundschaft und seltene Vertrautheit in einer Welt des intensiven Wettstreits. Es gab Zeiten, in denen ihre Konkurrenz die Freundschaft belastete, doch noch Jahre später betrachteten sie sich als beste Freundinnen – und zwar gerade wegen ihrer Rivalität. Ihr Beispiel kann uns zeigen, wie wir den Begriff der Vertrautheit ausweiten können, um zu erkennen, dass Herausforderungen auch eine Basis für Liebe und vorzügliche Leistungen in Beziehungen sind.

Sport, Spiele und Kampfkünste sind hoch ritualisierte Formen des Wettkampfs und formalisierten Konflikts. Sie strukturieren Beziehungen, und der Ablauf wird durch präzise Formen, klare Regeln und objektive Bewertungen unterstützt. Dies erlaubt den Athleten und Zuschauern, sich dem Nervenkitzel der Rivalität hinzugeben, ohne sich den zerstörerischen Gefahrenen eines unkontrollierten Konflikts auszusetzen.

Einer der überragendsten Kämpfer aller Zeiten, Muhammad Ali, wurde für den Friedensnobelpreis nominiert. Wie war das möglich? Der menschliche Geist verfügt über eine große Bandbreite. Genau wie Muhammad Ali können auch wir ein liebevolles, friedfertiges Herz entwickeln und dennoch in den Ring zwischenmenschlicher Konflikte steigen. Um jedoch dazu in der Lage zu sein, braucht es klare Absichten. Wir müssen bewusst unsere Kommunikation steuern und unsere Kompetenzen verbessern, damit Furchtlosigkeit, Flexibilität und Verspieltheit in unsere Beziehungen treten. Dann können wir sozusagen auf einem hohen Niveau spielen.

Im Bereich erwachter zwischenmenschlicher Beziehungen bedeutet Sieg nicht, dass wir andere dominieren. Es geht vielmehr um die Transformation entgegengesetzter Energien, sowohl unserer eigenen als auch der des Gegners. Der Unterschied besteht darin, Gegensätze zu überwinden, anstatt über den anderen zu triumphieren. Energien, denen ein starkes destruktives Potenzial innewohnt, können so umgeleitet werden und uns beleben. So sieht ein wirklicher Sieg aus. Doch das ist nicht einfach; wir müssen Mittel und Kompetenzen erlernen, um dies zu erreichen.

Es hilft uns, wenn wir die Tatsache nicht aus den Augen verlieren, dass Konflikte ein Ausdruck unserer tiefen, untrennbaren Verbundenheit sind. Wir tragen nur Konflikte aus, weil wir koexistieren. Der Buddhismus lehrt, dass alles miteinander in einem wechselseitig abhängigen Netz von Ursache und Wirkung entsteht. In Konflikten können wir diese tiefe wechselseitige Verbundenheit direkt erfahren, auch wenn wir das meist nicht so sehen. Es erscheint uns eher so, als enthielten die Umstände eine Gegensätzlichkeit, die uns voneinander trennt. Konflikte belegen jedoch unsere letztendliche Untrennbarkeit.

Wenn wir diese Wahrheit erkennen, verändert das die Art, wie wir auf Konflikte reagieren. Wir können uns oder andere nicht länger beschuldigen und verantwortlich machen. Wir begegnen unseren Geliebten, Familienmitgliedern, Kolleginnen, Nachbarn und, auf einer nationalen und globalen Ebene, selbst unseren politischen Gegnern dann mit einem tiefen Respekt vor dieser Dimension, in der wir alle gleich sind. Wir werden wirklich voneinander definiert.

Sobald wir mehr und mehr in der Lage sind, unseren Konflikten mit Weisheit und Mitgefühl zu begegnen, werden wir uns ganz natürlich für die Kämpfe entscheiden, die wirklich wichtig sind, und unsere kleinlichen, unnötigen, egogetriebenen Konflikte leichter loslassen. Das bedeutet nicht, dass wir nicht auch Tage haben, an denen wir schlecht gelaunt sind und uns unnötig aufregen. Aber je mehr wir praktizieren, umso leichter wird es, über unsere schlechte Laune zu lachen und toleranter gegenüber anderen zu sein, wenn sie sich so fühlen und verhalten wie wir.

Schließlich sind Konflikte auch Ausdruck der Unbeständigkeit und Vergänglichkeit aller Dinge. Die Rivalität zwischen Martina und Chris war – wie alles – nicht von Dauer. Sie ist Geschichte – und jetzt erinnert man sich nicht mehr daran, welche von beiden einen bestimmten Titel gewonnen oder verloren hat, sondern an den überragenden Ausdruck der Schönheit ihres Spiels und an eine ungewöhnliche Freundschaft.

Kürzlich kam es zwischen mir und einer meiner besten Freundinnen zum Streit.

Wir schrien uns laut und lange an, und es fielen Worte wie »Bedeutungslosigkeit« und »Ungerechtigkeit« (was auch immer damit gemeint war), während mein Mann Plattitüden wie »Mädels, Mädels, beruhigt euch doch« aus der Sicherheit des angrenzenden Zimmers herüberrief. Ich stampfte ungehalten aus der Küche und war mir sicher, dass sie gegangen war. Doch als ich ein paar Minuten später zurückkehrte, war sie da, saß wie eine unerschütterliche Kanzeon Bodhisattva auf einem Stuhl und las in einer Zeitschrift. Wir sahen einander an und mussten lachen. Genau deshalb sind wir seit mehr als 30 Jahren befreundet. Sie bewies große Furchtlosigkeit mit der Art, wie sie die Auseinandersetzung mit mir geführt hatte – und großes Vertrauen, indem sie blieb. Ich demonstrierte meine Fähigkeiten, indem ich vorschlug, dass wir beide Recht hatten. Mein Mann, der immer ein unparteiischer Zeuge ist, bewies die Standhaftigkeit, die ich an Männern schätze. Schließlich ist jeder Mann, der ruhig bleibt, wenn zwei Frauen sich in den Haaren liegen, es wert, dass man um ihn kämpft.

PRAXIS

Wettkampf als Liebe

1. Mit welchen Menschen in Ihrem Leben kämpfen Sie?
2. Mit wem vermeiden Sie Kämpfe? Warum?
3. Haben Sie in Ihrem Leben einen ebenbürtigen Gegner? Welchem Menschen vertrauen Sie so, dass er Ihnen helfen darf, Ihre Kompetenzen zu entwickeln?

22

Endlose Praxis

Erwachen ist ein Fehler nach dem nächsten.

Ikkyu[54]

In meinem Leben habe ich schon viele Fehler gemacht. Viele. Häufig habe ich wirklich ernsthaft versucht, etwas zu kommunizieren, aber machte die Dinge damit nur noch schlimmer. Manchmal habe ich etwas zum Ausdruck gebracht, was ich als hilfreich empfand, verprellte dadurch jedoch eine Freundin, einen Kollegen oder einen wildfremden Menschen. Hin und wieder habe ich mich durchaus bemüht, so gut zuzuhören, wie ich konnte, verlor aber die Geduld. Ich halte die Praxis der Konfliktbewältigung für nicht unbedingt einfach, außer wenn ich darüber nachdenke, wie andere Menschen es besser machen könnten.

Natürlich kann man auch anders mit Konflikten umgehen. Wir können einfach alles ignorieren und uns den Herausforderungen, die in Beziehungen entstehen, verschließen. Oder, was Gott verhüte, wir stellen uns einfach vor, dass wir über allem stehen, und lassen nur einen schwachen Duft der Selbstzufriedenheit wabern, während wir uns in die Höhen unserer Überlegenheit aufschwingen.

Wir können uns aber auch entscheiden, unsere Höhle zu verlassen, auf den Boden der Tatsachen zurückzukehren oder hinter der Mauer unseres Zynismus hervorzutreten und an dem dichten, manchmal verletzenden Geflecht menschlicher Auseinandersetzungen teilzuhaben. Wir können uns als Teil eines evolutionären Prozesses betrachten, in dem wir, unsere Praxis und unsere kreativen Impulse wachsen und sich entwickeln, bis wir uns schließlich von den unnötigen Mustern unserer Streitereien und Rückzüge befreit haben.

Vielleicht können wir auch beides tun. Ich möchte nicht wählen müssen zwischen dem Licht in Ramana Maharshis Augen oder der tiefen Innerlichkeit in Abraham Lincolns Gesicht. Beide sind für mich Ausdruck der göttlichen Wahrheit. Auf einer absoluten Ebene ist die Liebe unser natürlicher Zustand, der uns nichts abverlangt, außer dass wir ihn erkennen und die Bereitschaft haben, zu sagen: »Alles ist gut.«

Doch aus einer relativen oder evolutionären Sicht liegt viel Arbeit vor uns. Es ist unerlässlich, dass wir neue Kompetenzen entwickeln, aufmerksamer anderen Standpunkten zuhören und lernen, eine klare Haltung einzunehmen und Dinge in aller Deutlichkeit anzusprechen, wenn es berufliche oder familiäre Probleme erfordern. Dadurch, dass wir es immer wieder versuchen und zwischendurch auch scheitern, dass wir uns dazu verpflichten und ständig üben, erwerben wir die Fähigkeit zu Authentizität, echter Vertrautheit, aber auch zu einer wirklichen Einflussnahme und effektivem sozialem Handeln.

Es braucht Zeit, Geduld und ein gewisses Bemühen, sich das notwendige Handwerkszeug für eine effektive Kommunikation, für gute Verhandlungsführungen und Ansätze der Konfliktlösung anzueignen. Unsere Praxis erfordert eine klare Absicht von uns, viele Wiederholungen sowie die Bereitschaft, sich den unangenehmen Gefühlen zu stellen, wenn das Ego Widerstand leistet, weil seine auf Eigennutz abzielenden Annahmen herausgefordert werden. Es geht in der Praxis darum, andere und ihre einzigartigen Lebenswege und Perspektiven wertzuschätzen, selbst wenn wir ihre Begrenzungen, Fehler und Verzerrungen erkennen. Und am wichtigsten ist es vielleicht, dass wir bereit sind, unsere eigenen dummen Fehler zu begehen und es dann wieder und wieder zu versuchen. Es liegt in der Natur dieser Praxis, endlos zu sein, so wie alle großen Zen-Meister uns immer wieder vor Augen führen: Unsere Praxis ist unser Leben.

Verliere einfach

Als ich von meinem ersten Mann geschieden wurde, steckte ich in der Verzweiflung über diese Veränderung fest. Eines Nachts, überwältigt von Schmerz, Reue, Wut und Unsicherheit, konnte ich nicht schlafen. Plötzlich hörte ich in meinem Kopf eine Stimme, die sagte:»Verliere einfach.« Das Wort *verlieren* berührte mich direkt, viel stärker, als wenn ich spirituelle Instruktionen wie »Überlasse dich« oder »Lass los« gehört hätte.

Offen gestanden hatte ich bisher nicht begriffen, dass ich mich in einer Situation befand, in der es um Gewinn oder Verlust ging. Aber so war es tatsächlich. Mit aller Macht hatte ich festgehalten – an meinen Geschichten, meinen Verletzungen und daran, wie unsere Ehe, und nun auch unsere Scheidung, vorzugsweise ablaufen sollten. Und so nahm ich diesen eher unheimlichen Rat, der aus dem Nichts gekommen war, an, ließ meine geliebten Vorstellungen und Ziele los und fiel (zumindest kurzfristig) zurück auf mein Kissen und in einen tiefen Schlaf.

Ich wollte weiterhin gut mit meinem Mann auskommen oder dass wir, wie man in Hollywood sagt, »Freunde bleiben«. Da machte er jedoch nicht mit. Freundschaft war nicht so sein Ding. Er war ein Künstler mit einer anspruchsvollen Vision, großer Disziplin und der inneren Verpflichtung, hart zu arbeiten, um seine Vorstellungen zu verwirklichen. Auch wenn er durchaus soziale Kompetenzen besaß, bedeuteten ihm diese nichts. Wie ich schon sagte, es war nicht sein Ding. Wir trennten uns, weil uns klar geworden war, dass wir im alltäglichen Leben nicht die gleichen Ziele verfolgten. Wieso dachte ich also, wir könnten in unserer Scheidung die Harmonie verwirklichen, die wir in unserer Ehe nie gefunden hatten? Ich musste alle Vorstellungen davon, wie es zwischen uns sein sollte, loslassen.

Obwohl wir uns in den letzten 20 Jahren nur wenig begegnet sind, haben wir mit relativer Mühelosigkeit und gegenseitigem Respekt unseren Sohn großgezogen. Wir sind keine Freunde geworden – in diesem Punkt hat er gewonnen. Aber wir sind vernünftige Eltern. Für mich brauchte es diese Scheidung, um meine Vorstellungen und Wünsche darüber loszulassen, wie es zwischen uns sein sollte. Wenn ich dazu nicht in der Lage gewesen wäre, würde ich ihm auch heute noch vieles verübeln. »Verliere einfach«, hatte ich gehört. »In Ordnung«, entgegnete ich, oft allerdings nur widerwillig, jedes Mal, wenn sich wieder Widerstand in mir regte.

Ich habe eine Menge von dieser Praxis des Verlierens gelernt. Es scheint, als sollten manche Konflikte nicht gelöst werden, jedenfalls nicht in diesem Leben. Einige Beziehungen werden wohl erst in der Ewigkeit repariert – wenn überhaupt. Es ist äußerst mysteriös, wie alles funktioniert, und niemand hat eine allgemein gültige Antwort. Selbst der Dalai Lama hegt Zweifel an seiner Reaktion auf die chinesische Invasion Tibets und fragt sich manchmal, ob sie sich nicht doch hätten zur Wehr setzen sollen. Abraham Lincoln fiel genau im Moment seines hart erkämpften Sieges über die Sklaverei einem Attentat zum Opfer. Obwohl der Norden den Krieg gewann und den Zusammenhalt der Vereinigten Staaten sicherte, forderte das derart viele Opfer, dass die Schlachten heute immer noch nachhallen. Mein Zen-Lehrer, der eine Zeit lang der Mensch war, der mir am nächsten stand, ist jetzt der am weitesten von mir entfernte. Wie konnte es zu dieser Trennung kommen? Warum? Gründe gibt es genug, aber letztendlich erklären sie nichts. Doch zumindest kennen er und ich den Ort, der von all diesem Kommen und Gehen nicht berührt wird.

Wie freunden wir uns mit dem an, für das keine Lösung gefunden werden kann? Meist betrachten wir die Welt durch die dualistische Linse von Gewinn oder Verlust, Kommen oder Gehen, Konflikt oder Frieden. So erzählen wir unsere Geschichten. Sie haben einen Anfang, eine Mitte und einen Schluss, und sie drehen sich alle um Konflikte. Konflikte schaffen eine dramatische Spannung. Diese Spannung baut sich auf, wird komplexer und löst sich schließlich auf. Am Ende steht ein erfreuliches Finale. Aber das ist Kunst.

Unser Leben folgt jedoch nicht einer linearen narrativen Struktur. Nichts unterstützt uns darin, ein märchenhaftes Happy End zu verwirklichen. Das Leben selbst mischt die Freude mit der Traurigkeit, die Hochs mit den Tiefs, Siege mit Verlusten und findet schließlich ein Ende in dem, was Leonard Cohen »unsere unabwendbare Niederlage« nennt.

Demnach ist es wichtig, dass wir uns jetzt schon im Loslassen üben! So können wir die Worte des Buddhas verstehen, der sagte: »Absolut nichts kann als ›Ich‹ oder ›mein‹ festgehalten werden. Wer dies begreift, hat alle Lehren begriffen.«

In dieser unabwendbaren Niederlage und unserem sicheren Verlust liegt eine große Freiheit. Sobald wir loslassen, taucht auf wundersame Weise Mitgefühl auf – ebenso Gnade und Sanftheit. Wir praktizieren einfach mit großer Hingabe, ohne ein schnelles Resultat zu erwarten. Wir lassen unsere Herzen erweichen, werden ein wenig demütiger, nehmen uns anderer an, erfahren Enttäuschungen und lachen über die Absurdität unseres Bemühens. Denn im Grunde genommen ist doch alles gut.

Die Bereitschaft zu dienen

Unsere Kompetenz, mit Konflikten umzugehen, wächst mit der Praxis. Wir lernen, alle Situationen mit Bewusstheit und Mitgefühl anzugehen, und lassen unser Festhalten an vorgegebenen Lösungsmöglichkeiten los. Wir entdecken unsere Furchtlosigkeit. Andere Menschen schüchtern uns nicht mehr so leicht ein; schwierige Gespräche wirken weniger bedrohlich auf uns. Wir erfahren wirkliche Erfolge und, ja, sie fühlen sich gut an.

Konflikte konfrontieren uns mit der Notwendigkeit, uns zu verändern und zu wachsen, und sie stellen den Energieschub dafür bereit, diese Veränderungen voranzutreiben. Konflikte beschleunigen die Ausweitung unserer Identität oder verlangen von uns, die Ausrichtung unseres Lebens zu ändern. Schließlich können wir erkennen, dass Konflikte zur kreativen Entfaltung gehören, und wir nehmen sie dankbar an. Und wenn es wirklich keine Lösung gibt, lernen wir durch den Konflikt zu akzeptieren, wie die Dinge sind, und werden demütig gegenüber einem Universum, das so mysteriös und unbegreiflich ist wie das unsere.

Auch wenn wir eine ganze Reihe von Kompetenzen entwickeln können, müssen wir doch in jedem Moment eine neue Entscheidung treffen: Höre ich jetzt zu? Bin ich daran interessiert, es so zu sehen, wie sie es sehen, das zu fühlen, was sie fühlen? Bin ich offen für eine andere Perspektive? Bin ich bereit, mein Festhalten daran, wie die Dinge sein sollten, loszulassen? Oder schleiche ich weiter durch die Einbahnstraße meines Ego und meiner Ansichten, an die ich mich gewöhnt habe und in der ich ganz allein regiere.

Kompetenzen der Konfliktlösung zu erlernen, verlangt etwas von uns. Je vertrauter wir mit dem menschlichen Leiden werden, desto stärker entwickelt sich unser Wunsch, anderen zu dienen. So wie ein Richter unauflösbar mit einem Kriminellen oder Ausgestoßenen verbunden ist, so ist der Arzt abhängig von Kranken und Sterbenden und so wird der Friedensstifter vom Konflikt angezogen. Das ist nun einmal so. Wir müssen uns nicht heldenhaft die ganze Welt auf die Schultern laden, aber wenn es an der Zeit ist, sollten wir bereit sein, unsere Kompetenzen und unser Wissen zu teilen. Im Dienst am anderen erfüllt sich unsere Praxis – so natürlich wie eine reife Frucht, die vom Baum fällt.

Selbsterfüllung

Kürzlich rief Willie mich an. Er schien ganz besonders heiter gestimmt zu sein, und deshalb fragte ich ihn: »Was macht dich heute Morgen so glücklich?« Er entgegnete: »Es ist meine Ehre.«

Auf seine einzigartige Art drückte er das Glück aus, das unserem Wesen innewohnt. Es muss nicht errungen, erklärt oder erarbeitet werden. Diese Lebensfreude ist immer da, direkt unter der Oberfläche; sie zeigt sich, wenn sie nicht von unseren Sorgen, Klagen, Urteilen und Kämpfen verdeckt wird. Wie Bläschen, die in einer Sektflasche aufsteigen, müssen wir unsere angeborene Freude einfach nur entkorken und in das bereitstehende Glas füllen. So wie Willie verfügen wir alle über das Privileg, dieses Glas zu füllen.

Die Praxis der Meditation unterstützt uns darin, dieses grundlegende Wohlergehen und diese Freude zu erfahren. In der Meditation lernen wir, unseren festhaltenden Geist zu entspannen, mit den Dingen, so wie sie sind, präsent zu sein und zu erkennen, dass für alles eine gute Lösung gefunden werden kann. Selbst unter schwierigen Umständen oder in herausfordernden Zeiten spüren wir dann die tieferliegende Kontinuität unserer Erfahrung, egal ob der Verstand diese als gut oder schlecht, richtig oder falsch bewertet. Wir erkennen dann vielleicht sogar eine umfassendere Intelligenz, die sich ausdrückt, und spüren die Güte, die aus allen Schmerzen und Krisen dieser Welt fließt. Wir gewöhnen uns an die Sanftheit dieser uns eigenen Natur und wissen diese Welt auf ganz natürliche Weise zu schätzen, inmitten des unvermeidlichen Kommens und Gehens, der Hochs und Tiefs des Lebens.

Beispiele für diese immer vorhandene Güte in unserem Leben finden sich überall; wir können sie erkennen und wertschätzen. Ich werde an sie erinnert, wenn ich Willie frage, wie es ihm geht, er mich durch seine verschmierten Brillengläser anschaut, mit seinen pummeligen Fingern ein Alles-bestens-Zeichen macht und sagt: »Mir geht's ausgezeichnet.« Oder wenn ich höre, wie mein Vater die Kartoffeln, die er in seinem Garten gezogen hat, anpreist, als hätte das Universum selbst sie ihm übergeben, damit er sie verschenkt. Oder wie meine Mutter gluckst, wenn man ihr ein neugeborenes Baby in den Arm legt. Es ist rührend. Ich spüre es an jedem Arbeitstag, wenn mein Mann morgens mit Bergen von Dokumenten unter dem Arm positiv gestimmt das Haus verlässt. »Warum sollte ich mich darüber beschweren, dass ich Anwalt bin«, sagt er dann, »ich arbeite am Schreibtisch, kann bequem sitzen und muss nicht im Regen stehen.«

Diese Dinge passieren jeden Tag, die ganze Zeit über. Das Leben ist gut, selbst wenn es hart ist. Lassen Sie uns also das Glas erheben, wie Hafiz es vorschlägt, wenn er sagt:

Lasst uns anstoßen –
Auf jede Sprosse der Leiter der Evolution,
die wir erklommen haben.
Flüstere »Ich liebe dich, ich liebe dich!«
Zu dieser ganzen, verrückten Welt.[55]

Am Ende ist es doch vor allem eine Ehre.

Anmerkungen

1 Geshe Kelsang Gyatso: *Verwandle dein Leben: Eine glückselige Reise*, Tharpa-Verlag, Sommerswalde, Zürich, 2003
2 Reality-Fernsehsendung, in der eine Gruppe von Menschen, die sich vorher nicht kennen, an einem abgelegenen Ort ausgesetzt wird. Dabei werden die Kandidaten in zwei oder mehr Stämme aufgeteilt und müssen sich ohne fremde Hilfe um Nahrung, Wasser, Feuer und Unterkunft für ihren jeweiligen Stamm kümmern sowie Wettkämpfe untereinander austragen. (Anm. d. Lektors)
3 Eckhart Tolle: *Jetzt! Die Kraft der Gegenwart*, J. Kamphausen Verlag, Bielefeld 2001
4 Master Hsing Yun: *Describing the Indescribable*, Wisdom Publications, Somerville, MA 2007
5 Anousheh Ansari:»Interview with Anousheh Ansari«. In: Sara Goudarzi, www.*space.com*, 2006. www.space.com/2889-interview-anousheh-ansari-female-space-tourist.html (Stand: 14.06.2015)
6 David Schiller (Hrsg.): *The Little Zen Companion*, Workman Publishing Company, New York, NY 1994
7 Seung Sahn: *Der Kompass des Buddhismus. Orientierung auf dem Weg*, Theseus Verlag, Berlin 2002
8 Shunryu Suzuki: *Leidender Buddha – Glücklicher Buddha: Zen-Unterweisungen*, Theseus Verlag, Bielefeld 2009
9 Aus einer Kalligrafie von Chögyam Trungpa Rinpoche; Sammlung der Autorin
10 Chögyam Trungpa: *The Essential Chögyam Trungpa, Shambhala Publications*, Boston, MA 1999
11 Mark Twain: *Meine geheime Autobiographie*, Aufbau Verlag, Berlin 2012
12 Thomas-Kilmann Conflict Mode Instrument, www.kilmanndiagnostics.com
13 Carlos Castaneda: *Eine andere Wirklichkeit. Neue Gespräche mit Don Juan*, Fischer Verlag, Frankfurt a. M. 1975
14 Amerikaner lateinamerikanischer Herkunft (Anm. d. L.)
15 Ken Wilber: *Ganzheitlich handeln*, Arbor Verlag, Freiburg 2010
16 Ebd.

17 Agnes de Mille: *The Life and Work of Martha Graham: A Biography*, Random House, New York, NY 1991

18 Marshall Rosenberg: *Gewaltfreie Kommunikation: Eine Sprache des Lebens*, Junfermann, Paderborn 2009

19 Robert Fripp, *BrainyQuote.com*, www.brainyquote.com/quotes/quotes/r/robertfrip320731.html (Stand: 12.06.2015)

20 Ram Dass und Paul Gorman: *Wie kann ich helfen? Segen und Prüfung mitmenschlicher Zuwendung*, Sadhana, Berlin 1994

21 Jiddu Krishnamurti: *The Collected Works of J. Krishnamurti: The Art of Listening*, Kendall/Hunt Publishing, Dubuque, IA 1991

22 Lao Tzu: *Lao-tzu's Taoteching*, Copper Canyon Press, Port Townsend, WA 2009

23 In Deutschland lief die Krimiserie unter dem Titel *Polizeibericht*. (Anm. d. Übersetzers)

24 Bernard Glassman: *Zeugnis ablegen: Buddhismus als engagiertes Leben*, Edition Steinrich, Berlin 2012

25 Ikkyu: *Wild Ways: Zen Poems of Ikkyu*, Shambhala Publications, Boston, MA 1995

26 TED-Talks sind Vorträge zu den Themen Technology, Entertainment, Design (mittlerweile auch Wirtschaft, Wissenschaft, Kunst und Kultur), die als Videos kostenlos ins Netz gestellt werden. Der hier genannte Titel bedeutet im Deutschen so viel wie »Ein Schlag der Erkenntnis«. (Anm. d. L.)

27 Der Begriff stammt von dem Zen-Lehrer Dennis Genpo Merzel, der den Big-Mind-Prozess entwickelt hat. (Anm. d. L.)

28 Chögyam Trungpa: *The Path is the Goal*, Shambhala Publications, Boston, MA 1995

29 Rumi: »The Guest House«. In: *The Essential Rumi*, HarperOne, San Francisco, CA 2004

30 Roger Fisher und William R. Ury: *Das Harvard-Konzept: Der Klassiker der Verhandlungstechnik*, Campus Verlag, Frankfurt a. M. 2004

31 Ein nationaler Feiertag im September, der ähnlich wie in Deutschland der 1. Mai als Gedenktag der Arbeiterbewegung zelebriert wird. (Anm. d. Ü.)

32 Ken Wilber, Unveröffentlichte Notizen der Autorin über ein Gespräch zum Thema Kreativität

33 Ebd.

34 William James: *The Principles of Psychology*, Holt and Macmillan, New York, NY 1890

35 im Sinne von »in einer bestimmten Weise beeinflussen«; engl. *to spin* (Anm. d. Ü.)

36 Chögyam Trungpa: *The Collected Works of Chögyam Trungpa*, Bd. 8, Shambhala Publications, Boston 2004, S. 58

37 Rumi: *The Essential Rumi*, HarperOne, San Francisco, CA 2004

38 David Schiller (Hrsg.): *The Little Zen Companion*, Workman Publishing Company, New York, NY 1994, S. 124

39 C. G. Jung: »Gut und Böse in der analytischen Psychologie«. In: *Gesammelte Werke*, Rascher/Walter, Zürich und Olten 1958–1981, S. 497–510, § 858–86

40 Ebd.

41 Ken Wilber: *Integral Spirituality: A Startling New Role for Religion in the Modern and Postmodern World*, Shambhala Publications, Boston, MA 2006

42 Die erfolgreiche deutsche Fernsehserie *Ein Herz und eine Seele* von Wolfgang Menge entstand u. a. nach dem Vorbild von *All in the Family*. In der deutschen Adaption entspricht die Rolle des Alfred Tetzlaff der Figur Archie Bunker. (Anm. d. L.)

43 Ken Wilber: *Integral Spirituality: A Startling New Role for Religion in the Modern and Postmodern World*, Shambhala Publications, Boston, MA 2006, S. 6–7

44 Rumi: »How Does God Keep from Fainting«. In: *Love Poems from God: Twelve Sacred Voices from the East and West*, Penguin Books, New York, NY 2002, S. 77

45 Teresa von Ávila, »When the Holy Thaws«. In: *Love Poems from God: Twelve Sacred Voices from the East and West*, Penguin Books, New York, NY 2002, S. 290

46 Virginia Woolf: *Selected Works of Virginia Woolf*, Wordsworth Edition, Hertfordshire 2007, S. 100

47 Ebd.

48 Dieser Begriff stammt ebenso wieder der weiter oben verwendete »Big Mind« von dem Zen-Lehrer Dennis Genpo Merzel. (Anm. d. L.)

49 Dogen Zenji: *Shobogenzo: Zen Essays by Dogen*, University Press of Hawaii, 1986

50 Hafiz: *The Gift*, Penguin Books, New York, NY 1999, S. 34

51 Pema Chödrön: *Start Where You Are: A Guide to Compassionate Living*, Shambhala Publications, Boston 1994, S. 38–43

52 Ebd.

53 Walt Disney: »Walt Disney Quotes«, www.justdisney.com/walt_disney/quotes/quotes01.html (Stand: 14.06.2015)

54 Ikkyu: *Crow with No Mouth*, Copper Canyon Press, Port Townsend, WA 1989, S. 31

55 Hafiz: »If It Is Not Too Dark«. In: *I Heard God Laughing: Poems of Hope and Joy*, Penguin Books, New York, NY 2007, S. 27

Über die Autorin

Diane Musho Hamilton ist eine kompetente Mediatorin, Prozessbegleiterin und spirituelle Lehrerin. Sie besitzt die außergewöhnliche Fähigkeit, die Herausforderungen unserer modernen Erfahrung im Rahmen der zeitlosen Weisheit zu betrachten. Mit großer Wärme, Tiefe und Einsicht ermutigt uns Diane, uns jenseits der begrenzten Vorstellungen davon, wer wir sind, bewusst zu entfalten, um unseren ganz persönlichen Ausdruck von Einsicht und Mitgefühl zu verwirklichen.

Diane ist eine renommierte Wegbereiterin begleiteter Gruppenprozesse, insbesondere zu Fragen der Kultur, Religion, ethnischen Zugehörigkeit und Gleichstellung der Geschlechter. Sie war die erste Direktorin der Dienststelle für die außergerichtliche Schlichtung von Rechtsstreitigkeiten innerhalb der Justizbehörden des Staates Utah; dort entwickelte sie ein Mediationsprogramm innerhalb des Gerichtssystems. Für ihre Arbeit erhielt sie mehrere wichtige Auszeichnungen, u. a. den Peter W. Billings Award und den Utah Council on Conflict Resolution's Peacekeeper Award.

Seit mehr als 30 Jahren studiert und praktiziert sie den Buddhismus. Sie begann damit 1984 am Naropa-Institut, das von den Lehren Chögyam Trungpa Rinpoches geprägt ist. 2003 wurde sie von Genpo Merzel Roshi zur Zen-Priesterin ordiniert und erhielt 2006 die Dharma-Übertragung. Sie lehrt Big Mind Big Heart, einen von Genpo Merzel Roshi entwickelten Ansatz, um die Einsichten des Zen einem westlichen Publikum zugänglich zu machen. Seit 2004 arbeitet sie auch immer wieder mit Ken Wilber und dem Integral Institute zusammen; sie entwickelt

»Integral Life Practice«-Seminare, das »Integral Spiritual Experience«-Programm und lehrt integrales Wissen weltweit.

Mit ihrem Mann, dem Zen-Lehrer und Anwalt Michael Mugaku Zimmermann, gründete sie Two Arrows Zen, ein Zentrum für das Studium und die Praxis der Zen-Meditation in Utah. Sie unterhalten zwei Standorte: einen in der Innenstadt von Salt Lake City und einen zweiten in der Naturlandschaft der roten Felsen im Süden Utahs, wo die Meditationspraxis durch Naturerfahrungen und Entdeckungstouren durch die Wildnis ergänzt wird.

Weitere Informationen finden Sie unter www.dianemushohamilton.com.

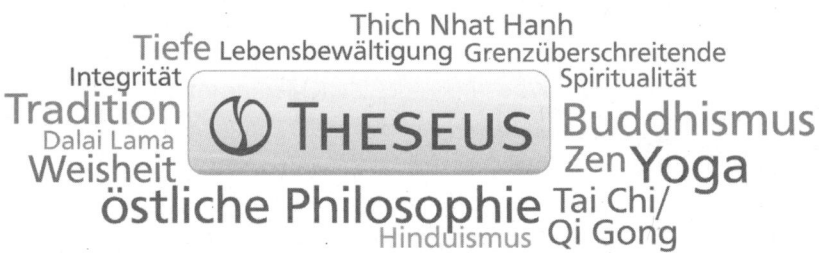

Mit Liebe fürs Detail und für die Umwelt

Bei der Auswahl der Inhalte, die wir präsentieren, achten wir auf Originalität, Kompetenz, Praxisrelevanz und Qualität. So können wir mit Herz und Seele hinter unseren Büchern, Hörbüchern, Filmen und den anderen Produkten stehen, die wir mit viel Liebe und Aufmerksamkeit bis ins letzte Detail fertigen.

Wir leisten einen aktiven Beitrag zum Umweltschutz und verbrauchen nur wirklich notwendige Ressourcen — so sparsam wie möglich. Wir arbeiten ausschließlich mit 100% Recyclingpapieren und setzen auf kurze Transportwege (u.a. Fertigung unserer Produkte in Deutschland).

Inspirationen, interessante und wertvolle Neuigkeiten, Wahres, Schönes & Gutes sowie wichtige Termine können Sie regelmäßig in unserem Newsletter erfahren oder hier: **www.facebook.com/weltinnenraum**

weltinnenraum.de

J.Kamphausen | Mediengruppe